세계여 경계하라

세계여 경계하라

재앙의 제국 미국의 승리주의자들

WORLD, BEWARE!

American Triumphalism in an Age of Terror

시어도어 로작 지음 | 구홍표 옮김

필맥

세계여 경계하라 – 재앙의 제국 미국의 승리주의자들

지은이 | 시어도어 로작
옮긴이 | 구홍표

1판 1쇄 펴낸날 | 2004년 8월 30일

펴낸이 | 이주명
편집 | 이성원, 문나영
표지디자인 | 민진기
본문디자인 | 예티
출력 | 문형사
종이 | 화인페이퍼
인쇄 | 한영문화사
제본 | 영신사

펴낸곳 | 필맥
출판등록 제2003-63호
주소 | 서울시 종로구 송월동 99-2 송월빌딩 401호
이메일 philmac@philmac.co.kr
홈페이지 www.philmac.co.kr
전화 02-3210-4421
팩스 02-3210-4431

ISBN 89-91071-07-4 (03340)

이 도서의 국립중앙도서관 출판시도서목록(CIP)은 e-CIP 홈페이지(http://www.nl.go.kr/cip.php)에서
이용하실 수 있습니다.(CIP제어번호: CIP2004001545)

미국인들은 다른 나라 사람들의 사소한 비판에도 참지 못하고 칭찬에도 만족하지 못한다. 그들은 가장 비열한 찬사도 기꺼이 받아들이지만 아무리 큰 칭찬에도 만족하지 않는다. 그들은 끊임없이 칭찬해 달라고 요구한다. 만약 이런 요구가 받아들여지지 않으면, 그들은 스스로 자신들을 칭찬할 것이다. 그들은 스스로는 장점을 지니고 있다고 믿지 못한 채 다른 나라 사람들로부터 계속 자신들의 장점을 확인하려는 것처럼 보인다.

미국인들의 허영심은 시기로 꽉 차있고 탐욕스러울 뿐 아니라 끝도 없다. 그들은 자신들이 가진 것을 남들과 나누려 하지 않고, 모든 것을 독차지하려 한다. 그들은 허영심에서 자신들을 칭찬해 달라고 애걸하면서 동시에 싸울 준비를 한다. … 미국인들의 애국주의보다 더 문제가 많고 수다스러운 것은 없다. 이런 점은 미국인들의 애국주의를 진심으로 존중하는 사람들마저 피곤하게 만든다.

_____**알렉시스 드 토크빌**, 《미국의 민주주의》, 1835년

차 례

미국인들은 한국전쟁을 '잊혀진 전쟁'이라고 부른다. 한국전쟁에 참
전했던 미국 군인들은 이미 오래 전부터 아무도 자신들을 기억해 주
지 않으며, 자신들이 한국에서 치른 희생을 기리지 않는다고 항의해
왔다. 이런 역사적 건망증의 원인은 무엇일까? 그것은 미국의 입장에
서 볼 때 한국전쟁은 승리한 전쟁이 아니었으며, 오히려 우아하지 않
은 누더기처럼 끝났다는 데 있다. 2차대전의 후유증 속에서 미국인들
은 더 이상 국제 해결사의 역할을 맡기를 원하지 않았다. 2차대전의
영웅으로 1952년 미국 대통령 선거에 출마한 공화당의 드와이트 아
이젠하워는 한국전쟁을 실패작이라고 선언했다. 정치인으로서 그의
대중적인 인기는 얼마나 빨리 한국전쟁이라는 유혈극을 끝낼 수 있
는지에 달려 있었다.

　　민주당도 재빨리 아이젠하워의 해석을 받아들였다. 민주당 출신
의 해리 트루먼 대통령이 벌인 한국전쟁은 실패로 판명됐다. 공화당

도 이 값비싼 실수의 책임에서 벗어날 수 없었다. 한국전쟁은 미국 정치에 부정적인 영향을 준 채 마무리됐다. 미국의 정치인들은 아시아에서 다시는 그와 같은 전쟁을 벌이지 말아야 한다는 교훈을 마음에 새겼다. 1960년 대통령에 당선된 존 케네디는 전임자로부터 베트남의 국지전을 물려받았다. 케네디는 결정을 내려야 했다. 그는 베트남을 버릴 수는 없다고 결심했으나, 아시아에서 대규모 육지전을 벌여서는 안 된다고 동시에 생각했다. 이런 그의 확신은 한국전쟁의 교훈에서 나온 것이었다.

이처럼 케네디 대통령은 한국전쟁의 교훈을 기억하고 있었다. 하지만 대부분의 미국인들은 한국전쟁을 금세 잊어버렸다. 1953년 한국에서 정전협정이 조인되자마자 미국인들은 한국을 뇌리에서 떠나보냈다. 5만 4천 명의 미군 병사들이 죽어간 전쟁에 대해 미국인들은 미국 역사상 그 어떤 전쟁에 대해서보다도 무관심했다. 정전 후 50여 년이 지난 오늘날에도 3만 명이 넘는 미국 군인들이 한반도 중부 비무장지대 주변에 주둔하고 있다는 사실을 아는 미국인은 별로 없다. 한국인들이 미군의 한반도 주둔을 점점 더 싫어하고 있다는 사실을 아는 미국인 수는 더욱 적다. 최근 미국에서 한국, 보다 정확히 말하면 북한이 관심을 끌고 있는 이유는 오로지 북한이 핵무기를 갖고 있다고 발표했기 때문이다. 북한의 핵무기 문제가 불거지면서 가난과 기근 등 북한의 심각한 경제상황에 대한 보도도 봇물처럼 터져 나왔다. 그럼에도 대부분의 미국인들에게 한국은 부차적인 관심거리에 머물러 있다.

미국이 한국에서의 경험으로부터 많은 것을 배울 수 있음에도 불구하고 미국인들이 이런 자세에 머물러 있는 상황은 안타깝기 그

지었다. 냉전시대 정치를 돌이켜 생각해보면, 한국전쟁은 역설적인 전쟁이었다. 1950년에 트루먼 대통령이 한국전쟁에 참가하기로 결정했을 때 미국 민주당은 우익진영으로부터 극심한 압력을 받고 있었다. 우익진영은 "민주당이 공산주의에 너무 유약한 태도를 취하고 있다"며 강력한 대응을 요구했다. 1950년대는 미국 역사상 공산주의에 대한 공포심리가 최고조에 달한 시기였다. 반공의 선봉에 선 공화당의 조지프 매카시 상원의원은 공개적으로 "민주당은 반역자"라고 비난했다. 그는 민주당이 얄타회담에서 동유럽을 배신했다는 공격도 퍼부었다. 매카시에 따르면 2차대전의 전후처리 문제를 논의하기 위해 열린 얄타회담에서 프랭클린 루스벨트 당시 대통령이 소련의 스탈린에게 속아 넘어갔다는 것이다. 그는 또 민주당 정부에 공산주의자와 스파이들이 가득하다고 비난했다. 미국이 내부로부터 전복될 위험에 처했다고 걱정하는 미국인들이 갈수록 늘어났다.

바로 이런 분위기 속에서 트루먼 대통령이 한국전에 참전하기로 결정했다. 민주당도 공산주의의 공격에 단호히 맞서 싸울 준비가 돼 있음을 과시하기 위해서였다. 여기에 하나의 역설이 있다. 민주당은 공산주의에 대해 상대적으로 유연한 정당이었지만, 공산주의를 상대로 미국이 벌인 전쟁은 늘 민주당 정권이 시작했다. 반면 공화당은 공산주의에 대해 상대적으로 더 강경했지만, 전쟁을 거부하거나 종식시킨 정당은 공화당이었다. 공화당은 한국전쟁으로 민주당이 '전쟁 정당'임이 입증됐다고 몰아붙였다. 20세기에 들어선 이후 한국전쟁에 이르기까지 미국이 참가한 네 개의 전쟁들은 모두 민주당 대통령에 의해 시작됐다. 1차대전은 우드로 윌슨 대통령, 2차대전은 프랭클린 루스벨트 대통령, 한국전쟁은 해리 트루먼 대통령, 그리고 베트남

전쟁은 린든 존슨 대통령의 전쟁이었다. 이런 점은 미국의 보수주의 (Conservatism)에 관한 아주 중요한 사실 한 가지를 말해준다. 20세기 내내 대부분의 미국 보수주의자들은 전쟁이란 비용이 많이 들고 불필요한 것이라고 보았다. 그들은 미국이 전쟁에 끼어들면 위험한 국제문제에 휘말리게 된다고 생각했다. 또한 전쟁은 세금의 증가와 연방정부 권한의 강화를 초래한다고 그들은 주장했다. 그들의 이런 주장에는 일리가 있다. 큰 전쟁은 큰 정부를 가져온다. 그리고 정부의 예산 팽창과 재정적자 증가가 뒤따른다. 이 모두는 정부를 작고 비용이 적게 드는 것으로 유지하고자 하는 완고한 우익들에게는 용납될 수 없는 것들이다. 지금도 공화당의 보수진영은 고립주의 성향을 강하게 띠고 있다.

그러나 로널드 레이건 대통령과 함께 새로운 종류의 보수주의, 즉 신보수주의(Neo-conservatism)가 등장했다. 나는 이 책에서 신보수주의자를 '승리주의자(Triumphalist)'라고 부르고자 한다. 레이건의 임기 중에 승리주의자들은 전쟁을 그들 자신의 사유물로 만들었다. 그들은 군사비 지출을 점점 더 늘려 나갔고, 외교관계에서 점점 더 공격적으로 군사력을 사용했다. 이를 위해 승리주의자들은 천문학적 규모의 재정적자도 마다하지 않았다. 이로써 공화당의 전통적 신조였던 '재정적 보수주의'는 사라져 버렸다.

레이건 정부의 엄청난 군사예산을 정당화하는 데 '소련의 위협'이라는 카드가 이용됐다. 그런데 소련이 몰락하고, 이 때문에 소련의 위협이라는 전형적인 냉전논리가 그 근거를 잃게 됐다. 그러자 승리주의자들은 새로운 적을 필요로 했다. 그들이 찾아낸 새로운 적은 테러리즘이었다. 중동지역을 중심으로 '테러와의 전쟁'이 냉전의 논리를 빠른 속도로 대체했다. 그리고 이것은 주목할 만한 전환점이 됐다. 조지 부시 대통령이 '테러와의 전쟁'을 내세워 이라크전쟁을 일으켰고, 이 전쟁을 계기로 미국이 본격적으로 제국주의로 나아가기 시작한 것이다.

지금의 이런 상황은 50여 년 전에 전쟁을 치렀던 한국에 다시 관심을 갖게 한다. 한국전쟁은 수만 명의 미군을 태평양 너머의 먼 땅 한국에 영구히 주둔하게 만들었다. 한국전쟁은 예언적인 요소를 갖고 있다. 승리주의자들은 아프가니스탄이나 이라크에서도 한반도와 같은 미래를 실현한다는 생각을 마음속에 품고 있다. 승리주의자들과 국방부가 '세계공격 매트릭스(Worldwide Attack Matrix)'*를 성공적으로 실행한다면 우리는 세계 도처에서 한반도의 복사판들을 보게 될 것이다. 앞으로 주한미군 중 일부가 다른 지역으로 이동 배치되면서 그 수가 줄어들 수 있다. 그렇더라도 주한미군의 존재로 인해 한국이 오늘날 미국의 패권적 제국주의를 보여주는 전형적인 사례임에는 변함이 없을 것이다. "전쟁을 일으켜 점령하고, 점령지에 영구적인 군사기지를 설치한다. 그리고 그곳에 군대를 주둔시켜 경제적 이득을 얻기 위한 방법으로 이용한다." 이것이 세계경제를 바라보는 미국의 군사적 관점일 것이다. 그리고 이런 패턴이 어디에서 반복되든, 미국은 그것을 '세계적 시장경제의 구축'이라고 정당화할 것이다. 이

* 세계공격 매트릭스(Worldwide Attack Matrix)는 미국이 아시아, 중동, 아프리카의 80개 나라들에서 테러에 대응한 작전을 어떻게 수행할 것인가를 서술한 비밀문서의 이름이다. 이 문서는 2001년 9월 15일 캠프 데이비드에서 열린 회의에서 중앙정보국(CIA)의 조지 테닛 국장이 조지 부시 대통령에게 보고했다. 그 내용은 이미 세계 각국에서 수행되고 있거나 장차 수행하도록 제안된 비밀작전들로 구성돼 있다. 이 문서의 존재는 2002년 1월 〈워싱턴 포스트〉가 처음 보도하면서 세상에 알려졌다. 이 문서에 언급된 대테러 작전은 통상적인 선전활동에서부터 군사적 공격을 준비하기 위한 치명적인 사전 비밀활동에 이르기까지 광범위하다고 한다.

것이 바로 승리주의자들이 말하는 '자유' 다.

미국이 한국에 얼마나 깊이 관여하고 있는지를 대부분의 미국인들은 잘 모른다. 미군과 한국 대중의 관계에 대한 연구도 거의 없다. 경제 분야의 한미관계에 대한 연구는 더욱 적다. 나는 이 책에서 '미국의 지구유권자(Global Constituency)' 라는 개념이 필요하다고 강력히 주장할 것이다. 한국인들은 한국과 미국의 관계에 대해 미국인들에게 있는 그대로 사실대로 이야기해주는 것만으로도 미국의 지구유권자로서 아주 중요한 역할을 할 수 있다. 한국인들이 한미관계에 대해 들려주는 이야기는 미국의 제국주의적 팽창이 어떻게 이루어지고 있는지, 그 비용은 얼마나 되는지, 보통 사람들의 생활에는 어떤 영향을 주는지를 미국인들로 하여금 깨닫게 하는 귀중한 자료가 될 것이다. 이제 미국은 잊혀진 전쟁을 다시 기억할 때가 됐다. 과거 50년 동안 망각 속에 묻혀 있었던 한국전쟁은 돌연 세계의 미래를 보여주는 창이 되어 우리 앞에 나타났다.

2004년 8월 미국 캘리포니아 버클리에서 시어도어 로작.

들어가는 글

"좋은 말로만 할 때보다 총을 들고 이야기하면 더 많은 것을 얻는다."

___**알 카포네**, 악명 높은 갱, 1926년

"좋은 말로만 할 때보다 총을 들고 이야기하면 더 많은 것을 얻는다."

___**도널드 럼스펠드**, 미국 국방장관, 2003년

"하나의 유령이 유럽을 배회하고 있다." 마르크스의 유명한 말로 나는 이 책을 시작한다. 1848년 《공산당 선언》에서 마르크스가 이런 암울한 예언을 했을 때 유럽은 산업화에 따른 혼돈의 새벽에 있었고, 사회주의 혁명 직전에서 비틀거렸다. 사회주의 혁명은 20세기 말에 영원히 돌아오지 못할 곳으로 사라져버렸다. 그런데 이제 정반대의 유령이 인류를 덮치고 있다. 그것은 유럽을 비롯한 세계의 대부분이 국내정책에서뿐만 아니라 세계경제에 미치는 영향력에서 점점 더 보수화되고 있는 한 나라의 통제 아래 떨어질 것이라는 전망이다.

그 나라는 바로 나의 조국인 미국이다. 이 나라는 숭고한 이상을 지킨다는 미명 아래 자신과 다른 나라 시민들에게 도덕적, 경제적, 물리적 피해를 주면서도 조금도 책임감을 느끼지 않는다. 내가 내세우고자 하는 명제는 간단하다. 미국은 노동자 대중에게 의료보호와 연금제도를 제공할 수 있을지도 불확실할 만큼 정치적 스펙트럼이 취약한 나라이고 학교, 공원, 상수도, 전력, 심지어는 군대까지 가장 비싼 가격을 부르는 자들에게 팔아버리는 데 혈안인 보수세력이 20여 년을 지배해온 나라이며, 백만장자와 억만장자가 넘쳐나지만 거리에서는 수많은 홈리스들이 배고픔과 추위에 떠는 나라다. 간단히 말해 미국은 자유시장의 무정부 상태가 최악의 상태로 치달은 나라다. 이런 나라에게 세계의 리더십을 구해서는 안 된다.

해를 거듭할수록 미국의 우익세력은 전 세계에 걸쳐 '기업이 지배하는 시장경제'라는 그들의 비전을 강요하는 데 점점 더 단호한 태도를 보이고 있다. 그들이 그런 목표를 이루는 데 성공하려면 다른 나라들이 세계 유일의 초강대국인 미국의 권위에 도전하는 것을 막아야 하고, 이를 위해 미국의 압도적인 군사력을 사용할 수 있어야 한다. 이런 시각에서 보면, 언젠가는 미국과 군사적, 경제적으로 경쟁하는 슈퍼파워가 될 것이 확실한 중국을 봉쇄하기 위한 선제적 계획이 이미 진행되고 있음은 전혀 놀라운 일이 아니다. 미국의 권세는 앞으로 얼마나 더 유지될까? 최소한 수십 년은 더 갈까? 지금 우리는 과거의 어떤 제국보다 더 광대하고 오래 지속될 제국이 생겨나는 것을 보고 있는 것은 아닐까? 과거의 제국주의는 2차대전이 끝나면서 철저하게 단죄됐다. 그런데 세계의 민주주의를 지키는 것이 자신의 역사적 사명이라고 오랫동안 주장해온 바로 그 나라에서 제국주의가 부활하고 있다.

나는 세계적 헤게모니를 장악하기 위한 돌진이 미국 국민이 바라는 바는 아니라고 믿는다. 미국 국민은 제국주의 침략자에 저항하는 전쟁을 치러왔다. 2차대전 중 어린 시절을 보낸 나는 오직 사악한 독재자만이 다른 사람들을 정복하고 지배한다고 배웠다. 그것이 바로 시니어 부시* 대통령이 1990년대 초에 '새로운 세계질서'를 만드는 것이 미국의 목표라고 선언했을 때 내가 경악했던 이유다. 그 말에 담긴 의미뿐 아니라 그가 그 말을 내뱉는 거만하고 무자비한 분위기가 나를 놀라게 했다. 미국이 지금껏 맞서 싸운 자들은 바로 그와 같은 자들, 즉 자신의 행동과 사상을 다른 사람들에게 강요할 권리가 있다고 믿는 자들이 아니었던가?

미국의 보통 시민들에게 "다른 나라를 지배하는 데 관심이 있느냐"고 물어보면 그들은 "절대 아니다"라고 답변할 것이다. 그러나 대부분의 미국 시민들은 세상의 먼 곳들에서 미국 국민의 이름으로 벌어지는 일들에 대해 잘 알지 못한다. 게다가 그들은 미국의 국가목표와 관련된 중대한 결정들에 대한 통제력을 점점 더 잃어가고 있다. 많은 미국 시민들이 복잡하고 급변하는 일상에 매몰된 채 텔레비전 앞에서 곯아떨어져 있다. 그들에게는 일자리를 지키고 아이들을 부양하는 일만 해도 너무 벅차다. 그들은 일상적으로 느끼는 절망의 공백을 허접하고 사소한 일들로 채우고 있다. 그들은 전쟁과 평화와 같은 커다란 주제보다는 유명인들의 스캔들에 더 많은 관심을 쏟는다. 이런 가운데 미국 정부와 기업공동체는 제국주의적 운명을 향해 한 걸음 한 걸음 나아가고 있다. 그들은 세계를 주도할 의지도 자원도 가능성도 없는 나라들에 대해 힘을 행사하는 것은 미국의 권리라고 공개적으로 선언한다.

이런 제국주의 야욕을 부추기는 자들을 이 책에서 나는 '승리주의자'라고 부른다. 그들은 스스로를 골수 보수주의자라고 생각하지

---

* '시니어 부시(Senior Bush)'는 1989년부터 1993년까지 재임했던 미국의 41대 대통령 조지 부시(George Herbert Walker Bush)를 가리킨다. 그의 아들로 2001년 미국의 43대 대통령으로 취임한 조지 W. 부시 대통령은 이 책에서는 그냥 '부시'로 부른다.

만, 그들이야말로 이 세상의 어떤 혁명가보다 더 급격한 변화를 저지르려고 한다는 점에서 초급진주의자라고 말할 수 있다. 그들은 과감하고 역동적이며, 커다란 야망을 가진 자들이다. 그들은 이 세계를 새로 구축하려는 열망에 가득 차있다. 그들은 스스로를 '혼돈으로 가득차고 의지가 나약한 인간세계를 구원하는 사람들'이라고 여긴다. 그 어느 광신도나 마찬가지로 그들은 수정처럼 투명하고 바위처럼 단단한 목표의식에 가득 차 있다. 그들은 주로 미국인에 의해 통제되는 소수 다국적기업들이 지배하는 세계 시장경제를 만들기 위해 분발하고 있다. 그들이 이런 목표를 정한 최초의 정책입안자는 아닐지 모른다. 과거의 냉전구조 속에 이미 '미국 기업이 우월한 지위를 누리는 형태의 세계질서'가 내포돼 있었다. 그러나 이제 그들은 겉으로만 보아도 아무도 의심할 수 없는 군사적 우위를 갖춘 최초의 세력이 됐다. 역사적으로 볼 때 지금 미국이 누리는 정도의 압도적인 부와 힘을 가진 나라는 고대에 주요 하천유역에 나타났던 제국들 외에는 달리 찾기 어렵다.

사회비평가로서 나는 내 조국의 운명과 다른 나라들의 운명에 대해 두려움을 느끼게 되어 이 책을 쓴다. 국방장관인 도널드 럼스펠드가 미국 역사상 가장 악독한 깡패였던 알 카포네의 말을 인용하면서 미국의 중동정책을 정당화하는 말을 듣고 나는 소름이 끼쳤다. "좋은 말로만 할 때보다 총을 들고 이야기하면 더 많은 것을 얻는다." 이런 폭력배식 언동은, 앞으로 이 책 여기저기에서 말하게 될 도덕적 타락의 심각함을 잘 보여준다. 오늘날 우익진영에서 내뱉고 있는 국수주의적 발언들은 단순한 허장성세가 아니다. 그들의 억제되지 않은 말은 동맹국이건 적국이건 미국이 마음대로 다루기 위해 무력을 사용할 의도를 갖고 있음을 드러낸다. 승리주의자들은 정치학자들이 생각하는 수준보다 그들의 목표에 훨씬 더 가까이 가 있다. 우연의 결과이든 의도에 따른 것이든 역사는 그들의 손 안에 들어갔고, 그들은 그 이득을 재빨리 자기 것으로 만들었다.

우선 한 가지 분명히 해두고 싶은 게 있다. 미국의 정책에 불만을 품은 많은 사람들이 무슨 일에 대해서든 먼저 미국을 비난해야 한다는 태도를 취하고 있다. 2001년에 발생한 9.11 테러를 포함해 크고 작은 많은 사건들에 대해 미국이 먼저 비난받아야 한다는 것이다. 나는 이렇게 주장하는 사람들과는 의견이 다르다. 테러에 희생된 사람들이 부유한 강대국의 국민이라 하더라도 희생자를 비난하는 것은 왜곡된 도덕의식을 드러낼 뿐이다. 특히 그 희생자가 선량한 시민일 경우에는 더욱 그렇다.

테러와 관련된 사건에 대해서는 언제나 같은 말을 할 수 있다. 미국인이나 유태인을 죽이는 것이 목표라고 말하는 광신적인 자살 테러리스트들은 나를 경악하게 만든다. 그들은 사람들을 죽이는 데 너무 열성적이다. 그러나 그 희생자는 내 가족이 될 수도 있고, 나 자신이 될 수도 있다. 테러리스트들의 불만이 무엇이든 간에 그들의 행동은 결코 정당화될 수 없다. 그들의 폭력이 정당화될 수 없다는 것은, 미군의 바그다드 폭격으로 인한 이라크 시민들의 죽음이 정당화될 수 없는 것과 같다. 나는 테러리즘을 오늘날 국제사회의 치명적인 병리현상이라고 본다. 이 질병은 문명의 규범을 말살시킬 수 있다. 우리는 테러리스트들이 품은 분노의 뿌리를 분명히 인식해야 하지만, 어떤 경우에도 그들의 테러행위 자체는 정당화될 수 없다.

다시 한번 단호히 말한다. 나는 미국이 이미 발을 들여놓은 제국주의화 정책노선에 절대 반대한다. 그러나 나의 이런 입장은 미국 안에서 인기가 없고, 다수의 의견도 아니다. 부시 행정부의 다른 각종의 정책들에 반대하는 '진보적 자유주의자(Liberalist)'들조차 제국주의화 정책노선에 대해서는 그리 심각한 문제제기를 하지 않는다. 지난 대통령 선거 때 부시에 반대하는 표를 던진 많은 미국인들이 지금은 그의 승리주의를 추인하고 있다. 지금 미국은 두려움에 질린 나라다. 불경기인데도 테러로부터 미국을 지킨다는 명분 아래, 워싱턴에서 말하는 '안보국가(National Security State)'를 만드는 데 수십억 달러를 기꺼이 쓰고 있다. 미국인들은 테러의 위협이 앞으로도 사라지지 않을 것이라는 이야기를 계속 듣고 있다. 미국 정부의 이런 정책노선은 아주 비관적인 반유토피아 소설에서 그려지는 것과 같은 황폐한 미래를 예상하는 사람들에 의해 만들어졌다고 나는 생각한다. 그들은 편협하고 하잘것없는 자신들의 이해관계를 그런 정책노선에 반영시키고 있다.

나는 중동지역에서 미국이 시도하는 팽창정책에 반대하는 미국인들 가운데 한 사람이다. 적지 않은 수의 미국인들이 미국의 이라크 침공에 대해 목소리를 높여 반대했다. 그러나 그들보다 수천 배 더 많은 미국인들이 이라크전쟁에 환호했다. 나는 내 조국이 한 줌의 탐욕스런 기업이익 추구자들과 군사주의자들의 욕심을 전 세계에 강요하는, 국제무대의 악한이 되고 있음을 보고 양심에 가책을 느낀다. 나는 그들의 오만과 억압적인 태도가 점점 더 강해져, 마침내 모든 국제조직들, 공동의 책임들, 국제법과 경제협력 구조들을 무너뜨리려 할 것으로 생각한다. 그때가 되면 역사는 미국이라는 한 나라의 이익과 가치, 아니 미국의 이익과 가치를 결정하는 일부 사람들의 포로가 될 것이다.

나는 다른 나라 사람들이 미국의 정책노선이 지닌 사악함을 이해할 수 있도록 돕기 위해 미국 내부로부터의 비판적인 시각을 전달하려고 한다. 무엇보다도 나는 미국의 국내정책과 대외정책 사이에 존재하는 긴밀한 관계를 분명히 드러내고자 한다. 미국의 패권주의는 국내 정치문화를 사로잡은 이데올로기의 변화에서 유래한 것이다. 미국의 정치문화는 선진 산업국가들의 주류 정치문화에서 급속히 벗어나고 있다. 아울러 미국은 현대 국가의 일반적인 모습에서 이탈한 변종이 되어가고 있다. 미국이 이런 모습을 띠게 된 이유는 처음에는 미국 기업공동체의 탐욕에서 찾을 수 있었지만, 지금은 그 수준을 넘어서고 있다. 부를 가진 자들의 탐욕에 이데올로기적 추진력이 더해졌다. 승리주의 지식인들과 근본주의 광신도들에 의한 종교적 충동이 그 원동력이 됐다고 말할 수 있을 정도다.

점점 더 심각하게 분열하는 미국의 국가 성격에 책임이 있는 자들은 나름대로 확고부동한 신념에서 그들의 길을 고집하고 있다. 그들은 미국이 다른 나라들로부터 따로 떨어지는 것도 주저하지 않는다. 홀로 격리되는 것은 도덕적 우월성을 가진 자만의 특권이라고 그들은 믿는다. 사실 이런 예외주의(Exceptionalism)는 미국의 역사에서 여러 차례 반복돼 왔다. 구세계의 부패에서 벗어나기 위해 신대륙으로 온 초기 이주자들의 시대 이래로 미국인들이 그려 온 장엄한 자화상의 밑바탕에는 종교적인 예외주의가 깔려 있었다.

1980년대에 로널드 레이건 대통령은 전문 배우만이 보여줄 수 있는 탁월한 연기력으로 예외주의를 연기해 미국인들의 마음을 사로잡았다. 울림 있는 목소리와 촉촉한 눈빛을 가진 이 영화배우 출신 대통령은 미국을 '산 위에 있는 동네(City on the Hill)'* 또는 '이 세상의 마지막 최고의 희망(Last, best hope)'이라고 불렀다. 승리주의자들은 이념적으로 레이건의 상속인이다. 그들은 레이건이 퍼붓듯 쏟아낸 말들을 신봉하며, 그것을 세계적인 정책으로 변환시키려 한다. 지난 20년 동안 미국 정치의 주도권은 미국을 신의 섭리에 의한 나라라고 믿는 사람들의 수중에 점점 들어갔다. 그리고 그들은 스스로가 이 세상을 미래로 이끌어나가는 사명을 부여받은, 구세주 같은 선도자라고 생각한다. 이런 '사명'은 그들로 하여금 군사적 개입이나 경제적 착취에 머물게 하지 않을 것이다. 그들은 중동을 비롯한 전 세계의 이단자들을 기독교도로 개종시키고자 하는 문화적 침략자의 모습도 띨 것이다. 부시 대통령이 2001년에 처음으로 테러와의 전쟁을 선포했을 때 그는 이것을 "십자군 전쟁"이라고 선언했다. 미국 정부는 이슬람권의 여론과 정서를 감안해 부시가 내뱉은 이 말을 서둘러 취소했다. 그러나 그의 말은 결코 허황된 말실수가 아니었다. 미국인들 가운데 적지 않은 사람들이 테러와의 전쟁이 십자가를 위한 전쟁이 되기를 바란다.

원래 정치인은 자신에게 남을 이끌 권리가 있다고 생각한다. 그런데 미국의 새로운 승리주의자들은 남을 이끌 권리뿐 아니라 목적지를 지정할 권리까지 주장한다. 그들의 목적지는 선진 산업국가 국민들이 오래전부터 추구해온 목적지에서 완전히 동떨어진 곳에 있다. 바로 이 때문에 미국의 대외정책에 대한 미국 행정부의 주장을 액

---

* 신약성경 마태복음 5장 14절 "너희는 세상의 빛이다. '산 위에 있는 동네'는 숨겨질 수 없다"는 구절에서 따온 말이며, 17세기 메이플라워호를 타고 미국으로 이주한 영국 청교도들이 꿈꾼 이상향을 상징하기도 한다.

면 그대로 받아들여서는 안 된다. 오히려 미국의 대외정책 이면에 숨어있는 이데올로기적 동기를 이해하려고 노력해야 한다. 역사상 모든 제국주의 정권들과 마찬가지로 미국의 승리주의자들도 세계를 자기의 모습대로 바꾸려 한다. 그들은 집산주의와 복지국가를 지향하는 모든 것들을 "악마의 작품"이라고 비난하면서 그런 것들을 이 세상에서 아예 없애버리려고 한다. 좀더 정확하게 말하자면 그들은 정통 시장주의에서 벗어난 경제 형태들은 모두 땅에 파묻어야 할 이단으로 본다. 승리주의자들의 시각에서 보면, 정부를 공공의 이익을 위한 수단으로 이용하려는 현대 선진사회의 모든 노력은 이단이다. 승리주의자들의 세계관에서는 이런 이단에 대한 십자군 전쟁이야말로 자유를 위한 전쟁이다.

만일 승리주의자들이 그들의 뜻을 이루게 된다면, 정부의 권력은 기업경제의 정점에 있는 사람들 수중에 완전히 들어갈 것이다. 그들은 부자만이 유일한 '부 창출자'라고 본다. 따라서 모든 법률, 모든 제도, 모든 정책은 부자들의 이익에 맞춰져야 한다. 그 외의 사람들은 순종하는 피고용자로 살아야 할 운명이니, 아무리 깐깐한 주인을 만나더라도 결코 불평하지 않는 종으로 평생을 보내야 한다. 세계시장이 어떻게 변하더라도 그 결과를 그저 조용히 받아들여야 한다. 일자리, 집, 사회적 지위는 세계 기업경제의 지시에 따라 유지되거나 상실될 것이며, 어느 쪽이더라도 순응해야 한다.

이런 식의 사고방식은 근현대사의 흐름을 급격히 반전시키는 것이다. 지난 한 세기 이상에 걸쳐 근현대 사회는 정교한 사회계약을 만들어왔다. 그 목표는 국가의 부를 노동, 기술, 자본, 서비스를 제공하는 모든 사람들에게 공평하게 나누는 것이었다. 다시 말해 경제를 안정시키고, 어려움에 처한 사람들에게 사회적 안전망을 제공하고, 대중의 건강을 보호하고, 모두에게 양질의 교육을 실시하고, 지구의 아름다움과 자연자원을 아끼고, 일상생활을 더욱 쾌적하게 만드는 것이었다. 이런 목표들을 감싸 안은 한때의 혁명구호인 '자유, 평등, 박애' 와 '삶, 자유, 행복 추구의 권리' 라는 이상은 진보적 자유주의자는 물론 보수주의자에 의해서도 존중돼야 한다. 그런데 미국의 승리주의를 이끄는 자들은 사회계약이 있던 자리에 사리사욕 추구에 눈먼 1890년대식 사회적 다위니즘을 대신 들여앉히려고 한다. 그들로 인해 의미 있는 형태의 평등주의는 제거되고, 공정한 배분이나 사회민주주의의 흔적도 사라졌다. 승리주의자들은 악당 같은 거대 기업들의 이익 앞에 우리 모두가 무릎을 꿇어야 하는, 새로운 종류의 '고도산업 봉건주의' 를 강요하려고 한다.

여기서 내가 말하는 '우리' 란 미국인들만을 가리키는 게 아니다. 미국 승리주의의 우두머리들이 채택한 프로젝트는 미국 국경을 넘어 전 세계에 그 영향을 미친다. 승리주의자들은 세계경제를 이끄는 주요 미국 기업들의 앞잡이로서, 그들의 이데올로기가 아닌 다른 모든 사회이념들을 없애버리려 한다. 그들의 시각에서는 모든 다른 사회이념들을 정통 시장주의로 바꾸는 것이 세상사의 자연적 질서에 합당하며, 각국의 개별적 이해관계를 넘어서는 역사의 필연적 움직임이다. 미국이 세계시장으로 진출하는 것은 공공의 이익을 보호하기 위해 만들어진 모든 제도와 규제들을 다 제거하는 것을 의미한다. 그리고 미국의 기업공동체와 그 앞잡이인 우익 정치인들에게 시장의 승리가 의미하는 것은 일정 수준 이상의 임금 지급을 보장하고 아동노동을 금지한 노동관련 법률들의 제거, 환경보호를 위한 규제의 철폐, 이윤추구에 대한 규제의 종식, 무역과 금융, 통신, 제조업의 모든 영역에서 독점의 무제한 허용 등이다. 그렇게 된다면 우리는 모든 것이 사유화, 상업화되어 기업의 재산적 특권을 제한할 그 어떤 견제력도 사라진 세계 속에서 살아야 할 것이다. 미국의 승리주의자들은 대화와 협상이 아니라 일방적인 힘의 행사와 위계적인 지배와 예속에 기반을 둔 세계질서를 만들려고 한다. 그런 승리주의자들의 모습은 마치 종교적 열정에 중독된 것처럼 보일 정도다.

　　미국이 패권적 제국을 구축하기 위해 동원할 수 있는 수단이 경제력뿐이라고 가정하더라도, 그것만으로 충분히 위협적이다. 그러나 미국은 2차 걸프전을 계기로 경제력을 동원하는 단계를 넘어섰다. 승리주의자들은 그들의 팽창주의적 야망을 달성하기 위해 야만적인 군사력까지 동원하고 있다. 오랫동안 동맹국으로 지내온 다른 나라들에 대해 미국 승리주의자들이 공개적인 모욕을 서슴지 않는 태도는 힘의 과시에 지나지 않는다. 미국의 군사력이 이라크나 북한과 같은 제3세계 국가들만을 대상으로 사용될 것이며 유럽, 일본, 중국과 같은 나라들을 위협하는 데는 절대로 사용되지 않을 것이라고 믿는 사람들이 있다. 이런 사람들은 미국 승리주의자들의 외교적 자제력을 지나치게 신뢰하는 잘못을 범하고 있다. 승리주의자들은 이데올로기적 격분에 휩쓸리는 충동적인 자들이다. 그들은 역사가 그들에게 주는 기회를 놓치지 않겠다는 단호한 자세를 취하고 있다.

　　미국의 제국주의 정책에 대한 다른 국가들의 지적 통제는 미약하다. 이런 상태에서 미국은 스스로 불량국가(rogue nation)가 되겠다고 협박한다. 미국은 이미 그렇게 됐다고 말하고 싶은 사람들도 있을 것이다. 미국의 집권당이 바뀌어도 그런 경향은 계속 유지될 수 있다. 물론 향후 선거에서 승리주의의 본당인 공화당이 패배한다면 미국의 제국주의 행보의 속도가 일시적으로 느려질 수는 있다. 또한 승리주의자들이 나아가는 길에도 걸림돌이 있을 수 있고, 장애물을 피해 돌아가는 경우도 있을 수 있다. 그러나 2차 걸프전을 야기한 세력은 미국 정치에 계속 압박을 가할 것이다. 그들이 동원하고 휘두를 수 있는 돈과 득표력은 쉽게 그들 곁을 떠나지 않을 것이다. 민주당이 대통령 선거에서 이기거나 의회에서 다수당이 되는 경우에도 그들의 돈과 득표력은 계속 위력을 발휘할 것이다.

　　부시 대통령의 정책은 미국 기업공동체의 깊숙한 곳에서 끓어오르는 강력한 힘의 초기경보로 볼 수 있다. 이 힘은 핵심적 위치에 있는 여론 주도자들을 통해 점점 더 언론을 장악해가고 있다. 우리는 2차 걸프전에서 슬쩍 드러난 놀라운 광경을 보았다. 고삐 풀린 미국의 힘이 수평선 위로 엄습해오는 폭풍구름처럼 위협적인 모습을 드러냈던 것이다. 우리는 조만간 워싱턴의 잠겨진 문 뒤에서 일방적으로 결정된 미국의 선제공격에 의해 세계 각국의 정권들이 바뀌고, 미군이 여기저기를 장기적으로 점령한 세계에서 살게 될 것이다. 그리고 미국의 뻔뻔스러운 거들먹거림에 대항하는 다른 나라들의 지적인 노력은 비겁한 태도로 폄하될 것이다.

　　정권교체가 무력침략이나 정보작전으로 이루어질 경우에는 새로 들어서는 정권이 정당성을 갖기 어렵다. 그러나 불행하게도 비밀작전에 의한 정권교체 시도는 이미 미국의 외국정책에서 새로운 게 아니다. 과거 냉전기간에 미국은 세계 각지에서 미국에 순응하지 않는 합법정부들을 전복시키기 위한 비밀작전을 벌였다. 중동지역에서 미국이 시도한 정권교체 작전들 가운데 미국의 미래와 관련해 가장 중요한 사례는, 민주적으로 성립된 이란의 합법정부를 몰아낸 1953년 쿠데타였다. 중앙정보국(CIA)이 배후조종한 이 쿠데타는 복수심에 불타는 이슬람 근본주의의 씨앗이 자라날 토양이 됐다. 미국의 이런 무모한 정책들을, "과거 냉전시대의 적들은 훨씬 더 비밀스럽고 야만적이었다"는 이유를 갖다대며 변호하는 이들도 있다. 미국은 '이에는 이'로 대응할 수밖에 없다는 것이다. 냉전시대에는 이런 변호가 먹혔을지 모른다. 하지만 소련이 붕괴한 지 오래인 오늘날에도 미국이 외교정책에서 해외 정권의 전복과 은밀한 침략작전을 구사하는 것은 도덕적 정당성을 인정받을 수 없다. 미국의 정치 지도자들이 종교적 열정으로 자유의 찬송가를 설교하는 동안에도 미국 정계의 우익세력은 세계 각지 인민들의 자유를 짓밟는 정책을 뒷받침하고 있다. 미국은 세계가 자신에 대해 그나마 아직 남겨두고 있는 얼마 안 되는 신뢰와 존경마저 스스로 파괴하고 있다. 스스로가 가장 사악한, 자기 자신의 적국이 되고 있는 것이다.

미국의 제국주의적 오만을 막을 방법이 없을까? 미국 국민은 승리주의자들이 내세운 의제에 대해 미약한 저항 이상의 것을 할 수 없다고 나는 생각한다. 미국의 의기소침한 '진보적 자유주의(Liberalism)'의 지도자들도 마찬가지다. 미국의 진보적 자유주의자들과 대부분의 민중은 배짱도 없고 지성도 갖추고 있지 않다. 승리주의자들의 진군을 멈추게 하려면 미국 이외의 다른 나라 국민들이 아이디어와 사례 제시, 비판은 물론 외교, 경제, 문화 분야에서의 완강한 저항으로 미국의 선량한 국민을 도와주어야 한다. 세계 각국 사람들이 워싱턴에서 만들어진 정책에 대해, 그것이 마치 자기 나라의 정책인 것처럼 관심을 기울여 주어야 한다. 세계인 모두가 스스로 미국의 지구적 유권자라는 생각을 가져주어야 한다. 세계인이 각자 자신의 자유와 자기 나라의 국가 권위를 보전하기 위해서는 미국에 대해 이렇게 확장된 유권자 개념을 갖는 것이 크게 도움이 된다. 홍수, 가뭄, 지진 등 그 어떤 파괴적 자연재앙 못지않게 미국의 승리주의도 국제적 재앙이고, 따라서 그에 대한 비판적 대응이 국제적으로 이뤄져야 할 필요가 있다.

미국의 기업 엘리트들과 그 배후 두뇌집단인 승리주의자들의 자유시장 우상숭배에 대항해 인간주의적 대안이 될 수 있는 세계 산업 사회의 미래를 이야기해야 한다. 아울러 무력 사용에 관한 결정에 대해 제한을 가하는 방법을 찾아내고 합의해야 한다. 이렇게 함으로써 지금 미국이 갖고 있는 엄청난 힘이 백악관을 접수한 이데올로기적 일파의 수중에 떨어지지 않도록 해야 한다. 이 책이 전 세계 사람들에게 그런 대화를 시작하는 데 필요한 통찰력을 얼마간이라도 제공할 수 있으면 좋겠다.

1장

미 국 의
세 계 공 격
매 트 릭 스

사담의 제거는 지금과 다른 종류의 중동을 만들 기회를 주고 있다. 중동에 다른 미래가 실현되려면 우리와 동맹국들은 중동 사람들이 중동을 변화시킬 수 있도록 돕는 장기적인 노력에 나서야 한다. 이것은 우리 시대의 안전을 위한 과제인 동시에 도덕적인 사명이다.

____**곤돌리자 라이스**, 부시 대통령의 국가안보좌관, 2003년 8월 8일, 텍사스 휴스턴에서의 연설

우리는 독특하게 자비로운 패권이다. 이것은 자화자찬이 아니며, 다른 사람들이 우리의 힘을 환영하는 데서 입증되는 명백한 사실이다.

____**찰스 크로새머**, 신보수주의 언론인, 〈위클리 스탠더드〉, 2001년 6월 4일

내가 겪은 전쟁들

나는 1933년에 태어났다. 그 해에 미국의 루스벨트 대통령과 독일의 히틀러가 각각 권좌에 앉았다. 그때 나의 아버지는 대공황으로 일자리를 잃고 가난에 빠진 상태였다. 대공황의 타격을 입고 낙담한 수백만 명의 '이제는 잊혀진 남자들' 가운데 한 사람이었던 셈이다. 우리 가족에게는 루스벨트 대통령의 뉴딜정책은 회생의 의미를 갖고 있었다. 뉴딜정책은 미국 역사상 가장 광범위한 국내 개혁을 가져온, 대담하고 민주적인 정책 프로그램이었다. 루스벨트 행정부가 이처럼 미국의 경제침체를 극복하기 위해 노력하는 동안 유럽에서는 대공황을 보다 확실하게 끝장낼 작업이 진행됐다. 그것은 많은 피와 재산의 희생을 부르는 것이었다. 바로 나치가 전쟁을 향해 진군하고 있었던 것이다. 이는 뉴딜정책의 그 어떤 개혁조치보다 미국에 더 큰 변화를 일으켰다.

당시 나는 주위에서 전개되는 역사적 사건들에 대해 진지하게 생각해볼 정도로 나이가 들어 있었다. 세상은 전쟁을 향해 견고하게 나아가고 있었다. 내가 어린 시절에 배운 것들은 모두 전쟁의 경험이 깊게 각인돼 있다. 처음에는 임박한 전쟁, 그 다음에는 실제로 벌어진 전쟁의 경험이었다. 다른 모든 아이들처럼 나도 애국심에 불타는 미국 국민으로 성장했다. 여기에는 충분히 이유가 있었다. 2차대전 중에 나는 내 조국을 문명의 수호자로 보게 됐다. 미국이 전쟁에 돌입한 1941년에 대부분의 다른 연합국들은 용서할 수 없는 악의 세력인 파시스트 침략자들에 패배했거나 굴복한 상태였다. 그래서 그 뒤에 이어진 냉전시대에도 나는 세계가 온통 취약하고 무기력하다고 생각했고, 내 조국인 미국 정부의 정책을 곧이곧대로 받아들였다. 다시 말해 냉전은 전적으로 소련의 잘못 때문이며, 세계 각국은 공산주의에 의한 전복 기도와 소련의 침략으로부터 스스로를 지키기 위해 미국의 도움을 필요로 한다는 정부의 말을 그대로 받아들였던 것이다. 선과 악을 구분하는 도덕적 절대주의는 젊은이들에게 쉽게 받아들여진다. 객관적 여건이 자신의 선택을 명백하게 입증해주는 듯 보일 때는 더욱 그렇다. 만약 미국이 세계의 경찰이 되지 않는다면 전 세계의 수많은 사람들이 동유럽에서처럼 압제에 굴복해야 한다고 믿었고, 이런 믿음에 대해 의심조차 하지 않았다.

나는 젊은 시절 내내 아무런 의심도 없이 앞 세대의 태도를 그대로 물려받아 내 것으로 만들었다. 그것은 바로 1차대전을 겪은 내 아버지의 세대가 갖고 있던 태도 그대로였다. 그 세대에게 유럽은 자신의 문제를 해결할 의지도 힘도 미덕도 없는, 도덕적으로 파산한 사회였다. 1917년에 유행했던 한 노랫말은 이렇다. "미국이 간다. 미국이 간다. 우리는 그곳에서 끝장을 볼 때까지는 돌아오지 않을 것이다."
세계의 민주주의를 공고히 하고 유럽을 올바른 길로 이끄는 일이 끝나는 그 날이 언제일지는 모르지만, 그때가 되면 미국인들은 날아가듯 고향으로 돌아갈 것이라는 뜻이었다.

대학생이 되어서야 나는 비로소 냉전의 숨겨진 의미를 알게 됐다. 특히 인류의 생존을 위협하는 군비경쟁에 대해 알게 되면서 나는 점점 냉소적이고 비판적으로 변해갔다. 그때 베트남전쟁이 터졌고, 나는 미국 정부가 이야기한 모든 것들에 대해 앞장서서 의문을 제기하는 사회비평가로 변신했다.

우리는 그 시대를 '혼란스러웠던 1960년대'라고 부른다. 그 기간에 미국은 엄청난 세대간 갈등과 곤란을 겪었지만 건강한 정신적 변화를 얻었다. 베트남전쟁이 마침내 끝났을 때 대다수 미국인들은 '탈산업화'라는 새로운 가치에 의해 다스려지는, 보다 나은 미래가 올 것으로 기대했다. 우리는 기업들의 탐욕과 펜타곤 전쟁광의 폭력에 저항하는 자유로운 미국을 기대했다. 우리에게 필요한 것은 오로지 서로 모여 앉아 젊은이들로서 즐겁고 창조적인 세계를 예감하게 하는 그 시대의 노래를 듣는 것이었다. 당시 젊은층 대항문화(Counter Culture)의 반란은 이처럼 천진난만함을 지니고 있긴 했으나 순수한 이상주의에 의해 전개됐다. 그 목표는 고도 산업사회의 풍요와 기술력을 이용해 빈곤을 몰아내고, 기업들의 탐욕과 정치권력의 강제로부터 우리의 삶을 자유롭게 하는 것이었다. 나는 베트남전쟁이 끝난 뒤 수십 년이 더 지난 시점에 미개한 군사주의가 다시 일어나 '테러와의 전쟁'이라는 순전히 소모적인 명분을 내세워 미국 정부를 장악할 것이라고는 결코 예상하지 못했다.

왜 이런 일이 일어났을까? 이 책에서 내가 다루려고 하는 것은 바로 이 질문에 대한 대답이다. 여기서는 단지 생명을 긍정하던 1960년대의 희망이 교활한 세력에 의해 좌절됐다는 점만 간단히 말해두겠다. 당시의 반전 운동가들은 그런 세력을 과소평가했다. 유토피아는 많은 사람들이 생각했던 것처럼 가까이 다가와 있지 않았다. 베트남전쟁의 포연이 걷히기도 전에 대항문화의 가치를 완전히 부정하는 세력이 냉전시절의 군산복합체를 부활시키는 작업을 진행하기 시작했다. 기업공동체, 군부, 새로운 세대의 우익 지식인 집단이 보수주의 부활을 위한 기초를 만들기 시작했다. 그들의 보수주의는 20세기 들어 미국인들이 보아왔던 그 어떤 보수주의보다 더 선동적이고, 정치적으로 더 무자비한 것이었다.

대항문화는 한 번도 창조적 소수의 단계를 뛰어넘지 못했다. 그러나 그들은 미국을 여러 측면에서 변화시켰다. 그들은 미국이 다원적 문화국가로 변모하도록 도왔다. 그들은 인권이 미사여구에 그치지 않고 진정한 대의가 되도록 뒷받침했다. 그들은 여성해방 운동, 동성애자 권익 보호운동, 환경 보호운동을 출범시켰다. 이런 운동들은 지금도 활기차게 살아있다. 그러나 1980년대에는 보수주의자들이 진보적 사회가치에 대한 신념을 잃은 많은 미국인들의 지지를 긁어가고 있었다. 공화당은 '레이건의 민주당원'이라고 불리던 노동자 계급과 블루칼라 중년 남자들의 지지를 얻었다. 공화당은 새로운 형태의 기이한 지지층, 즉 '단일관심 유권자(single-issue voter)'들의 표를 얻게 됐다. 단일관심 유권자란 오직 한 가지 우선적 관심사에 대한 판단만으로 투표를 하는 사람들을 가리킨다. 그들은 다른 쟁점들에는 개의치 않고 오로지 하나의 개인적 관심사, 예를 들어 낙태에 대한 반대, 무기 규제에 대한 반대, 동성애자 권익 보호에 대한 반대, 모든 종류의 세금에 대한 반대, 학교에서 종교활동을 제한하는 데 대한 반대, 학교에서 진화론을 가르치는 데 대한 반대 등을 위해 투표한다. 진보적 자유주의자들이 이런 성향을 보이는 사람들의 수가 급증하는 데 경악하는 동안 공화당은 불만에 가득 찬 그들에게 기댈 곳을 자처하고 나섰다. 공화당은 그들의 분노를 오히려 증폭시키면서 그들의 가치를 "신성하고 애국적인 것"이라고 옹호했다. 공화당의 이런 전략은 진보적 자유주의자들이 아직까지도 효과적으로 대응할 방법을 찾지 못하고 있을 만큼 강력한 것이었다.

20세기를 살았던 미국인들은 전쟁이란 다른 나라 때문에 그들에게 닥친 저주이며, 미국만이 인류를 구원할 깨끗함과 힘과 도덕적 권위를 갖고 있다고 믿었다. 미국의 역사적 사명은 약자를 돕는 강자가 되는 것, 즉 기사도를 실천하는 역할이었다.

나는 2차대전 때 선량한 미국인들의 마음을 사로잡았던 이미지들을 기억한다. 전쟁의 폐허 속에서 휴식을 취하다가 누더기를 걸친 아이들에게 사탕을 나눠주거나 지친 산모에게 철모를 건네주어 아이를 씻어줄 수 있도록 돕는 회색 군복의 병사들…. 사진 속의 그들은 비록 차림새는 부스스했지만 젊고 건강하며 잘 생긴 모습이었고, 무엇보다 고귀한 겸손함을 지니고 있었다. 그들은 평범한 젊은이들이었다. 이웃집에 사는 고교 운동선수일 수도, 자동차 정비공일 수도, 학교 선생님일 수도 있었다. 그들은 힘없는 사람들을 지키기 위해 생명의 위험을 무릅쓴 시민병사였다. 그들은 전문 군인도, 정복자도, 제국주의 건설자도 아니었다. 그들은 오직 자신의 일을 걱정하고, 가족을 부양하고, 삶의 단순한 즐거움을 누리는 것 외에는 아무런 바람이 없었다. 전쟁이 끝나자 집으로 돌아온 그들을 우리는 환영했다. 우리의 선량한 영웅들은 수송선에서 내리자마자 부두에서 기다리고 있던 아내와 아이들을 포옹했다. 그들이 유럽, 한국, 베트남 어디에서 돌아왔든, 사람들은 "이것이 모든 전쟁을 끝내는 마지막 전쟁"이라고 확신하며 그들을 환영했다.

미국인들은 공포의 한가운데서도 인간적인 면모를 찾는다. 우리의 병사들이 전쟁에 지친 사람들과 우정을 나누는 사진의 배경을 보면, 거기에는 미군 비행기와 탱크가 폐허로 만들어 버린 도시가 있었다. 그런 도시에서는 아마도 수천 명의 시민들이 하늘에서 쏟아져 내린 폭탄 때문에 죽었을 것이다. 그러나 그것은 미국의 잘못이 아니었다. 미군은 단지 나쁜 인간들을 죽여 없애려고 했을 뿐이었다. 아무도 그런 파괴를 이유로 미국을 비난할 생각을 하지 않았다. 그리고 미군은 침략자를 물리친 뒤에는 자기 몸에 입은 상처를 치료하고는 짐을 싸서 고향 집으로 돌아갔다.

돌아와요, 셰인!

미국인들은 언제나 전쟁을 끝내고 집으로 돌아오기 위해 전장으로 갔다. 1952년도 영화 〈셰인〉은 바로 이런 국민적 신화를 전형적으로 보여준다. 하얀 사슴가죽 옷을 입은 금발의 젊은 주인공 셰인이 마을에 나타난다. 그는 위기에 빠진 농부와 그의 가족을 돕는다. 마침내 그는 마지막 승부를 벌이고 악당들을 모두 물리친다. 그러고 나서 그는 자기 몸에 아무리 깊은 상처를 입었더라도 감사의 말조차 기다리지 않고 멀리 산속으로 사라진다. 셰인을 영웅으로 삼은 어린 소년은 어두워지는 벌판을 향해 소리친다. "돌아와요. 셰인!" 그러나 그는 어둠 속으로 사라져간다.

21세기가 시작되면서 미국인들은 다시 한번 자신들이 힘을 갖고 있고 미덕도 갖췄다는 느낌을 즐기고 있다. 그들은 다시 한번 정의를 위한 결투를 해야 할 승부의 무대가 눈앞에 광활하게 펼쳐져 있다고 느낀다. 이번 결투의 이름은 '테러와의 전쟁'이다. 물리쳐야 할 악당은 이제까지 겪은 그 어떤 악당보다 더 사악하다. 미국 군인들이 억압 속에 있는 나라를 해방시키고 악한을 벌하도록 파견되는 동안 애국적인 미국 시민들은 과거에 들었던 외침을 다시 듣는 것 같은 환청을 느낀다. "돌아와요. 셰인!" 커다란 정치적 쟁점이 한 개인에 의해 상징되고 대변되는 식으로 일이 처리된다. 우리의 우두머리 총잡이인 부시 대통령은 텍사스 지방 특유의 느린 말투로 우리를 진쟁터로 부른다. 그는 편안하고 안전한 곳에 앉아서 악당들에게 소리친다. 그가 손가락을 들어 가리키는 악당들은 살인마보다 나을 게 없다. 그들의 적개심에는 아무런 이유도 없고, 그들의 폭력은 결코 정당화될 수 없다. 턱수염을 기른 거무스레한 테러리스트들은 '새로운 나치'이자 '새로운 공산주의자'들이다. 오사마 빈 라덴과 사담 후세인은 예전의 독일 황제, 아돌프 히틀러, 이오시프 스탈린과 같은 반열에 서 있는 것처럼 여겨진다.

미국의 보통 시민들은 테러리스트 적들을 없애버리는 일은 신속하게 끝날 것이라고 순진하게 생각한다. 미국의 대통령과 장군들은 항상 전쟁을 빨리 끝내겠다고 약속한다. 베트남전쟁 때도 마찬가지였다. 그들은 이라크에서도 전쟁을 짧게 끝내겠다고 약속했다. 테러리스트와의 싸움은 영원히 계속될지 모른다는 경고는 있었다. 하지만 아프가니스탄, 이라크, 시리아, 이란 등을 상대로 한 개별적인 무력개입은 순식간에 끝날 것처럼 이야기됐다. 대통령과 군부는 베트남전쟁 때와 달리 지금은 미국이 전쟁을 효과적으로 빨리 끝낼 수 있을 만큼 확고한 의지와 현대적 무기를 갖고 있다고 주장했다. 2003년 3월 이라크를 향해 출발한 미군 제3보병부대의 정문에는 이런 플래카드가 내걸렸다. "엉덩이를 한 대 걷어차고 빨리 집으로 돌아와요"

이렇게 군인들은 이동하고 군사기지는 장소를 바꾼다. 첨단 무기들은 더욱 더 첨단화되고 개선된다. 이런 모든 것은 먼 곳에서 조용히 수시로 일어난다. 미국의 대중은 미국이 수십만 명의 군대를 세계 각지에 산재한 100개 이상의 기지들에 항구적으로 주둔시키고 있다는 사실을 잊어버린다. 북한 정부가 핵 야망을 드러내며 대결적인 태도를 취하기 전까지는 미국이 한국에 3만 명 이상의 병력을 50년 동안 유지해오고 있다는 사실을 아는 미국인이 거의 없었다. 한국 국민이 미군 철수를 원하고 있다는 것을 아는 미국인은 더욱 적다. 미국이 독일에 6만 명의 지상병력, 일본 오키나와에 2만 명의 해병을 주둔시키고 있다는 사실을 아는 미국인도 그리 많지 않다. 미국의 대중은 미국이 대영제국 이래 가장 광범위한 지역에 걸쳐 군사력을 유지하고 있다는 사실도 그저 모호하고 희미한 꿈처럼 흐릿하게 인식하고 있을 뿐이다.

2차대전을 거치면서 미국의 군사력은 국제관계에서 지배적인 고정요소가 됐다. 이런 상황이 가까운 시일 안에 달리 바뀔 것이라고 전망하는 전문가는 거의 없다. 그러나 미국 군사력의 역할은 예전 같지 않다. 왜냐하면 미군은 이제 더 이상 연합군의 일원이 아니기 때문이다. 미국이 군사력을 사용할 것인지 여부는 점점 더 무기의 성능과 전략적 여건에 따라 일방적으로 결정된다. 미국 중앙정보국이 '세계 공격 매트릭스'라고 명명한 종합 작전계획에는 미군의 주둔에 비협조적인 유럽이나 불안정한 중동에서 병력을 빼내어 소규모의 가난한 나라들로 이동시키는 계획이 들어있다. 해당국 정부와의 장기계약을 통해 주둔지를 구매할 수 있는 지역으로 병력을 이동시킨다는 것이다. 그렇게 되면 소규모의 가난한 나라들에 미군의 '전진 작전지역(forwarding operating location)'과 '중심기지(hub base)'가 들어서게 될 것이다. 중동의 카타르, 바레인, 쿠웨이트, 그리고 중앙아시아의 우즈베키스탄, 타지키스탄, 키르기스스탄 등이 그런 나라들이다. 옛 소련 국가들은 미국에게 특히 매력적인 군사기지 후보다. 현재 미군은 그루지야공화국에 설치한 훈련 및 보급 기지 운영을 통해 코카서스 지역의 안정을 꾀하고 있다. 시에라리온과 지부티와 같은 작은 가난한 아프리카 나라들은 미국이 분쟁지역으로 군대를 파견하기 위한 사전 병력집결 장소로 이용된다. 필리핀과 호주의 영토도 미군의 기지로 개발되고 있다. 어떤 곳에는 아주 기본적인 시설만 설치되기도 한다. 단순한 선착장만 있으면 미군은 고속 수송선으로 단 하루 만에 수천 명의 병력을 수백 킬로미터 떨어진 곳으로 옮길 수 있다.

미국은 이 밖에 럼스펠드 국방장관이 '신유럽 국가들'이라고 부른 불가리아, 폴란드, 루마니아 등에도 군대를 파견할 것이다. 이들 나라는 미군에 기지를 기꺼이 빌려주면서도 말썽을 일으키지 않을 것으로 간주되고 있다. 이런 나라들에 설치되는 기지는 최소한의 병력만 배치되고 거의 비어있는 상태로 유지되겠지만, 중장비 이동을 위한 전진기지로서는 활용도가 높다. 미군의 기지정책은 예기치 못한 테러 공격에 신속하게 대응한다는 목적으로 수립되고 실행된다. 그러나 미국이 이런 방식으로 우세한 군사력을 계속 유지하는 한 모든 국제협상에서 미군의 주둔이 더 많은 역할을 하게 될 수밖에 없다. 미국은 세계에서 가장 작고 외진 곳에까지 '이해관계'를 만들어가고 있다. 2004년 초 언론들은 알제리, 말리, 차드, 니제르, 모리타니, 모로코, 튀니지를 포함한 북아프리카의 광범한 지역에서 미국 특수부대의 대 테러 훈련이 실시됐다고 보도했다. 사하라사막 주변의 초원지대인 이 지역은 알 카에다가 인력을 주로 충원하는 곳으로 알려졌다. 아프리카 대륙 동쪽 끝에 있는 지부티에는 '아프리카의 뿔'이라고 불리는 지역 전체를 감시하는 임무를 띤 1600명의 미군이 주둔하고 있다. 그러나 대다수 미국인들은 지부티가 지구의 어디에 있는지도 알지 못한다. 가장 비밀스러운 작전이 진행되는 곳은 콜롬비아다. 이곳에서 미군은 용병들과 함께 마약과의 전쟁을 치르고 있다. 미국 군사력의 이런 세계적인 확장은 '먼저 총을 쏘고 확인은 나중에 한다'는 선제적 안보 개념 아래 진행돼 왔으며, 미국 국제전략연구소(Center for Strategic and International Studies)의 분석가들이 '군사적 빅뱅'이라고 부를 정도로 아주 빠르게 전개됐다.

나는 2001년의 9.11 테러 이후 미국이 주도해온 것들에 대해 경악하고 있음을 고백한다. 미국은 지난 몇 년간 눈에 잘 보이지도 않는 '테러'라는 거대한 적으로부터 스스로를 지킨다는 명분을 내세워 전 세계에 걸쳐 아주 빠른 속도로 고비용의 군사적 네트워크를 일방적으로 구축해왔다. 그것은 동맹, 기지, 계약, 투자, 시설 등의 내용으로 구성돼 있다. 미국의 광범위한 군사적 시도는 마력과 같은 놀라운 성과를 거두었다. 그런데 테러리즘이 실제로 모든 나라들에게 위협이 된다면, 왜 세계 모든 사람들이 그것에 관심을 갖고 공동으로 책임을 지는 방식의 국제적인 대응노력은 이뤄지고 있지 않을까? 그런 식의 국제적 노력은 테러리즘을 근절하는 데 신통치 않은 것일까? 오사마 빈 라덴과 같은 자들은 서방 국가와 절대로 타협하지 않을지도 모르지만, 아랍 국가 주요 도시의 거리시위자들을 포함한 아랍세계의 다른 사람들은 분명히 협상 테이블에 앉을 것이다. 얼마든지 협상이 가능해 보이는 그들에게 왜 그렇게 적대적인 대응을 해야 하느냐고 묻는다면 지나친 질문이 될까? 이런 질문은 던질 필요조차 없다고 믿는 사람들이 워싱턴에는 많다. 그들은 세계의 불만을 해결할 처방을 이미 갖고 있다고 주장한다. 그것은 바로 '시장경제' 또는 '민주주의'라는 것이다. 그들이 뜻하는 바는 모든 나라가 무제한적으로 기업활동에 문을 열어야 한다는 것이다. 그러나 그들의 그런 처방이야말로 세계의 불만을 증폭시키는 주된 원인 가운데 하나라면 어떻게 할 것인가? 그들의 이데올로기가 모든 닫힌 문들을 다 열 수 있는 열쇠라고 그들은 어떻게 확신하는 것인가?

무기, 기지, 군대는 이제 미국의 가장 크고 정치적으로 중요한 수출상품이 됐고, 미국이 국가이익을 주장하는 주된 방법이 됐다. 2차대전 종전 무렵에는 미군의 해외주둔이 해당 지역 대중에게 관대하고 이상주의적인 것으로 받아들여질 수 있었다. 미군의 주둔은 군사적 보호를 필요로 하는 나라들에 대한 미국의 자비로운 선물이었다. 그러나 이제 상황이 변했다. 미국 군대가 혼돈스럽고 불길한 모습을 띠기 시작했다. 테러와의 전쟁은 세계인들로부터 기대했던 환영을 받지 못하고 있다고 미국인들은 느낀다. 세계 각지의 사람들은 테러와의 전쟁에 대해 매우 비판적이며 때로는 적대적이기까지 하다. 테러보다 오히려 미국이 더 두려운 존재라는 말도 들린다. 이런 비판은 세계 각지의 사람들을 위해 스스로 희생하고 있다고 진지하게 믿는 많은 미국인들을 좌절하게 하고 분노하게 한다. 왜 미국은 존경받고 사랑받는 나라가 아닌가? 이라크전쟁이 격화되면서 미국 텔레비전 방송들은 전사자 유가족들과의 인터뷰를 자주 방영했다. 마치 미리 연습한 일문일답을 외우듯 유가족들은 예외 없이 눈물을 글썽이면서 사랑하는 이들이 이라크 사람들을 해방시키기 위해 죽었다고 말했다. 물론 얼마 전까지만 해도 그들은 그런 식의 명분은 생각해 보지도 않았을 것이다. 사랑하는 이를 잃은 유가족의 말은 공허하게 들렸지만, 그들에 대한 위로의 말이 이어졌다. 인터뷰 방송이 끝난 직후 같은 채널에서 곧 바로 이라크 군중이 길거리에서 미군 철수를 요구하는 장면을 보았을 때 그들은 얼마나 화가 났을까.

그런 '배은망덕'에 접하면 누구든 격노할 수 있다. 미국인들의 마음속에는 강한 외국혐오 본능이 숨어 있다. 이 본능은 쉽게 끓어오를 수 있다. 나는 강의시간에 역사를 가르치면서 1차대전 때 미국 정부는 독일을 고대에 유럽에 침입한 '훈족'이라고 불렀고, 이 밖에도 독일과 관련된 모든 명칭과 호칭들을 바꾸어 불렀다고 이야기해주곤 한다. 이런 이야기에 학생들은 매우 재미있어 한다. 윌슨 대통령은 프랑크푸르트 사람들을 "자유의 강아지(liberty pup)"로, 자우어크라우트*를 "자유의 양배추(liberty cabbage)"로 바꿔 부르도록 지시했다. 나는 학생들이 2차 걸프전에서도 그 같은 일이 벌어졌다는 사실에 대해서도 재미있어 할지, 아니면 바보 같은 짓이라고 생각할지 궁금하

---

* 양배추를 싱겁게 절여서 발효시킨 독일식 김치.

다. 이번에는 애국주의를 내세운 정치인과 언론인들이 프랑스를 조롱의 대상으로 삼았다. 그들은 프렌치프라이를 "자유의 프라이(freedom fry)"로 프렌치토스트를 "자유의 토스트(freedom toast)"로 바꾸어 불렀다. 어떤 이들은 텔레비전 방송에 나와 수입된 프랑스 상품에 대한 불매운동을 벌이자고 주장하면서, 프랑스의 유명한 샴페인인 '동 페리뇽'을 변기에 쏟아버리는 행동을 보여주기도 했다. 백악관의 야유회에서도 핫도그는 나왔지만 디종 겨자소스는 나오지 않았다. 그러나 사실을 알고 보면 디종 겨자소스는 미국 회사가 만들고 있다. 한 패스트푸드 체인점은 프렌치프라이를 메뉴에서 삭제했다. 이 체인점은 광고에서 워털루전쟁, 보불전쟁, 2차대전, 베트남전쟁 등 프랑스가 패배한 전쟁들을 나열하고 "우리 회사는 패배자의 음식을 제공하지 않는다"고 선언했다.

프랑스의 실제 행동이 미국인들로부터 이런 대접을 받을 만한 것이었던가? 그들은 왜 독자적인 외교정책을 추구할 권리를 주장했을까? 프랑스는 2003년 이라크 전쟁에 유엔을 끌어들이려는 부시 행정부의 노력을 저지하고 나섰다. 프랑스는 이라크가 다른 나라들에게 심각한 위협이 된다는 미국의 주장에 대해 회의적인 태도를 취했다. 미국 국무부 장관과 같은 고위급 미국 정치인들의 눈에 프랑스의 그런 독자행동은 용납될 수 없는 것이었고, 미국 정부로 하여금 가장 오래된 동맹국에 대해서도 적대적인 언동을 할 수 있게 하는 이유로 충분했다. 프랑스만이 미국의 전쟁 노력에 저항한 것은 아니었다. 하지만 자기 나라 국민의 의사를 가장 목소리 높여 대변한 정부는 프랑스 정부였다. 국민의 의사를 대변하는 것은 민주적 정부의 마땅한 자세가 아닌가? 만약 모든 나라의 지도자들이 2차 걸프전에 대한 자국민의 의사를 제대로 대변했다면 미국은 국제사회에서 외톨이가 됐을 것이다. 세계 각국에서 수많은 사람들이 거리에 쏟아져나와 반전시위를 벌였던 사실로 미루어보아 그렇게 됐을 게 확실하다. 실제로 각국 정부가 그렇게 했다면 부시의 전쟁에 마지못해 격려의 말을 보냈던 얼마 안 되는 나라들도 미국에 협조하지 못했을 것이다. 이라크전쟁이 연합군의 전쟁으로 불릴 수 있게 할 유일한 방법은 거짓과 과장뿐이었다. 영국과 스페인도 국내 반전운동 때문에 미국 편에 서지 못했을 것이다. *

물론 그렇게 되었더라도 별다른 차이가 없었을 수도 있다. 부시 행정부는 이라크 문제에서도 다른 외교정책 사안들에 대해서와 마찬가지로 막무가내식 일방주의 태도를 보였다. 다른 나라의 승인 같은 것은 애당초 안중에 없었다. 부시 대통령은 통명스럽게 말했다. "모든 지역의 모든 나라들은 이제 결정을 해야 한다. 미국과 같은 편에 서든지, 아니면 테러리스트와 같은 편에 서든지." 9.11 테러가 발생한 지 며칠 뒤 워싱턴의 내셔널 성당에서 열린 추모식에서 부시는 미국의 목표가 "신화적인 차원"에 올라섰다고 선언했다. 이 말은 세계의 악을 제거한다는 뜻이었다. 부시 대통령이 유엔에 갔던 것은 오로지 영국의 블레어 총리가 그렇게 하라고 절박하게 요청했기 때문이다. 당시 블레어 총리는 이라크에 대한 미국의 선제공격을 지지하지 말라는 노동당 내부의 압박을 받고 있었다. 이때 부시의 보좌진도 그가 유엔에 가는 것이 충분한 가치가 있다고 판단했음에 틀림없다. 그 이유는 다른 나라들의 승인을 얻는 데 관심이 있어서가 아니었다. 그들

---

* 스페인은 2004년 3월의 총선에서 이라크전쟁을 반대한 좌파가 정권을 잡음에 따라 이라크 파병부대를 철수했다.

은 부시가 유엔 안전보장이사회에 출석하는 것이 세계 각국에 대해 '모 아니면 도' 식 결정을 하도록 강요할 기회가 된다고 생각했던 것이다.

이처럼 미국이 바라는 대로 할 마지막 기회는 사담 후세인에게 만 주어진 게 아니라 전 세계 모든 나라들에게도 주어졌다.

자비로운 세계패권

미국의 이런 외교적 오만방자함은 상처 입은 감정의 폭발로 보일 수 도 있다. 그러나 사실 미국이 유엔에게 보인 심술은 냉정하게 심사숙 고된 것이었다. 워싱턴에는 유엔 안전보장이사회를 조롱할 기회가 온다면 얼마든지 그것을 환영할 정책 입안자들이 하나의 세력을 이 루고 있었다. 유엔의 고집스러운 태도는 미국 국방부의 매파에게 그 들이 혐오하는 이 국제기구에 대들 수 있는 기회를 주었다. 이제 그들 은 일석이조의 기회를 갖게 된 셈이었다. 사담 후세인과의 전쟁은 부 시 대통령이 세계 무대의 보안관 역할을 할 기회를 줌과 동시에 미국 의 힘을 세계 전역으로 확장하려는 야망에 명백한 장애물이었던 유 엔을 나약하고 무능력하다는 이유로 거부할 구실도 주었다. 1년 뒤 미국은 이라크 점령을 계속할 돈을 지원해 달라고 요구하기 위해 유 엔을 다시 찾아갔다. 워싱턴으로서 이런 요구를 하는 것은 어느 쪽으 로 결말이 나든 이기는 게임이었다. 만약 유엔으로부터 돈을 받게 되 면 미국의 전쟁이 정당했다는 승인을 받게 되는 것이고, 돈을 받지 못 하게 되면 유엔이 얼마나 고지식하고 무용한지를 증명해주는 결과가 되기 때문이었다.

　　그것은 2차 걸프전의 숨겨진 목적이기도 했다. 미국이 바그다드로 진격하는 것은 곧 세계패권으로 가는 길이었다. 이미 1996년에 미국의 우익세력은 '자비로운 세계패권'을 이 세상에 실현하는 문제에 대해 의논하고 있었다. '자비로운 세계패권'은 로버트 케이건과 윌리엄 크리스톨이 〈포린 어페어스〉에 기고한 글에서 사용한 말이었다. 이라크는 바로 그 기회를 주었다. 유엔이 부시 행정부의 의도를 거부하자 워싱턴은 나토와 유럽연합에 이어 유엔까지도 주저 없이 무시해 버렸다. 새로운 미국의 세기는 밝았으며, 이런 사실을 세계는 빨리 깨달아야만 하는 것이었다.

　　하지만 전례 없는 외교적 협박 속에서도 세계 대부분의 나라들이 부시와 승리주의자들에게 저항하고 있다. 그렇다고 그들이 사담 후세인을 지지하는 것은 결코 아니다. 세계 각지의 여론은 이라크의 독재자를 비난해왔다. 모든 사람들이 이구동성으로 후세인을 비난해서, 어떻게 저런 사람이 권좌를 차지하고 유지했는지 의심스러울 정도였다. 사실 후세인은 서방 세계가 스스로 만들어낸 독재자였다. 후세인은 미국을 포함한 서방 국가들의 지지로 권력을 차지하고 세력을 굳혔다. 후세인이 백악관을 방문해 레이건의 환대를 받는 사진이 기억난다. 당시 럼스펠드는 후세인의 지지를 구하고 있었다. 후세인은 미국에게 중동의 듬직한 동맹국이었다. 그러나 부시 행정부는 전쟁에 돌입할 때 이 모든 과거사를 전혀 언급하지 않았다. 이라크전쟁으로 치달을 때 열린 모든 브리핑과 회의의 분위기는 마치 환희의 순간과 같았다. 물론 '나 혼자 한다'는 것이 사춘기를 막 지난 소년이 어른으로서의 권력을 맛보는 들뜬 경험일 수 있을지는 모르겠다.

앞으로도 승리주의자들은 그들이 했거나, 하는 행동에 대해 이야기를 할 때마다 다른 이야기를 하면서 진정한 의도를 얼버무릴 것이다. 부시 행정부는 정치 지도자들이 얼마나 스스로에 대한 모순으로 치달을 수 있는지를 보여주었다. 부시 대통령은 왜 이라크와 전쟁을 시작했는가? 그는 후세인의 대량파괴 무기를 없애려고 했다는 것이다. 그런데 대량파괴 무기가 발견되지 않자 그는 다른 이유를 만들어내기 시작했다. "사악한 자를 권좌에서 끌어내리기 위해" 또는 "중동에 민주주의를 가져다주기 위해"라는 이유가 제시됐다. 광고업계에서는 이런 행동을 '유인상술(bait and switch)'라고 부른다. 이는 어느 한 가지 상품을 광고해 고객들이 몰려들면 속임수를 써서 더 비싼 물건을 사도록 유도하는 상술을 일컫는 말이다. 만약 2000년 대통령 선거 때 부시가 이라크에 민주주의를 가져다주기 위해 전쟁을 하겠다고 공약했다면 그는 단 한 표도 얻지 못했을 것이다. 도대체 미국인들이 이라크에 신세진 것이 무엇이 있는가? 지금도 워싱턴의 닫힌 창문 뒤에서 정책 결정자들은 이라크 민주주의의 장래를 설계하느라 시간을 낭비하고 있을 것이다. 미국의 투자에 개방적인 정권이 이라크에 들어설 수만 있다면 그 정권은 워싱턴에 의해 민주적인 정권으로 인정될 것이다. 그러나 만약 이라크에서 자유선거가 실시된다면 다수파인 시아파 대중이 인접국인 이란처럼 이슬람공화국을 세우려고 할 것이 분명하다. 그리고 북부의 쿠르드족은 분리독립을 하는 쪽으로 투표할 것이다. 이 때문에 미국의 전쟁파는 모든 것을 얼버무리고 혼란스럽게 만든다. 그들은 미국의 의도는 점령군이 되는 게 아니라고 주장한다. 하지만 미국이 정권을 전복시킨 모든 나라에서 미군은 무한정 주둔할 것이다. 2003년 8월 외교정책에 관한 연설에서 곤

돌리자 라이스 국가안보 보좌관은 중동에서 미국이 해야 할 역할은 수십 년의 감독활동이 필요한 도덕적 사명이라고 정의한 바 있다.

워싱턴은 "아프가니스탄은 아프가니스탄 국민의 손으로, 이라크는 이라크 국민의 손으로 되돌리겠다"고 약속했다. 그러나 미국은 자신이 통제하지 못하는 정부가 들어서는 것을 결코 용납하지 않을 것이다. 미국은 이라크에서 자유선거를 원한다고 말한다. 그러나 선거에 나설 정당들을 미국이 선택할 수 있어야 하고, 선거에서의 승자는 미국의 승인을 받아야 한다는 조건이 달려 있다. 이것은 소련이 동유럽 지배를 은폐하기 위해 사용했다고 미국이 한때 비난했던 바로 그 애매모호한 술책이 아닌가? 소련의 얄팍한 거짓말이 쉽게 드러난 것과 마찬가지로 워싱턴의 거짓말도 감춰질 수 없다. 승리주의자들은 미국이 식민주의 세력이 아니라고 정색을 하며 큰 소리로 부정한다. 그러나 전쟁에서 승리한 나라가 패전국의 인민과 자원, 정부를 차지하는 정복행위를 지칭하는 단어는 오직 하나다. 바로 '식민주의'다.

식민주의 세력이 항상 그러했듯이 제국주의적 지배의 이익은 승전국들에게 골고루 나누어지지 않는다. 미국 대중은 정복과 지배가 얼마나 값비싼 비용을 요구하는지, 얼마나 많은 힘을 기업과 군부의 지도자들 손에 쥐어주는지 알지 못한다. 지금 당장은 미국이 이역만리 다른 나라 사람들을 위해 좋은 일을 얼마나 많이 하고 있는가에 대한 이야기가 끝없이 이어지고, 애국적인 환영의 분위기가 압도적일 것이다. 드러난 반대의 증거들에도 불구하고 미국 행정부의 공식 입장은 세계 각지의 사람들이 미국의 리더십이 주는 혜택을 바라고 있으며, 미국의 모든 점령은 일시적이라는 것이다. 이라크의 상황이 움직일 수 없는 진창에 빠져들고 있음이 명백해지자 럼스펠드 국방장관은 뭔가 "어수선함"이 있기 때문에 일이 잘 풀리지 않는 것이라고 말했다.

이런 속임수가 영원히 계속되는 것은 불가능하다. 미국이 점령한 모든 땅에서 저항이 일어날 것임을 누가 의심할 수 있겠는가? 그런 저항은 미국의 지원을 받는 군대나 경찰에 의해 진압될 것이다. 우리의 미래에는 엄청나게 많은 '어수선함'이 있을 것이다. 그리고 그때까지 제국주의 정책은 미국의 정치에 아주 깊게 뿌리를 내릴 수 있다. 그렇게 되면 워싱턴의 세계공격 매트릭스를 물리치는 것은 혼란스런 대중이 이루어내기에 힘든 일이 될지 모른다.

새로운 삼위일체

서로 수렴하는 세 가지 사회적 힘이 미국으로 하여금 세계패권을 향해 내닫게 하고 있다. 여기서 세 가지 힘이란 레이건 행정부 이래의 보수주의 부활을 뒷받침해온 돈, 머리, 유권자다.

돈은 미국 경제를 지배하게 된 탐욕스러운 기업 지도자들로부터 나온다. 어떤 사회의 정치에서도 돈과 계급적 특권은 중요한 요소다. 그러나 '코포라도(corporado)'라고 불릴 수 있는 자들을 추동하는 무모함과 끝없는 욕심은 현대 역사상 전례를 찾기 힘들 정도다.

머리는 지금 미국의 싱크탱크를 지배하고 대학과 언론에 큰 영향력을 행사하는, 새로이 떠오른 군사화된 이데올로그들로부터 나온다. 우리는 그들을 승리주의자라고 부른다. '승리주의'라고 하면 주로 외교정책과 관련된 말로 들릴지 모른다. 그러나 승리주의자들이라고 불리는 미국의 초보수 세력은 다른 나라들 위에 군림하려고 하는 동시에 국내의 진보진영을 분쇄하는 데도 골몰하고 있다. 그들이 추구하는 '승리'는 국내 선거에서의 승리와 해외에서의 군사적 우월을 모두 포함한다.

마지막으로 승리주의자들의 집권을 뒷받침하는 유권자란 그들이 믿고 의지하는 근본주의자들을 가리킨다. 지금 미국 사회에서 활동하고 있는 근본주의자들과 복음주의 종교집단의 결합은 새로운 초보수 혼합에서도 가장 기괴한 현상이다. 복음주의 종교집단 중 가장 조직적이면서도 가장 정치적으로 활동적인 집단은 섭리주의(Dispensationalist) 기독교도들이다. 그들의 시선은 다음 번 선거가 아니라 언제든지 닥칠 수 있는 '최후의 심판'에 고정돼 있다. 투표장에 갈 때 그들은 예수의 재림을 위해 투표한다. 그들은 부시와 같은 선량한 지도자가 그 날을 앞당길 것이라고 믿는다. 이 복음주의 종파는 미국 정치에서 가장 기이하고도 강력한 세력이다.

이들 세 집단은 각기 독특한 의제를 갖고 있다. 그러나 그들은 정부 역할의 급격한 변화, 부의 분배의 변화, 세계경제의 재편, 민주주의의 의미 재정의 등 그들이 추구하는 정치적 목표를 위해 연합해 왔다.

2장

코 포 라 도 들

우리는 보수주의 정객, 금융가, 언론인들로부터 다음과 같은 연설과 은유의 말을 들었다. 그들은 시장을 경제적인 투표기제라고 찬양하며, 기업은 시장에 의해 선택된다고 말한다. 1990년대에 이런 합창은 기세를 더하였다. 이 합창은 마치 헨델의 메시아의 경제적 버전처럼 들린다. 시장과 사람은 하나이며 동일하다. 할렐루야! 사고, 팔고, 소비하는 것이 진정한 민주주의다. 할렐루야! 대중의 의지는 수요공급의 법칙을 통해 표현된다. 할렐루야! 포퓰리즘은 시장경제학이다. 할렐루야! 시장이 내리는 판정에 반대하는 행위는 엘리트주의다. 할렐루야! 국가와 국민은 기뻐하라. 할렐루야, 할렐루야!

____케빈 필립스, 리처드 닉슨 대통령의 자문관, 《부와 민주주의(Wealth and Democracy)》, 2002년

탐욕 주식회사

"미국은 유엔에 시한을 준다." "미국은 후세인에게 마지막 기회를 준다." "미국은 이라크 재건에 나선다."

사려 깊은 사람들조차도 이런 제복의 언론 기사에 현혹될 수 있다는 사실에 나는 놀라지 않을 수 없다. 미국 의회의 토론과 언론에서, 심지어는 미국 밖의 다른 나라 언론에서도 '미국'이라는 말은 분명하고 명확한 의미를 지닌 것으로 사용된다. 그러나 과연 '미국'은 무엇을 의미하는가? 어떤 미국을 말하는 것인가? 누구의 미국을 말하는 것인가?

'미국'이라는 말의 뜻을 명확히 정의할 필요가 있다. 지금 미국의 고위직 관리들에게는 '미국'이라는 말이 미국 국민 전체를 의미하지 않는다. 스스로 민주주의 국가라고 자부하는 많은 나라들과 마찬가지로 지금 '미국'은 정부를 통제하고 그것을 통해 자기 자신만의 목표를 이루고자 하는 사람들만을 가리키는 경우가 많다. 그러한 미국, 즉 승리주의자들의 미국은 나를 포함해 수많은 미국인들을 대변하지 않는다. 많은 쟁점들에 대해 미국은 정치 지도자들이 인정하는 수준 이상으로 심하게 분열돼 있다. 중동정책에 대한 의견분열이 그 대표적인 사례다.

2003년에 부시 행정부는 2차 걸프전을 시작했다. 의회의 승인은 전투가 이미 시작된 뒤에 이루어졌다. 승리주의자들이 이라크를 성급하게 공격한 것은 미국의 안전에 심각한 위협이 있었기 때문이 아니다. 오히려 그 반대의 이유에서였다. 1차 걸프전의 결과로 이미 이라크는 망해가는 나라였다. 이라크는 군사력이 형편없었고, 행정력도 빈약했으며, 나라 전체가 가난의 늪에 빠져들고 있었다. 그러니 공격의 대상으로 안성맞춤이었을지는 모르겠다. 승리주의자들은 부시대통령이 권력을 잡은 직후부터 바그다드로 진격해 들어갈 결심을 했다. 그것을 어떻게 장담할 수 있느냐고 묻는다면, 내부자 증언이 있다고 대답할 수 있다. 중대한 결정이 내려진 회의에 직접 참석했던, 부시 행정부 내부자의 증언이 그것을 확인해 주었다. 그 내부자는 확고한 공화당원이자 알코아 알루미늄이라는 기업의 최고경영자를 지낸 폴 오닐 전 재무장관이다. 그는 안전보장회의의 첫 회의에 위원의 한 사람으로 참석했을 때 이미 이라크의 정권 교체가 미국 행정부의 최우선 과제였다고 2004년 초에 밝혔다. 오닐은 언론인 론 서스킨드와 가진 인터뷰에서 부시 대통령과 그의 보좌진이 이라크 침공에 대해 얼마나 외골수인지를 알고 놀랐다고 고백했다. 이런 사실은 2004년에 발간된 《충성의 대가(The Price of Loyalty)》라는 책에서 밝혀졌다. 오닐이 참석한 회의에서 이 문제에 대한 토론은 없었다. 다만 온 국민으로부터 전쟁에 대한 지지를 얻을 수 있는 방법을 찾는 것만이 문제였다. 이 문제는 그로부터 9개월 뒤에 9.11 테러가 일어남으로써 풀렸다. 9.11 테러로 인해 승리주의자들은 아프가니스탄의 탈레반과 예행적인 작은 싸움을 하는 수고를 거쳤지만, 어쨌든 이라크를 침공할 명분을 얻게 됐다.

또 한 명의 내부 고발자가 있다. 바로 부시 대통령의 테러대책 조정관이었던 리처드 클라크다. 정식 공화당원인 그는 레이건과 시니어 부시 행정부에서 대테러 정책을 수립했고, 민주당 출신의 빌 클린턴 행정부에서도 일한 적이 있다. 클라크는 2004년 발간한 자신의 회고록 《모든 적에 맞서서(Against All Enemies)》에서 부시 행정부가 들어선 뒤 이라크에 대한 선제공격은 알 카에다에 대한 그 어떤 중요한 논의에 앞서, 수개월 전에 이미 토론됐다고 밝혔다. 심지어 9.11 테러에 대한 부시 행정부 내 승리주의자들의 즉각적인 반응은 이라크를 비난하고, 그것을 2차 걸프전쟁 개시의 근거로 만들고자 하는 것이었다. 클라크에 따르면 9.11 테러가 발생한 바로 다음날 럼스펠드 국방장관이 이라크를 폭격하고 싶어했다. 클라크는 비둘기파가 아니다. 그는 클린턴 행정부 때 알 카에다 기지와 바그다드에 대한 폭격을 제안한 장본인이다. 클라크는 9.11 테러의 보복 대상은 당연히 아프가니스탄의 알 카에다 기지라고 생각했다. 그때 럼스펠드는 "아프가니스탄에는 공격할 만한 목표물이 별로 없다. 그러나 이라크에는 좋은 목표물이 많다"고 대답했다는 것이다.

부시 대통령도 자신의 최측근 보좌진이 이라크에 대해 품고 있는 집착을 알고 있었음을 밝힌 적이 있다. 2002년에 발간된 우드워드의 책 《전쟁터의 부시(Bush at War)》에는 부시 대통령이 우드워드와의 인터뷰에서 "이라크와의 전쟁으로 돌진하려는 사람들을 억제시켜야만 했다"고 말했다는 부분이 나온다. 이런 점들로 미루어 부시 행정부 안에서도 이라크 전쟁에 대해 논쟁이 있었던 게 분명하다. 2001년 말 무렵 한 달가량은 부시 대통령이 백악관 안에서 가장 덜 호전적인 입장이었던 것 같다. 어쨌든 그는 '국가건설(다른 나라에 미국에 우호적인 정권을 세우는 것-옮긴이)을 종식시킨다' 는 강령을 내걸고 선거운동을 해서 당선된 대통령이었고, 국제적인 경험도 없었다. 그러나 그를 둘러싼 보좌진은 중동에 대한 지배권을 확립하고 미국의 패권을 구축하는 데 이라크가 그 통로 역할을 할 것이라고 보는 승리주의자들이었다. 토론은 매파가 압도했다. 그들이 만드는 거대한 영화에서 부시는 '전쟁 대통령' 의 역할이 맡겨진 배우로 보이기까지 했다.

9.11 테러 이후 몇 달 사이에 부시 행정부는 대다수 미국인들로 하여금 이라크가 국가안보에 중대한 위협이 된다고 확신하게 만들었다. 언론은 부시의 말을 그대로 받아서, 후세인이 거대한 규모의 생화학무기를 갖고 있다는 이야기를 지어내기 시작했다. 영국을 미국 패권의 하위 파트너로 만들기로 작정한 영국의 토니 블레어 총리는 이라크 미사일이 24시간 안에 세계 어느 곳을 향해서도 발사될 수 있다고 주장했다. 유엔 조사단은 그런 주장들은 확인되지 않은 잘못된 이야기라고 발표했지만 역부족이었다. 미국 언론매체에서는 유엔 조사단이 말을 어물어물거리고 어수룩한 외국인으로 그려지곤 했다. 부시 행정부의 대변인은 이라크가 핵무기를 갖기 직전이라고 주장했다. '대량파괴 무기' 라는 말은 몇 개월 동안 최면성 북소리처럼 사람들의 귀전에 울렸다. 후세인이 9.11 테러를 개인적으로 지시했고, 알

카에다와 더 많은 공격 음모를 꾸미고 있다는 부시 행정부의 암시나 비슷한 내용의 루머에 설득당하는 사람들이 많아졌다. 어떤 사람들은 미국 정치의 영원한 주제인 '이스라엘의 생존'을 염두에 두고 이라크에 대한 전쟁에 찬성했다. 그러나 대다수 사람들은 혼란과 공포, 애국심에서 행정부를 지지했다. 그들의 애국심은 국가적 비상사태에 처한 나라에서는 국민들 사이에 자동반사적으로 일어나는 종류의 심리적 태도였다.

부시 행정부는 생각이 서로 다른 여러 부류의 사람들을 '이라크와의 전쟁을 지지하는 압도적 다수'로 짜 맞추었다. 이를 위해 그들은 대통령과 합동참모본부의 모든 힘을 이용했다. 그들은 국가가 위험에 처해 있다는 명확한 증거가 있다고 계속 주장하면서 추측과 거짓, 그리고 과장을 수집하는 데 몰두했다. 그들은 아첨꾼 언론의 모든 뉴스와 의견란을 통해 끈질기게 여론을 만들어나갔다. 동시에 국내외의 반대에 대해서는 오해라고 일축하든지, 아니면 비애국적이라는 이유로 무시해 버렸다.

이것이 바로 미국이 이라크와 전쟁을 시작한 경위다. 지금 우리가 보고 있는 것은 1898년 미국을 스페인과의 전쟁으로 몰아간 윌리엄 매킨리 대통령과, 그를 뒷받침한 신문 발행인인 조지프 퓰리처 및 윌리엄 허스트의 공조 이래 가장 사악한 사기극이다.*

두말 할 필요 없이 모든 대통령과 국회의원 등 정치인들은 스스로 국민을 대표하는 체하기를 좋아한다. 그들은 자신들이 자유롭고

---

*미국-스페인 전쟁은 쿠바섬에 대한 이해관계로 일어난 전쟁이다. 매킨리는 쿠바섬의 독립을 선거공약으로 내세워 1896년 대통령 선거에서 당선됐고, 퓰리처와 허스트는 신문 발행부수를 늘리기 위해 연일 허위 과장보도를 해서 전쟁을 부추겼다.

공정한 선거로 선출됐다고 주장한다. 워싱턴의 정치인들이 세계에 보여주고자 하는 모습과 달리 미국의 정치 시스템은 심각한 기능장애에 빠져있다. '정보에 입각한 피치자의 동의에 근거한 정부'라는 민주주의의 고전적 정의에 따를 경우 지금 미국의 정치체제는 민주적이라고 보기 어렵다. 겉으로는 미국의 정치적 의사결정이 국민의 의지에 따라 이루어지는 것처럼 보인다. 그러나 자기 자신의 진정한 뜻이 무엇인지를 아는 국민의 비중이 얼마나 될까? 그들은 과연 사실과 허구를 구별할 수 있을까? 앞으로 자세히 다루겠지만, 미국은 피치자의 동의라는 것이 매매되고 조작되는 탈민주주의 시대로 빠르게 접어들고 있다. 미국의 민주주의에서 살아남은 것은 상징과 제스처로 구성된 겉치레뿐이다.

국민의 동의를 조작하기 위해 개발된 기술은 너무 많아서 책 한 권으로도 다 담아낼 수 없다. 하지만 미국에서 그 모든 동의조작 방법들은 결국 돈으로 귀착된다. 돈의 힘을 행사하는 데 있어서 중세의 강도귀족에 비견되는 지위를 미국 사회에서 누리고 있는 대기업의 우두머리들, 즉 코포라도들에 견줄 만한 자들이 없다. 반전 운동가들이 "석유를 위해 피를 흘릴 수는 없다"고 주장할 때 그들이 의미하는 바도 바로 이것이다. 이라크전쟁은 소수의 금전적 이해관계자들이 의회와 백악관을 매수하고 부추기는 전쟁이다. 미국의 정치 지도자와 군사 지도자들은 석유는 전쟁과 아무런 관계도 없다고 주장한다. 이런 그들의 주장은 새빨간 거짓말이다. 만약 이라크의 주요 자원이 유전이 아니라 무화과와 석류라면 미국은 그곳에 어떤 이해관계를 주장할까? 반전 운동가들의 주장에 잘못이 있다면, 전쟁의 숨겨진 이유가 석유뿐이라고 너무 좁게 생각한다는 점일 것이다. 우리가 군사적 점령과정에서 알게 됐듯이 패배한 땅인 이라크를 차지하면 석유 외에 더 많은 이권을 얻을 수 있다. 어떤 이권은 석유보다도 그 잠재적인 가치가 더 클 수 있다. 이라크에서 다시 석유로 돈을 벌려면 몇 년이 더 걸릴 것이다. 그러나 그렇게 되기보다 훨씬 전에 미국 기업들은 전쟁 후 재건사업에서 수십억 달러를 벌어들일 것이다. 그들은 사업적 이해관계의 관점에서 곧 미국의 51번째 주로 간주될 이라크에서 각종 자산과 자원들을 낚아챌 것이다.

대기업들의 자금력은 워낙 강력해서 선거 입후보자를 비롯한 정치인들을 하나의 상품으로 만들어 버린다. 물론 그렇다고 해서 여론과 선거가 미국 정치에서 아무런 역할도 하지 못한다는 말은 아니다. 그러나 여론과 선거의 역할은 돈의 압력에 너무나 취약해서 거의 독립된 지위를 갖지 못한다. 미국이 힘의 사용에서 어떤 방향성이 있다면, 그것은 주요 선거 때 징치자금을 기부하는 사람들과 워싱턴에 전속 로비스트를 보낼 수 있는 사람들의 의지가 가리키는 방향일 것이다.

'돈의 지배(미국의 건국 초기에는 토지자산의 지배)'는 미국 정치의 정상적인 본모습이다. 19세기 '산업왕'의 시대부터 코포라도들은 미국의 의회와 행정부를 지배해 왔다. 그 후 코포라도들의 지배가 관철되지 않았던 예외적인 시기는 단 두 번뿐이었다. 그 중 하나는 20세기 초의 진보적 시대, 즉 시어도어 루스벨트와 우드로 윌슨이 대통령으로 재임하던 시기다. 당시에는 기업집단에 비판적이었던 관료들이 일시적이긴 했으나 지나친 기업 지배체제에 효과적으로 저항했다. 그때는 기업집단의 힘이 너무나 커서 교육수준이 가장 낮은 유권자들도 그 폐단을 알 수 있을 정도였다. 당시 대기업들은 자유방임주의 분위기에 도취해 성급하게 모든 경계를 넘어버렸다. 철도기업들은 수백만 농민을 수탈했다. 제조업자들은 수입관세의 그늘에서 높은 가격을 유지할 수 있었고, 군대의 도움으로 노동자들의 파업을 분쇄했고, 오염된 고기와 유독 약품을 거리낌 없이 시장에 내다팔았다. 이에 대응해 정부는 기업집단의 권력남용을 막는 개혁을 실시했다. 코포라도들의 지배가 관철되지 않은 또 한 번의 예외는 프랭클린 루스벨트 대통령의 재임기간이었다. 대공황 시기에 대통령에 취임한 루스벨트는 기업 지도자들을 가리켜 "경제적 왕당파" 또는 "특권군주"라고 비난했다. 뉴딜정책을 추진하던 사람들은 기업인들을 대공황의 책임자로 몰아세우고, 그들과 공개적인 정치전을 벌였다.

이 두 기간에는 미국 정치에서 돈의 힘이 일시적으로 무뎌졌다. 루스벨트 대통령은 그 스스로 많은 재산을 상속받은 사람이었고, 기업가들은 그러면서도 자신들을 몰아세우는 그를 "자기 계급에 대한 배신자"라고 저주하면서도 높은 세금을 낼 수밖에 없었다. 기업활동에 엄격한 규제가 가해졌고, 부를 보다 평등하게 나누는 사회적 프로그램도 실시됐다. 아직도 미국에서 뜨거운 논란의 대상이 되고 있는 '정치노선의 범위'가 이 시기에 크게 확장됐다. 뉴딜정책 이전에는 세금이 주로 정부비용과 국방비를 지출하는 데만 사용됐다. 그러나 1930년대에 들어 루스벨트 대통령 시기에는 부자로부터 가난한 사람들에게 소득을 재분배하는 목표를 위해서도 세금을 사용한다는 중대한 정책적 전환이 이루어졌다. 그러나 미국의 기업공동체는 이런 정책전환을 완전히 수용하지 않았다. 뉴딜정책으로부터 50여 년이 지난 뒤에는 이런 소득 재분배의 의미를 지닌 사회적 프로그램에 대한 정부 자금의 지출을 폐지시키려는 반조세운동이 강력하게 부활했다.

뉴딜정책은 한 세대 동안 진보적 자유주의 노선의 개혁을 불러

왔고, 이런 움직임은 1960년대 린든 존슨 대통령 때 절정에 이르렀다. '루스벨트의 사도'였던 존슨 대통령은 '위대한 사회(Great Society)'라는 이름으로 고비용의 사회보장 프로그램을 추진했다. 이 프로그램의 목표는 미국에서 빈곤을 해소하고 인종적 차별을 치유하는 것이었다. 그러나 그의 노력은 베트남전쟁으로 엉망이 돼 버렸다. 베트남전쟁 때문에 민주당은 분열했다. 아직도 완전히 치유되지 않은 당시의 민주당 분열은 진보적 자유주의의 시련이 시작됐음을 알리는 신호였다. 베트남전쟁에서의 실패와 그 뒤 일어난 워터게이트 스캔들로 인해 미국인들은 정부에 대해 강한 불신감을 갖게 됐다. 이를 틈타 보수주의자들은 진보진영으로부터 손쉽게 주도권을 되찾았다. 1980년대에 코포라도들이 권력에 복귀했을 때 그들은 미국의 원래 지도세력이라고 자부했던 게 틀림없다. 그들이 권력을 되찾자 무지막지한 약탈행위도 재개됐다. 그에 수반해 이루어진 제도적 변화는 앞으로도 수십 년간에 걸쳐 미국 사회의 특징을 이룰 것이다.

1980년대 이래 새로운 약탈적 기업 엘리트의 급속한 등장으로 인해 미국의 정치시스템은 크게 바뀌었다. 19세기의 강도귀족 시대 이후 그 어느 때보다 소수의 사람들에게 더 많은 권력이 집중됐다. 지금 미국은 1890년대와 같은 고삐 풀린 금권정치로 급격히 돌아가고 있다. 게다가 미국 금권정치의 중심에 서있는 부자들은 그 어느 때보다 부유하다. 오늘날 미국에서는 1%의 인구가 국민소득의 13%를 차지한다. 그 1%는 미국 전체 부의 40%를 소유하고, 1990년대 증권시장 붐에서 생긴 이익 중 42%를 차지했다. 그들은 증권시장의 거품이 꺼지기 전에 거의 모두 시장에서 빠져나왔다. 오늘날 주요 산업국가들 가운데 미국만큼 부가 편중된 나라는 없다.

이런 부의 편중은 미국의 국내정치에 엄청난 영향을 줄 게 분명하다. 게다가 급속히 진행되는 경제의 세계화로 인해 미국 금권 엘리트의 힘은 세계 구석구석에 미칠 정도로 커지고 있다. 나중에 자세히 이야기하겠지만 선거과정, 정당시스템, 언론 등 미국 민주주의의 기본 기구들의 성격이 변해버림으로써 코포라도들의 국내정책 목표에 대해 비판을 가할 논의의 기회를 만들기조차 사실상 불가능해졌다. 이런 상황에서 코포라도들은 워싱턴에 강력한 공격을 가했고, 미국인들의 진보적 저항을 수월하게 질식시켰다.

슈퍼 CEO

코포라도들이란 누구이며, 그들은 무엇을 추구하는가?

1980년대 미국에는 새로운 부류의 기업인 집단이 등장했다. 특히 증권, 은행, 금융서비스 등의 업종에서 두드러지게 나타난 신종 기업인들은 기꺼이 고위험을 감수하고, 법을 어기는 것도 불사할 정도로 지극히 약탈적이었다. 이들은 인수합병을 통해 기업들로부터 최대한의 이익을 짜내는 데 주저하지 않았고, 그런 행위에 저항하는 낡은 기업 지도층을 몰아냈다. 맹렬한 관리자형인 이들 새로운 기업인을 가리켜 우리는 '기업사냥꾼'이라고 부른다. 그들은 인수하려고 하는 기업의 내용에는 관심이 없었다. 그 기업이 생산하는 상품을 팔려고 하지도 않았고, 직원명단을 들여다보려고 하지도 않았다. 그들은 기업을 그저 살찐 먹잇감으로만 보았다. 그들이 원했던 것은 그 먹잇감의 살점을 떠서 맛있게 먹는 것뿐이었다. 그들의 목표는 건설이 아니라 파괴였다. 기업사냥꾼들은 어떤 기업을 장악하면 그 즉시 일자리를 줄이고, 직원에 대한 복지혜택을 없애고, 임금을 깎고, 연금을 빼돌렸다. 마치 훔친 자동차를 그대로 되팔기보다는 그것을 부품으로 분해해 팔아 더 많은 돈을 버는 방법을 터득한 자동차 도둑과 같았다. 기업사냥꾼들은 기업이 소유한 자산을 팔기 위해 그 기업을 손에 넣은 뒤에는 분해 작업에 착수했다.

이런 약탈의 결과 단기 순이익이 전례 없이 급증했다. 순이익은 주식시장에서의 기업가치, 즉 주가를 올려준다. 이런 측면에서 주가가 기업의 의사결정에서 가장 핵심적인 요소가 됐다. 경영자들은 자신이 경영하는 기업이 인수공격의 대상이 되지 않도록 노력했다. 따라서 기업은 살찌고 느릿느릿하고 뒷걸음치는 회사로 보이지 않아야 했다. 많은 경영자들이 기업사냥꾼의 마수를 피하기 위해 노력하는 동안 일부 경영자들은 그들 스스로가 기업사냥꾼으로 변신했다. 이제 기업들에게는 더 많은 이익을 내는 것이 가장 중요해졌고, 이를 위해서는 아무리 무모한 짓이라도 해야 했다. 이익을 많이 내는 것만으로도 충분치 않았다. 기업사냥꾼의 입장에서는 예전보다 더 빨리 돈을 벌어야 했다. 그들은 컴퓨터 네트워크를 통해 세계 각지로 투자자금을 무서운 속도로 이동시켰다. 이런 새로운 기업환경에서는 대기업, 특히 다국적기업의 최고경영자가 시장에서 좋은 평가를 받으려면 무엇보다 '가혹함' 이라는 특성을 갖춰야 했다. 가혹하게 임금을 깎고 회사를 구조조정해서 순이익을 빨리 올리는 능력이 기업 최고경영자들에게 무엇보다 중요한 덕목이 됐다.

최고경영자는 새로운 기업문화의 주역이다. 미국에는 크고 작은 수많은 기업을 이끄는 최고경영자들이 있다. 이들은 대체로 규칙을 잘 지키는 정직한 사람들이다. 여기서 내가 말하는 최고경영자는 그들이 아니라 대기업, 특히 다국적기업의 우두머리들을 가리킨다. 그들은 스스로 하나의 계급이 됐다. 그들이 지배하는 기업은 세계 각지에서 수많은 노동자들을 고용한다. 어느 한 산업 전체를 지배하는 과점체계의 정점에 그런 최고경영자가 서 있는 경우도 적지 않다. 나는 그들을 '슈퍼 CEO'라고 부르고자 한다. 사회학자들은 그렇게 소수의 집단이 사회계급을 구성할 수는 없다고 주장할 것이다. 그러나 슈퍼 CEO들이 부자라는 계급 안에 존재하는 독특한 소집단이라는 점에 대해서는 그들도 이의를 제기하지 않을 것이다. 슈퍼 CEO와 다른 일반적인 기업 지도자의 차이는 과거 왕족과 다른 일반 귀족의 차이와 비슷하다. 지난 20여 년에 걸쳐 그동안에는 거의 알려지지 않았던 인물들이 서서히 모습을 드러냈고, 이제는 그들 중 다수가 유명인이 됐다. 기업 경영에서 그들은 거의 절대적인 권한을 갖는다. 그들은 회사의 목소리이자 공식적인 얼굴이다. 그들은 새로운 제품을 쏟아내며, 기업의 다국적 영토에 세계적 동일성을 주는 무대감독이다.

이런 유명인 기업가들 가운데 초기의 인물이 리 아이어코카다. 1960년대에 포드 자동차, 1978년부터는 크라이슬러 자동차에서 CEO로 일한 그는 텔레비전 광고에 등장한 최초의 CEO다. 완고하고 고집스러운 인상으로 광고에 나온 그는 미국인들을 똑바로 바라보면서 크라이슬러를 홍보했다. 그는 크라이슬러의 화신이었다. 아이어코카의 주된 업적은 쓰러져가던 크라이슬러를 회생시킨 것이다. 1980년대에 그는 기업 경영인일 뿐 아니라 대중매체 단골 출연자이기도 했다. 한때는 그로 하여금 대통령선거에 나서게 해야 한다는 이야기가 심각하게 거론된 적도 있다. 많은 사람들이 크라이슬러의 회생을 자유로운 기업활동의 승리라고 생각한다. 그러나 실제로는 아이어코카가 크라이슬러를 구한 것은 정부의 개입으로 확보할 수 있었던 보조금 덕분이었다. 아이어코카는 미국 기업들의 경쟁력을 강화하기 위한 전국적 산업정책을 정부에 촉구하기도 했다. 크라이슬러의 회생은 반짝 업적에 그쳤다. 크라이슬러는 번영을 계속 이어가지 못했다. 이 자동차 회사는 결국 자랑스럽지 못한 조건으로 독일의 다임러에 인수됐다.

1988년 아이어코카는 《솔직한 이야기(Talking Straight)》라는 제목의 두 번째 자서전을 썼다. 이 책에서 그는 자신의 경력을 술회하면서 미국 기업공동체의 변화에 대해 불평을 했다. 그는 미국 기업들이 생산에 대한 관심은 잃어가고 금융이나 투기와 같은 방법으로 쉽게 돈을 버는 길만 찾고 있다고 지적했다. 그는 또 새로이 미국 기업들의 경영을 맡은 젊은 인원들이 차를 만드는 것보다는 부동산 투자에 더 많은 관심을 갖는다고 비판했다.

또한 아이어코카는 레이건 행정부 시절에 미국 기업공동체에 일어난 놀라운 변화들을 지적했다. 과거의 미국 기업가들은 냉혹하기는 했지만 적어도 실물 재화를 생산하는 주요 기업체들을 후세에 남겼다. 그리고 그들 가운데 다수는 각자 특정 도시에 뿌리를 두고 있었다. JP 모건과 록펠러가는 뉴욕, 앤드류 카네기는 피츠버그, 헨리 포드는 디트로이트, 사이러스 매코믹은 시카고에 오랜 뿌리를 갖고 있었다. 그들은 거대한 재산을 모은 다음에는 은퇴해서 자선활동을 벌였다.

아이어코카는 그런 시대는 이미 지나갔다고 보았다. 그는 변화로 인해 밀려나는 한 시대의 끝자락을 보았던 것이다. 제조업체 공장은 미국을 떠나 임금이 싼 다른 나라로 옮겨갔다. 대신 하이테크 서비스업이 새로 생겨났다. 마법과 같은 금융거래를 통해 종이상의 이익을 부풀리는 것이 돈을 버는 데 더 빠른 방법임이 입증됐다. 공장과 생산라인을 버림으로써 돈을 버는 것은 이전 세대에게는 상상도 할 수 없는 일이었다. 그러나 바로 그런 행동이 대기업에서 줄줄이 이어졌다. 자동차 업계의 제왕인 제너럴 모터스는 자동차를 만들어 파는 것보다는 주택대출에서 더 많은 돈을 번다. 컴퓨터 덕분에 세계 금융 시장에서 돈이 광속으로 하루 24시간 움직이며, 여기에서 막대한 이익이 나온다. 제품 생산보다는 가장 비생산적인 차익거래에서 더 많은 이익이 나온다.

조립라인 제조업이 쇠퇴하면서 제철왕 앤드류 카네기와 자동차 왕 헨리 포드의 시대에 미국을 세계경제의 거인으로 만든 핵심 산업 도시들이 급격히 몰락했다. 북동부와 중서부의 산업중심지들은 이른바 '녹슨 지대(rust belt)'로 전락했다. 그러나 이런 과거의 영광에는 별 관심이 없는 오늘날의 CEO들은 제품과 공장, 그리고 기업 자체로부터 점점 더 멀어지고 있다. 그들이 휘두르는 경영전략의 핵심은 다운사이징, 즉 자신이 경영하는 기업의 모든 부문들을 제거해 없애는 것이다. 그래서 기업 전체를 다른 도시로, 아니면 아예 다른 나라로 옮기는 결정을 하기도 한다. 극단적으로는 자신이 경영하는 기업을 완전히 없애 버리기도 한다. 마침내 회사가 망하면, 그는 홀가분하게 사임하고 다른 회사로 자리를 옮긴다.

이런 변화의 결과로 슈퍼 CEO들과 그들이 이끄는 기업들의 사이, 경영진과 노동자들의 사이가 더욱 더 괴리되고 있다. 이런 괴리는 정치적으로는 슈퍼 CEO들을 국가에도, 노동자들에게도, 국민에게도 충성심을 갖지 않는 새로운 정치계급으로 변모시켰다.

1980년대 미국 언론들은 새로운 비즈니스 엘리트들을 경쟁력의 증거라고 추켜세웠다. 그들은 기업을 인수해 재편하고, 일자리와 수익이 낮은 사업을 가차 없이 잘라버리는 대범함을 지닌 저돌적인 우두머리들이었다. 그들에게 '턴 어라운드 경영자(Turn-around Manager)'라는 근사한 호칭이 붙여지기도 했다. 하지만 그들의 실제 모습은 '킬러 CEO(Killer CEO)'라는 호칭에 더 걸맞았다. 그들의 임무는 회사로부터 가능한 많은 이익을 짜내는 것이었다. 이 방면에서 신화적인 CEO였던 앨 던롭에게는 '전기톱 앨'이라는 별명이 붙었다. 그의 특기는 좌충우돌 노동자들을 해고하고, 충분한 이익을 내지 못하는 사업부문은 그게 무엇이든 팔아치움으로써 회사를 산산조각으로 난도질하는 것이었다. 이것이 바로 '린 앤드 민(lean and mean)'이라는 경영전략이었다. 던롭은 엄청난 보수를 받으면서 여러 회사들을 망가뜨리고 난 뒤에 심각한 법적 문제에 직면했다. 그는 주주들에 의해 해고되고, 정부에 의해 벌금형을 받은 몇 안 되는 CEO 중 한 사람이 됐다. 1990년대의 가장 존경받던 CEO인 잭 웰치 역시 미국 최대의 가전제품 제조회사인 제너럴 일렉트릭의 최고경영자가 된 뒤에 곧바로 직원 수 줄이기에 착수했다. 그는 '중성자탄 잭'이라고 불렸다. 그는 수많은 전기사업 부문과 많은 일자리를 희생시키고 제너럴 일렉트릭을 엔터테인먼트 및 금융서비스 회사로 바꿔냈다. 이런 새로운 사업들은 제너럴 일렉트릭에게 생소한 것이었지만 이전에 주력하던 제조업보다 수익성이 더 좋았다. 잭 웰치는 2000년에 은퇴하면서 역사상 가장 많은 퇴직금을 받았다. 그의 퇴직금에는 회사 소유의 제트기와 리무진을 평생 사용할 권리뿐 아니라 각지의 스포츠 행사 관람권도 포함돼 있었다. 화제에 오른 웰치의 호사스런 퇴직금은 그가 위대한 경영자임을 보여주는 상징이었다. 새로운 CEO들에게 성공의 척도는 돈이었고, 호화로운 퇴직금 조건, 즉 엄청난 돈을 보장받는 성공적인 은퇴식도 선망의 대상이 됐다. 그들이 회사를 망쳤든 말든, 그것은 아무런 상관이 없었다.

　미국의 경제잡지 〈포천〉은 2003년 4월호에서 미국 CEO들을 잘 차려입은 돼지로 묘사한 표지 그림을 실었다. 〈포천〉과 같은 보수적인 성향의 잡지가 기업공동체를 그토록 솔직하게 비난한 것은 분명 시대적인 분위기를 반영한 것이었다. 그 커버스토리는 미국의 CEO들이 주주, 노동자, 대중의 희생 위에서 스스로를 살찌우는 방법들을 다룬 것이었다. 몇몇 통계만 들여다봐도 모든 것을 알 수 있다. 1988년에는 미국의 CEO들이 받은 보수 가운데 가장 큰 금액은 4천만 달러였다. 그러나 2000년에는 4천만 달러 정도는 10위권에도 들지 못하게 됐다. 2000년에 미국에서 가장 많은 보수를 받은 기업 최고경영자는 시티그룹의 CEO로 2억 9천만 달러를 받았다. 2위도 역시 시티그룹 경영자가 차지했고, 그의 보수는 2억 2500만 달러였다. 3위의 보수는 1억 6400만 달러였다. 1990년부터 1998년 사이에 미국 10대 기업 CEO들의 평균 보수는 480% 증가했다. 코포라도들은 더욱 더 탐욕스러워지는 동시에 공적인 이익은 점점 더 무시하는 태도를 보였다. 그럼에도 그들은 스스로를 국가의 부를 창조하는 유일한 사람들이라고 주장한다. 이런 그들의 주장은 대단히 의문스러운 것이다. 하지만 그들이 국가의 부를 가장 많이 소비하는 사람들인 것은 사실이다. 한 세대 전인 1960년대에는 대기업 CEO들이 현장 노동자들보다 평균적으로 25배 많은 소득을 올렸다. 그런데 2001년에는 이 차이가 400배가 넘었다. 더욱이 400배라는 수치도 최근 일어난 일련의 기업 스캔들 이후 주주들이 경영진의 보수에 제한을 가함으로써 일부 축소된 것이다.

혼히들 성공해 부유해진 CEO들은 미국의 가장 큰 자산이라고 생각한다. CEO가 취임할 때 그들에게는 엄청난 급여, 특권, 보너스, 세금보조, 두둑한 퇴직금을 보장하는 계약이 주어진다. 기업의 수익이 떨어지면 노동자들은 해고되지만 CEO의 보수는 줄어들지 않는다. 불경기가 닥치면 기업들은 CEO에 대한 보수를 확보하기 위한 유보금(CEO retention) 계정을 설정하고 거기에 돈을 넣어둔다. 이것은 논을 많이 받는 CEO만이 어려움에 빠진 회사를 구할 수 있다는 가정에서 CEO들 스스로가 만든 것이다. 예를 들어 내가 살고 있는 캘리포니아주의 퍼시픽 가스전기(PG&E)는 2002년 실적이 너무 나빠 파산 선언을 해야만 했다. 미국의 대형 에너지회사들 가운데 하나인 PG&E는 규제완화와 관련된 사업에 몰두했으나, 그 결과는 재앙과 같았다. 그러나 파산 선언을 한 뒤에도 PG&E의 경영진은 모두 8천만 달러의 보너스를 자신들에게 스스로 지급했다. 회사에 남은 CEO에게 돌아간 몫은 1700만 달러였다.

그들의 논리는 놀랍다. "만약 회사가 번창하면 CEO에게 더 많이 지급한다. 만약 회사가 파산하면 더욱 더 많이 지급한다?" CEO는 배의 선장과 같으니, 배가 기울기 시작하면 오직 그 선장만이 배가 가라앉지 않도록 할 수 있기 때문이라는 것이다. 이런 탐욕스런 CEO 앞에서 주주, 노동자, 이사 등은 자신들이 어처구니없게 속았다는 사실을 깨닫게 된다. 만약 마르크스가 다시 나타난다면 그는 무산계급의 혁명이 아니라 주주들의 혁명을 부추길 것 같다.

여기서 잠시 멈추어 한 가지 질문을 던져보자. 슈퍼 CEO에게 동기부여가 되는 것은 무엇일까? 나는 그들의 그런 행동을 탐욕 탓이라고 했다. 그러나 이미 수십억 달러를 갖고 있는 사람들이 수백만 달러를 더 벌겠다고 서두르는 행동에 대해 탐욕만으로 충분한 설명이 될까? 그들의 태도는 식욕이 전혀 없는 데도 자꾸 더 먹으려는 폭식의 심리적 욕구와 비슷하다. 나는 코포라도들이 정신과 의사들만 이해할 수 있는 경쟁의 열병, 일종의 광적 강박증에 의해 움직이는 것이 아닐까 생각한다. 어떤 슈퍼 CEO도 자기가 번 돈을 다 쓰지 못한다. 그렇다면 그들의 행동은 각자가 경쟁자들보다 더 많은 점수를 얻으려고 필사적으로 노력하는, 격렬한 경쟁게임 같은 것이 아닐까? 코포라도들이 수백만 달러를 더 벌려고 기를 쓰는 것은 경쟁의 상대방을 이기려는 자부심의 문제다. 탐욕은 충족될 수 있다. 그러나 경쟁자들보다 더 많은 점수를 얻으려는 게임은 끝이 없다. 자신이 하는 일이 경쟁게임이라고 생각하는 CEO에게는 가진 돈이 많다는 것 자체는 무의미하다. 그는 언제나 뒤쫓아 오는 사람이 있는지 경계해야 하고, 그런 사람이 있으면 그를 이겨내야 하기 때문이다. 만약 사춘기 소년이 그런 행동을 한다면 우리는 그가 자신이 어른이 됐음을 보여주기 위해 그러는 것이라고 용인해줄 수 있다. 하지만 어른이 그런 행동을 한다면 그것은 정신이상에 다름 아니다.

범람하는 기업범죄

CEO의 행동을 유발하는 진정한 동기가 무엇이든 CEO의 탐욕은 법이 허용하는 한도에 머물지 않는다. 지난 20년 동안 우리는 미국 역사상 최악의 기업범죄의 물결을 경험했다. 모든 미국 신문의 경제면에는 기업범죄에 대한 이야기로 넘쳐났다. 그 대부분은 전모가 밝혀졌고, 일부는 아직도 조사를 받고 있다. 범죄에 관련된 기업들은 대부분 미국에서 가장 큰 회사들이다.

미국 기업공동체에 재무적 관용의 분위기가 넘치기 시작한 것은 1980년대 초로 거슬러 올라간다. 1980년 대통령에 당선된 레이건 대통령이 한 최초의 일은 저축대부조합에 대한 규제를 완화하는 것이었다. 가계대출 전문 금융기관인 저축대부조합들은 뉴딜정책이 한창이던 1930년대에 사람들이 집을 사거나 짓는 데 필요한 돈을 빌려준다는 한 가지 목적으로 설립됐다. 당시 이 업계 전체의 자산은 수조 달러에 달했고, 이는 은행업계 다음이었다. 레이건의 규제완화로 저축내부조합들은 무엇이든 원하는 일을 다 할 수 있게 됐다. 정부의 감독이 없어졌기 때문이다. 이는 마치 경찰들이 손을 놓으면서 도둑들에게 할 수 있는 대로 다 해보라고 신호를 보내는 것과 같았다. 그리고 그런 일이 그대로 벌어졌다. 저축대부조합들은 생각할 수 있는 모든 부정직한 계획들에 이용됐다. 저축대부조합들은 사기적인 금융가들에 의해 신속하고 효과적으로 강탈당했다. '세계 역사상 최대의 사기극'이 벌어진 것이다. 일부 금융가들은 범죄조직과 실제로 관련됐다. 저축대부조합의 문제가 터진 뒤 몇몇 사람들이 구속되기도 했지만, 그들 중에서도 처벌을 받은 사람은 극히 일부에 그쳤다. 너무나 많은 사람이 횡령으로 기소됐기 때문에 법원이 그들 모두를 재판하는 것 자체가 불가능했다.

저축대부조합은 연방정부에 의한 예금보장의 대상이었다. 따라서 저축대부조합에 남겨진 부채의 지급 의무는 전부 정부가, 따라서 일반 국민이 짊어지게 됐다. 저축대부조합 문제로 정부가 입은 손해는 미국인 납세자 일인당 수천 달러에 해당하는 금액이었다. 이것은 기업공동체가 악당들의 수중에 들어갔음을 알리는 신호였다. 대중은 이에 항의해 궐기했어야 했다. 하지만 미국인들은 그런 어처구니없는 절도행위를 대수롭지 않게 받아들였다. 그 후 20년간 미국은 역사상 가장 저주스런 기업사기와 금융부정 행위의 늪에 빠져들었다. 그 중 대표적인 것이 엔론 스캔들이다. 부시 대통령 및 체니 부통령과의 친분을 과시하던 이 에너지 기업은 2000년 대통령선거 때 부시의 선거자금 모금에서 첫 줄에 섰던 회사다. 엔론의 경영진은 회사의 수익성을 높일 수 있도록 부시 행정부로 하여금 새로운 에너지 정책을 만들게 하는 데 혈안이었다. 체니 부통령은 새로운 에너지 정책을 입안하는 회의를 주도했고, 그 회의의 내용은 비밀에 붙여졌다. 이 은밀한 회의에 관련 기업 CEO들은 참석했으나, 소비자단체나 환경단체는 완전히 배제됐다.

2001년과 2002년에 걸친 엔론 스캔들은 시사하는 바가 크다. 그것은 거대한 규모의 기업범죄였다. 1985년에 설립된 전기가스 회사인 엔론은 엄청난 이익을 남길 수 있는 전기배급망 사업으로 빠르게 진출했다. 1988년 영국에서 대처 총리의 지시로 전력산업 민영화가 이루어졌다. 엔론은 영국의 전기배급망 사업에 참여했다. 이어 1994년에는 미국에서도 전력산업에 대한 규제완화가 가속화되기 시작했다. 전력산업에서 규제가 완화되면 자유경쟁으로 가격하락이 실현된다는 상투적인 주장만 대중에게 선전됐다. 그러나 그런 일은 지금까지도 일어나지 않았다. 대신 규제완화가 만들어낸 것은 엔론과 같은 기업이 높은 가격을 유지시키기 위해 공급을 조작하는 '시장게임' 이었다. 엔론 스캔들은 이런 모든 일이 공적인 문제제기가 없는 가운데 공공연하게 일어날 수 있다는 점을 보여주는 시대적 상징이었다.

영국에서 경험을 쌓은 엔론은 곧 미국 에너지 공급의 많은 부분을 떠맡는 통로가 됐다. 이 회사의 사업은 단순히 스위치를 돌려 전기를 이 시장에서 저 시장으로 옮기는 일이었다. 스위치를 돌린다는 것은 무엇을 뜻하는가? 그것은 바로 이익을 뜻했다. 사실 엔론과 같은 회사는 존재할 이유도 없다. 엔론이 한 일은 그저 미국 전역의 에너지 시장을 살펴보고 있다가, 전기를 가장 수익성 높은 곳으로 시시각각 옮기는 것에 지나지 않았다. 엔론이라는 기업은 하루 종일 컴퓨터를 지켜보면서 전기를 이곳에서 저곳으로 옮기면서 더 많은 이익을 올리려고 애쓰는 직원들로 채워진 텍사스의 빌딩이었을 따름이다. 엔론의 행위는 그러나 규제완화에 의해 생겨난 합법적인 사업활동이었다. 엔론 스캔들은 또한 컴퓨터의 힘이 이익창출을 목적으로 얼마나 남용될 수 있는지를 보여준 사례이기도 하다.

미국 에너지 시장에서 가장 높은 가격을 짜내는 합법적인 사업만으로 엔론은 수십억 달러를 벌었다. 그러나 엔론은 만족하지 않았다. 엔론은 회사의 부채를 숨기고 이익을 부풀리기 위해 역외시장에서 수백 개의 가공적인 거래를 만들어냈다. 이때 엔론의 행위는 합법의 선을 넘어버렸다. 엔론의 범죄행위 가운데 가장 악질인 것은 회계법인과 공모해 사기행각을 벌인 것이다. 회계법인은 오랫동안 미국 기업들의 정직성을 보증하는 마지막 보루로 여겨져 왔다. 그런데 엔론 스캔들에서 회계법인과 회계사들은 스스로 타락의 일부가 돼 버렸다. 회계사와 감사인들은 엔론의 이익을 늘리고, 부채를 감추고, 범죄적 거래를 숨기기 위해 장부를 위조했다. 가장 존경받던 회계법인 중 하나인 아서 앤더슨은 뇌물을 받고 엔론의 불법행위를 덮어줬다. 엔론 스캔들로 아서 앤더슨은 파멸의 길로 떨어질 운명에 처했다. 아서 앤더슨은 대형 회계법인들 가운데 회계산업이 얼마나 타락했는지를 보여준 최초의 사례다.

과거 회계법인들은 시장경제를 지키는 신뢰할 만한 파수꾼으로 간주됐다. 그러나 엔론이라는 기업이 자사 직원들의 투자자금을 훼손하고 연금을 훔치는 행위를 아서 앤더슨이 도왔다는 사실이 드러났다. 이는 기업의 재무상황에 대한 아서 앤더슨과 같은 회계법인의 진술은 그게 무엇이든 믿을 수 없게 됐다는 뜻이다. 이제 대중이 기업들의 수익과 부채 등 가장 기초적인 통계조차 믿을 수 없게 됐다. 자본주의 시스템의 가장 기초적인 부분인 회계제도가 완전히 신뢰할 수 없게 돼 버렸기 때문이다.

기업 로비스트들이 금융과 회계의 관행에 대한 개혁을 가로막고 있는 동안 미국의 기업공동체는 타락한 자들에게는 환상적인 나라였고, 대규모의 사기와 은밀한 거래가 판치는 곳이 됐다. 그와 같은 정실자본주의(crony capitalism)에 대한 개혁은 아직도 요원하다. 단지 몇 명의 기업 우두머리들이 벌을 받았을 따름이다. 코포라도들은 위기를 헤치고 나아간다. 그리고 게임은 여전히 계속되고 있다.

세계경제의 마리 앙트와네트

루스벨트 대통령은 1930년 경제적 왕당파를 힐난할 때, 수십 년 뒤에는 훨씬 더 나쁜 일이 벌어질 것이라고 생각하지 못했을 것이다. 미국의 주요 CEO들은 현대판 마리 앙트와네트들이다. 그들은 스스로 선출되고 다스리는 독립된 계급이 됐다. 그들은 기업의 최고위 경영진과 이사회를 자기 친구들로 채운다. 그들은 일반 대중은 물론 주주들을 야만적으로 착취하는 데 주저하지 않는다. 그들의 태도는 19세기의 철도왕 밴더빌트가 "빌어먹을 대중"이라고 뇌까리던 오만한 태도와 별로 다르지 않다. 그들은 자신들의 목적 달성을 위해 수단과 방법을 가리지 않으며, 사실상 법 위에 군림한다. 설사 범죄행위가 들통난다 하더라도 지루한 법적 공방을 거쳐 재산은 털끝만큼도 다치게 하지 않고 죄를 면하게 해줄 변호사들이 얼마든지 있다. 1990년대에 많은 CEO들이 실정법을 위반했지만 일부 시끄럽게 된 경우에만 붙잡혔고, 실제로 처벌받은 CEO는 거의 없다. 대부분은 회사에서 약탈하고 종업원에게서 훔친 돈을 그대로 챙긴 채 합의로 문제를 종결시켰다. 그리고 그들 중 많은 자들이 회사를 떠나면서 보너스와 연금으로 수백만 달러의 두둑한 보상을 챙겼다.

이것이 지금 미국의 정치를 지배하는 자들의 모습이다. 코포라도들은 미국의 정당과 정치인들을 장악하는 것을 통해 세계적으로 권력이 미치는 범위를 넓히고 있다. 그럼에도 그들은 누구에게도 책임을 지지 않는다. 지난 20년 동안 그들은 최소한의 존경이나마 유지하려는 관심을 버렸다. 그들은 불사신이 될수록 더욱 더 극악무도해졌다. 그들은 구체제의 귀족들 이래 지구상에서 가장 특권적인 계급으로 떠올랐지만, 그들의 목을 자를 단두대는 아직 보이지 않는다. 미국의 제국주의를 뒤에 숨어 부채질하는 세력이 바로 그들이라고 누가 나서서 큰 소리로 밝힐 수 있을까? 대답은 부정적이다. 코포라도들이 자신의 발자국을 숨기는 재주가 뛰어나서가 아니다. 그들은 사실 발자국을 남길 필요조차 없다. 그들은 자신들의 목적 달성을 위해 숨어서 음모를 짜지 않는다. 그들은 은밀한 메시지나 비밀문서를 교환할 필요도 없다. 그들은 잘 짜여진 이익공동체를 구성하고 있고, 정치세력과도 긴밀하게 연결돼 있다. 따라서 그들의 희망은 어디든지 즉각적으로 전달된다. 그들은 오로지 이윤만 생각하는 하나의 뇌에 연결된 다수의 몸체와 같다. 그들이 지금 원하는 것은 시장에 아직 남아있는 정부의 규제를 죄다 없애는 것이다. 정부의 규제가 사라진 공백은 자동적으로 그들의 이익으로 채워지기 때문이다.

코포라도들은 작은 정부, 자유시장 경제, 기본적인 시민적 자유와 재산권을 완고하게 옹호하는 골수 보수주의자라고 사람들은 흔히 생각한다. 그러나 자신들의 이익에 어긋날 때면 그들은 어떤 보수주의 철학이라도 기꺼이 버린다. 사업가나 기업인은 철학자가 아니라는 게 그들의 믿음이다. 사실 그들이 원하는 것은 정부를 없애는 것이 아니라 그들 자신의 이익에 봉사할 크고 힘 있는 정부를 갖는 것이다. 역사적으로 보더라도 미국의 기업공동체가 정부의 역할이 축소되기를 원한 적은 없다. 그들은 달콤한 계약을 선사해줄 국방부를 원한다. 그들은 해외투자를 보호해주고 이라크 유전과 같은 전리품을 갖다줄 군대를 원한다. 그들은 독점적인 유전개발, 벌목, 광산개발의 허가증을 내줄 내무부 또는 건설부를 원한다. 그들은 세금으로 뒷받침되는 정부채권을 원한다. 그들은 경제를 안정시켜 주고 그들의 이익 극대화를 지원해줄 연방준비제도이사회라는 중앙은행을 원한다. 그들은 국토방위부가 시민의 자유를 점점 더 침해하고 연방수사국(FBI)이 수사과정에서 인권유린 행위를 저질러도 상관하지 않는다. 그들에게 중요한 것은 오로지 돈을 버는 자유뿐이고 그 밖의 다른 자유들은 아무래도 상관없다. 그들은 자신이 내는 게 아니라면 아무리 높은 세금에도 반대하지 않는다. 정부가 노동계급과 중산층 시민들에게서 거둔 세금은 정부보증, 구제금융, 보조금, 기타 기업복지에 지출될 것이기 때문이다. 여기서 기업복지란 기업들이 일부 공인된 목적들을 달성하는 과정에서 정부 돈을 빨아먹는 것을 국가적으로 용인하는 여러 가지 프로그램들을 가리킨다. 정부와 비즈니스를 하는 것은 자본주의 사회에서 돈을 버는 지름길이다. 법을 만들고 집행하는 자들을 매수하는 투자보다 더 높은 수익을 안겨주는 것은 없다. 그러니 기업이 정부의 내부자를 고용하는 것이야말로 최상의 경영전략이다.

자유로운 시장에서 스스로 독점을 포기하고 경쟁하기를 원하는 기업은 없다. 마이크로소프트의 예에서도 볼 수 있지만, 록펠러와 카네기 시대 이후 미국의 모든 주요 기업들은 시장에서 경쟁자들을 몰아내고, 가능한 높은 시장점유율을 차지하려 했다. 역설적인 이야기지만, 진보적 자유주의 정권이 들어서서 정부가 시장개입에 나섰던 때에만 기업결합, 카르텔, 재벌들로부터 시장의 경쟁이 유지될 수 있었다.

2차대전 이래 미국에서 큰 정부를 유지하기 위해 가장 열심히 노력해온 이익집단은 바로 기업공동체다. 그리고 코포라도들은 그렇게 유지되는 큰 정부가 주는 이익은 자기들이 다 챙기고, 그에 따르는 비용은 해외 조세회피 지역을 이용할 능력이 없는 사람들에게 떠넘기고자 했다. 주식회사 미국에서 '정부의 축소'가 의미하는 것은 중산층과 노동계급에 혜택을 주는 사회적 프로그램을 없애고, 그 대신 정부의 기능들을 민영화해 기업공동체의 손에 넘기는 것이다.

오늘날의 유명인 CEO들은 미국 정치에 또 하나의 곤혹스러운 영향을 끼치고 있다. 돈은 그들에게 찬사도 안겨주었다. 그들이 중시하는 가치는 미국 문화에 전례가 없을 정도로 침투돼 있다. 그들의 지위와 영예가 높아질수록 그들의 명성과 부는 미국인들을 도취시켰다. 그들은 우리 사회 리더십의 기준을 설정해왔다. 그들은 강인하고 과감한 인물들이고, 실질적인 성과를 이룩해내는 사람들이고, 부하들로부터 맹목적인 충성을 받는 사람들이다. 그들은 주주, 종업원, 일반 대중 등 누구에게도 자기 자신의 행위에 대해 설명할 의무가 없다. 그들은 절대적인 권위를 갖고 완전한 비밀 속에서 자신들의 권력을 휘두를 수 있다. 그들이 무도하고 명백하게 부정직한 행위를 했을 때도 그들을 성공의 모델로 받아들이는 대중의 태도는 위축되지 않았다. 수십억 달러짜리 회사를 움직이는 사람에 대해서는 누구도 그가 친절할 것도, 명예롭게 행동할 것도, 민주적일 것도 기대하지 않는 모양이다. 2004년 초에 미국의 한 텔레비전 방송은 뉴욕의 부동산 개발업자인 도널드 트럼프를 위해 일할 직원을 찾는 '리얼리티 쇼' 프로그램을 내보냈다. 이 프로그램에서 트럼프는 비정하나 매력적인 보스였다. 프로그램 참가자들은 경쟁자들을 따돌리고 보스의 신뢰를 얻기 위해 무엇이든 기꺼이 하는, 길들여진 맹수가 되도록 독려됐다. 이 프로그램이 젊은층 시청자들에게 전달하는 메시지는, 바로 그렇게 하는 것이 도널드 트럼프처럼 부자가 되는 방법이라는 것이었다.

코포라도들은 정치인들이 선거자금을 조달하기 위해서는 반드시 기대야 하는 사람들이다. 이런 이유에서 CEO들의 가치는 그들에게 자금을 구하는 정치인들에게 전염된다. 특히 부시와 체니는 워싱턴 행정부에 CEO들의 가치를 그대로 옮겼다. 이런 측면에서 볼 때 2

차 걸프전은 CEO 정신으로 만들어진 정책의 완벽한 사례다. 부시가 이라크와의 전쟁을 고압적이면서도 조작적인 방법으로 치른 데 대해 스스로 정당하게 느꼈다면 그는 바로 CEO가 기업을 운영하는 방식으로 정부를 운영하고 있다는 뜻이다.

돌아온 다위니즘

여기서 내가 언급한 기업공동체의 특성들 대부분은 미국에만 한정된 것이 아니다. 세계경제가 공고해지면서 서로 다른 나라에 본부를 둔 기업들이 모두 비슷하게 무자비한 성격을 갖게 됐다. 세계가 통합될수록 기업 엘리트들은 점점 더 국가적 정체성에서 괴리되어, 기업가적 형제애로 뭉친 그들만의 국제사회로 가는 길을 밟고 있다. 공적인 덕목으로서의 애국심은 세금을 내고 나라를 위해 피를 흘리는 사람들에게나 요구되지 CEO들에게는 기대되지도 않는다. 그들의 충성은 다른 곳을 향하고 있다. 그들의 애국하는 대상은 '이익의 국제공화국'이다.

　미국의 기업계에서 최고의 지위에 오른 극소수의 여성들 가운데 한 사람인 휼렛패커드의 CEO 칼리 피오리나는 2004년 1월에 열린 한 강연회에서 "신이 준 권리로서의 일자리는 미국에 더 이상 없다"고 선언했다. 그녀는 하이테크 일자리를 더 많이 중국으로 이전하는 기업들의 움직임을 변호했다. 사실 피오리나가 참석한 이 강연회는 일자리를 외국으로 옮기는 것을 보다 쉽게 할 수 있도록 해달라고 정부에 촉구하는 데 그 목적이 있었다. 그녀가 경고하는 바는 명확했다.

미국의 노동자들이 중국의 노동자들과 같은 수준의 급여를 받아들이지 않는다면 일자리를 잃게 될 것이라는 얘기였다. 그러나 피오리나는 자신이 경영하는 기업의 경쟁상대라고 스스로 지목한 중국 기업들 가운데 과반수가 사실은 미국 기업의 소유라는 점은 언급하지 않았다. 일자리가 미국을 떠나 다른 곳으로 가더라도 이익은 미국에 남는다. 그러나 아침은 뉴욕에서, 점심은 브뤼셀에서, 저녁은 도쿄에서 먹는 기업 지도자에게서 무엇을 기대할 수 있을까? 언젠가는 모든 다국적기업 본부에 단 하나의 국기, 즉 세금이 없는 케이먼 군도의 깃발만 나부낄 것이다.

값싼 노동력을 찾는 노력은 세계경제에 언제나 있었던 일이다. 그러나 미국의 코포라도들은 일반적인 자본주의에서 현저히 이탈했다. 그들은 다윈주의적 자기이익 추구에 대한 종교적인 신념에 광적으로 몰입돼 있다. 이는 그들이 승리주의 이데올로기의 마법에 걸렸기 때문에 생겨난 현상이다. 그들 나름의 엄격한 사회적 도덕에 자부심을 갖고 있는 승리주의자들은 초기 산업자본주의의 약탈적 탐욕을 제한하기 위해 20세기에 도입된 모든 제도들을 다시 없애려고 한다. 선진국의 경우 그동안 엄청난 산업생산력 증대를 실현했음을 감안하면 삶이 점점 더 불안전해지고, 일자리를 지키기 위해 이토록 힘들게 살아가야 하는 현실이 참으로 이해하기 힘들다. 이 모든 것은 바로 코포라도가 해 놓은 것이다.

코포라도들은 사회적 다위니즘의 윤리를 다시 만들어내어 미국인들의 정신 속에 깊숙이 새겨넣었다. 미국인들은 원래 개척자적 세계관을 존중한다. 개척자적 세계관에 따르면 개개인은 독립적으로 살아가야 한다. 모든 개척지에서와 마찬가지로 미국의 초기 개척지에서도 자립은 삶의 필수조건이었다. 역사에서 볼 수 있듯이 미국 초기 개척지에서 정착하고자 했던 사람들은 개척지를 보다 나은 사회로 만들기 위해 필사적으로 노력했고, 그런 노력은 어느 정도 성과를 거두었다. 정착이 이루어지면 정부에 의한 도시 건설이 이어졌다. 생활 기반 시설이 갖춰지고, 학교 설립과 공공서비스를 위한 세금이 부과됐다. 그리고 권총강도의 전횡을 막기 위해 연방 보안관이 파견됐다. 미국 서부는 이렇게 건설됐다. 새로운 사회계약은 황량한 개척지를 안전하고 문명화된 생활공간으로 바꿀 것이라는 기대를 받았다. 미국의 개척지에서 일어난 일들은 도시의 산업세계에서도 되풀이됐다.

교훈을 주는 역사적 사례가 하나 있다. 영국의 빅토리아 시대 후기에 활약한 정치인 조지프 체임벌린은 한 가지 의미심장한 문제를 거론한 바 있다. 그는 윌리엄 글래드스턴이 이끄는 자유당의 떠오르는 스타였다. 당시 자유당은 '도시사회주의'로 불린, 진보적 사회개혁안을 추진했다. 개혁안을 좀더 강력히 밀어붙이고자 했던 체임벌린은 "부동산 소유자들은 그들이 누리고 있는 안전에 대해 어떤 대가를 지불하고 있는가"라고 물었다. 얼핏 완곡한 말처럼 들리지만, 사실 그의 이 말은 서구 사회의 중대한 전환을 극적으로 표현하는 것이었다. 19세기 말 서유럽 전역에서 국가의 부를 보다 평등하게 나누려는 열정적인 개혁의 움직임이 시작됐다. 당시의 산업계 지도자들에게는 충격적인 것이었겠지만, 체임벌린은 미래의 물결을 선언하고 있었다. 지금 우리가 말하는 '공공부문(public sector)'은 바로 그때 생겨났고, 이와 더불어 좌도 우도 아닌 새로운 사회 시스템에 대한 희망도 함께 생겨났다.

산업혁명 이후 처음 두 세기 동안에는 산업사회가 이데올로기적 완벽성의 꿈에서 깨어나지 못했다. 보수주의자들은 자유시장을 종합적인 윤리, 정치, 경제 시스템으로 만들기 위해 노력했다. 급진주의자들은 온정주의 국가 속에서의 집단적 소유라는 거대한 그림을 그렸다. 그러나 그동안 우리가 배운 게 있다면, 이데올로기적 순수성을 현실에서 실현하기란 사실상 불가능하다는 점일 것이다. 그런 순수성을 실현하기 위한 노력은 오히려 광신과 강압을 낳을 뿐이었다. 근현대 정치를 뜨겁게 달군 좌와 우의 이데올로기적 열정에도 불구하고, 지난 한 세기 동안 선진국 자본주의의 대체적인 경향은 정부의 계획과 공공부문이 경제적 안정을 유지하고 극심한 빈곤의 문제를 완화해주는 혼합경제 체제로 가는 것이었다. 자본가들은 혁신적이고 위험하며 때로는 파괴적인 사업까지도 할 수 있는 자유를 얻는 대가로 경제가 최악의 불안전 상태와 고통에 빠지지 않도록 완충장치와 안전판을 경제에 내장시키는 데 동의했다. 그러한 제도적 장치는 이치에 맞는 것이었다. 기업공동체는 노동자들에게 기초적인 생활을 보장하는 책임을 면제받았고, 사업을 하고 돈을 벌기 위한 발명, 혁신, 모험 등에 나설 자유를 더 많이 얻었다.

이런 과정을 거쳐 선진 사회들은 상당한 수준의 복지국가가 됐다. 그러나 모든 산업사회에 여전히 부자들이 있고, 기업가 정신은 후하게 보상된다. 아울러 시장은 상승과 하락을 반복한다. 그리고 좌익이든 우익이든 중도든 정치인들에게는 중요한 책임이 부과된다. 그것은 잘 분배된, 높은 생활수준을 유지하는 일이다. 대공황이 또다시 있어서는 안 되고, 기아임금도 더 이상 존재해서는 안 된다. 부자와 가난한 자의 차이를 완전히 없애지는 못하더라도 최소한 두 계급 사이의 격차는 줄여야 한다. 퇴직연금을 얼마나 많이 주어야 하는지, 학교와 보건에 얼마나 많은 돈을 들여야 하는지, 노동자들에게 휴가는 얼마나 허용해야 하는지, 그들이 실직할 경우 생활보조금은 얼마나 오래 주어야 하는지 등에 대해 아직 논란의 여지가 남아 있다. 그러나 국민들이 이런 종류의 혜택을 정부에 요구할 수 있다는 점에 대해서는 더 이상 심각한 이견이 존재하지 않는다. 우리는 오랜 기간에 걸친 복지국가 개혁의 노력을 통해 산업화가 과연 어떤 것이어야 하는가에 관한 비전을 갖게 됐다. 그것은 경쟁을 벌여 서로 빼앗는 사회가 아니라, 공평하게 몫을 나누는 데 더 높은 가치를 두는 안정되고 건강한 사회를 만들어야 한다는 것이다.

20세기 후반에 능장한 영국의 대처 총리와 미국의 레이건 대통령은 이런 경향에 대한 예외였다. 두 나라에서 마치 19세기의 원시적 경제체제를 불러내는 듯한, 고약한 개인주의적 자본주의 이데올로기가 뇌살아났다. 경제정책이 자유시상 성통주의로 회귀하는 동안 사회적 프로그램들은 근본적으로 말살됐다. 대처 총리는 "사회주의를 죽이는 것"이 자신의 목표라고 말했다. 레이건 대통령은 "정부의 간섭을 없애는 것"을 자신의 목표로 내걸었다. 두 나라에서 노동조합의 교섭권은 심하게 위축됐고, 공적 자산과 공공 프로그램들이 대거 민영화됐다. 동시에 산업사회에서 오랫동안 소멸했던 사회적 다위니즘이 요란한 소리를 내면서 다시 모습을 드러냈다.

그 결과 지금 미국에서는 정부가 '근로빈곤층(working-poor)'이라는 기묘한 이름으로 부르는 가정의 자녀들이 배고픈 상태로 잠자리에 든다. 또 각 도시의 뒷골목에는 착취공장이 다시 나타나고 있고, 4천만 명 이상의 사람들이 건강보험의 혜택을 받지 못하고 있으며, 실업자들은 가난의 나락으로 곤두박질하고 있다. 복지혜택을 받지 못하는 미혼모들은 형편없는 저임의 일자리에 취직해야 한다. 미국 전역의 각 도시에서는 학교, 도서관, 공원, 공공병원이 규모를 줄이거나 문을 닫고 있다. 보통의 노동계급 시민들은 그들이 전혀 통제할 수 없는 해외 먼 곳의 경제적 변화로부터 영향을 받는다. 그들은 저임금 공장으로 일터를 옮겨야 하고, 그러는 동안 삶의 질은 떨어진다. 간단한 통계 하나만 보자. 레이건 대통령 시절 이후 미국 도시에서 추위, 배고픔, 질병으로 죽은 채 버려진 부랑자의 수가 점차 늘어나, 이제는 대부분의 대도시들에서 매년 100명 이상이 이렇게 거리에서 죽은 채로 발견된다.

이런 상황은 불과 얼마 전까지만 하더라도 미국의 보수주의자들조차 도저히 받아들일 수 없는 것으로 여겼다. 다른 모든 선진 사회들과 마찬가지로 미국에서도 한때 사람들이 거리에서 죽는 일은 없어졌다. 그러나 이제 다위니즘의 부활과 함께 모든 것이 바뀌었다.

코포라도들은 이런 고난이 노동자들을 훈련시키고 가난한 자들을 벌하는 정당한 방법이라고 생각한다. 그들은 이런 것을 "의존으로부터 해방"이라고 부른다. 그들은 사람들이 불안정한 시장에 의해 단련되면 정신적으로 건강해진다고 본다. 노동자들이 일자리를 얻기 위해 경쟁하게 되면 그들의 생존 문제와는 별개로 독창력과 유연함이 강화되며, 이것은 미국을 위대하게 만드는 국민적 자질이 된다는 것이다. 코포라도들은 노동자들이 매일 빵을 위해 다투게 되면 모두가 그들 자신과 같이 민첩하고 자립적이 되며 강인해질 것이라고 주장한다. 과거의 사회적 진화론자들과 마찬가지로 코포라도들은 그들 스스로를 문명의 꽃이라고 여긴다.

때맞춰 등장한 '킬러 CEO'들의 다위니즘적 경영 스타일은 경제

세계화를 위한 이상적인 훈련과정이 됐다. 1990년대에는 중요한 무역 및 관세 관련 조약들이 잇달아 타결됐고, 미국의 CEO들은 국가라는 편협한 관념상의 울타리를 마음 놓고 내던져 버릴 수 있게 됐다. 북미자유무역협정과 세계무역기구 협상을 통해 클린턴 대통령은 1920년대에 캘빈 쿨리지 대통령이 노동조합을 격퇴한 이래 가장 큰 선물을 코포라도들에게 안겨주었다. 미국 기업들은 상품, 공장, 자본, 그리고 모든 산업을 전 세계로 수출할 수 있게 됐다. 임금이 싼 지역으로 공장들이 이전함에 따라 수백만 명의 미국인들이 실업으로 내몰렸다. 잘 훈련된 전문인력도 일자리를 잃거나 아무 일자리나 붙잡을 수밖에 없게 됐다. 미국에서 6만 5천 달러를 받던 컴퓨터 프로그래머는 인도나 파키스탄에서 온 1만 달러짜리 인력으로 대체됐다. 미국 회사들은 CEO들의 지시로 경제를 해치고 있다. 그러나 코포라도들은 이런 신의 없는 짓을 건강한 발전이며, 과거의 건강한 노동윤리로 회귀하는 것이며, 적자생존이라는 자연법칙을 되살리는 것이라고 미화한다.

시장에 대한 우상숭배

코포라도들 사이에서는 시장에 대한 도취가 사교집단과 같은 수준에 이르렀다. 뜻이 명확하지도 않고 역사적인 구체성도 없는 용어가 현대 역사의 진행경로를 요약해주는 것처럼 취급된다. '시장'이 냉전을 이겼다. '시장'은 세계의 자유와 번영을 보장한다. '시장'은 사회적 병리현상에 대한 만병통치약이다. 마치 이교도들을 개종시키려고 나선 기독교 선교사들처럼 미국의 기업공동체는 미개한 인류에게 '시장'이라는 복음을 거듭 설교하고 있다.

승리주의적 보수주의자들의 시각에서는 우리 시대에 시장이 하는 역할에 끝이 없다. 그들의 모호한 관념이 극단으로 치달으면 어떤 우스꽝스러운 일이 벌어지는지를 한 가지 예를 들어 살펴보자. 2003년 7월 미국 국방부는 테러와의 전쟁을 위한 새로운 무기로 '정책분석 시장(Policy Analysis Market) 프로젝트'를 자랑스럽게 내놓았다. 국방첨단연구기획청(DARPA; Defense Advanced Research Projects Agency)에서 개발된 이 프로젝트는 테러 사건에 대한 인터넷 선물시장을 만든다는 것이었다. 이 아이디어는 통화와 상품의 선물거래를 모델로 한 것이었다. 이 프로젝트가 구상한 선물시장은 투자자들이 폭격, 암살, 비행기 납치, 정부 전복 등과 같은 사건에 베팅을 하는 것으로 돼 있다. 그 이론적 근거는 효율적 시장 이론이다. 이 이론은 시장에서 가격은 신뢰할 만한 모든 정보를 다 반영한다고 가정한다. 결국 '정책분석 시장'에서 세계 각지의 똑똑한 투자자들이 미래의 테러리스트 활동에 대해 최선의 추정을 해서 돈을 건다면 테러 사건에 대한 선물 가격이 그런 정보들을 죄다 반영한다는 것이다. 따라서 많은 사람들이 몇 개월 안에 에펠탑에 대한 테러리스트의 공격이 있을 것이라고 예상하고 그런 방향으로 돈을 걸면, 실제로도 그런 공격이 일어날 가능성이 높다는 것이다. 그러면 미국의 정보기관들은 시장에서 높은 가격이 형성되는 사안에 대해서만 집중적인 조사를 벌이면 된다는 것이다.

이 구상은 너무나 해괴해서 언론들이 그것을 농담이나 장난인 것처럼 보도했다. 그리고 이 프로젝트는 바로 그 다음날 없던 일이 돼

버렸다. 하지만 처음 제안과정은 자못 심각했다. 국방부는 이 프로젝트에 이미 100만 달러를 투입했고, 300만 달러를 추가로 투입할 계획이었다. 어쨌든 이 구상은 그것이 간과한 것이 얼마나 많은가 하는 점에서 교훈을 준다. 비판자들이 즉각 지적했듯이 테러는 사람이 거의 통제할 수 없는 밀이나 귀리와 같은 상품과는 아주 다르다. 알 카에다와 같은 테러리스트들에게는 이 프로젝트가 엄청난 선물이 된다. 그들은 자신들이 인터넷 선물시장에서 어떤 방향의 투자를 하고 나서, 투자한 대로 테러 행위를 함으로써 얼마든지 돈을 벌 수 있게 된다. 또한 그들은 가능성을 조작해 투자자들과 정보분석가들의 관심을 분산시키고 혼란을 일으킬 수도 있다. 이런 명백한 결함을 간과했다는 사실 자체가 '시장' 이라는 이름이 붙은 것에 대해 사람들이 얼마나 맹목적이 될 수 있는지를 잘 보여준다.

여진히 '시장' 은 미국의 우익들에게 지고의 선이다. 코포라도들에게는 모든 문제에 대한 해답은 '시장' 이다. 교육? 공교육을 해체하고 부모들에게 바우처(Voucher)를 주어 학교를 스스로 선택하게 하면서 돈을 지출하게 하라. 의료보험? 의료보험 상품을 만들어 사기업들이 서로 경쟁하도록 하라. 연금? 무조건 높은 수익률을 위해 연금저축을 주식투자로 유도하라. 환경보호? 규제적 법률을 없애고 시장 인센티브로 대체하라. 오염을 줄이려면 깨끗한 회사가 더러운 회사에 오염의 권리를 팔 수 있게 해주면 된다. 공공용지는 민간 사유지로 전환시켜, 지주들로 하여금 그들 자신의 이익을 위해 그것을 보호하도록 하라. 터무니없게 들릴지 모르지만, 어떤 초보수주의 환경그룹은 전 세계의 바다와 그곳에 있는 자원들이 민간 기업들에게 매각돼야 한다고 생각하고 있다. 그들은 바다 속에 있는 생선들을 사적 소유물이라고 가정한 다음 종류별로 어떻게 값을 정하는 게 좋은지에 관해 구체적인 계산 결과를 발표하기도 했다.

시장에 열광하는 사람들은 돈이 미국 정치에 끼치는 부정적인 영향에 대한 해결책도 찾아냈다. 시장으로 하여금 정치를 대신하게 하자는 것이다. 돈이 정치에 부정적인 영향을 준다는 걱정만 중단하면 된다는 투다. 이런 주장을 하는 사람들은 시장이 모든 사회적 메커니즘 중에서 가장 민주적이라고 생각한다. 사람들을 시민이 아닌 소비자로 보자. 소비는 투표와 같으며, 단지 돈으로 투표하는 것이다. 사람들이 시장에서 돈을 주고 사는 것은 바로 그들이 원하는 것이다. 따라서 사람들이 오페라보다 농구에 더 많은 돈을 기꺼이 지출한다면 정부는 세금을 농구가 아닌 오페라를 보조하는 데 사용해서는 안 된다. 그렇게 한다면 그것은 정부의 독선이다. 마찬가지로 만약 사람들이 공립학교보다 오락센터를 더 원한다면 오락센터에 세금을 더 많이 써야 한다. 모든 공공 프로그램과 제도가 시장의 뜻에 따라 해석된다면 정치인들이 존재할 이유가 있을까? 자유시장의 보이지 않는 손이 모든 문제를 다 해결할 것이다.

그렇다면 이렇게 주장할 수도 있지 않을까? "선거에서 자유롭게 돈을 쓰지 못하게 하는 것은 옳지 못하다. 시장에서 소비자들이 상품을 사듯 정치인들이 표를 사도록 놔두어야 한다. 표를 살 돈이 있는 자들에게는 그렇게 할 수 있도록 허용하라. 표를 사는 자유는 언론의 자유와 다르지 않다. 돈은 부자의 언어다. 시장이 선호하는 사람들이 그들의 부를 이용해 위법하지 않게, 공공연하게, 공개적으로, 자랑스럽게 공직을 살 권리를 보장하라." 지난 20여 년 동안 점점 더 많은 갑부들이 선거운동 자금을 지원했다. 1996년 상원의원 선거에 출마한 캘리포니아 출신 후보는 자기 돈 4천만 달러 이상을 쓰고 패배했다. 2001년 뉴욕시장 선거에서는 7천만 달러 이상을 쓴 후보가 당선됐다. 많은 미국인들은 현재의 선거 시스템은 그 타락이 도를 넘었으며, 이에 대한 유일한 해결책은 갑부 정치인이라고 생각하게 됐다. 돈 때문에 누구하고 거래를 할 필요가 없는 정직한 정치인이 될 수 있는 사람은 자기 돈을 쓸 수 있는 갑부들뿐일 것이기 때문이다.

2002년에 '관제고지(Commanding Hights)'라는 제목의 텔레비전 시리즈가 미국의 공중파 방송에서 관심 속에 방영됐다. 경제학자 다니엘 예르긴(Daniel Yergin)의 저서를 토대로 만든 이 시리즈는 많은 돈이 투자된 프로그램이었을 뿐 아니라 시청률도 높았다. 하지만 이 시리즈는 투자된 돈과 노력이 무색하게도 오류투성이의 작품이었고, 그 결과 많은 해악을 끼쳤다. 다만 이 시리즈 덕분에 우리는 승리주의적 보수주의자들이 얼마나 시장에 도취돼 있는지를 알게 됐다. 이 시리즈는 미국의 외교정책이 곧 코포라도들과 그들의 머리 좋은 심복들의 수중에 들어갈 것임을 암시해 주었다.

이 시리즈는 첫 대목에서 이분법을 제시한다. 현대 경제사상의 역사는 우리가 익히 아는 대로 좌익과 우익 사이를 오락가락했다. 우익 쪽에는 프리드리히 하이에크와 시카고학파로 대표되는 시장경제학자들이 있다. 이 시리즈의 많은 부분은 하이에크의 천재성에 대한 찬사로 이루어져 있다. 하이에크가 애덤 스미스 이후 가장 위대한 경제학자라고 설명된다. 시리즈는 하이에크가 1930년대 이후 오랫동안 인정받지 못한 데 대해 한참 동안 애석해 한 뒤 그가 황무지로부터 성공적으로 귀환한 것을 극적으로 묘사했다.

그럼 이 시리즈는 좌익 쪽의 대표로 누구를 내세웠을까? 시리즈를 보지 않은 사람들은 아마도 사회주의자나 공산주의자가 아닐까 하고 쉽게 생각할 것이다. 칼 마르크스? 마오쩌둥? 영국의 페이비언 주의자들? 사회민주주의자들? 모두 아니다. 예르긴이 내세운 극좌파는 존 메이나드 케인스와 복지국가다.

현대 경제학에서 케인스가 한 역할은 자본주의의 가장 어려운 시기에 자본주의를 구한 것이었다는 데 대해서는 학자들 사이에 이의가 없다. 케인스는 자신의 이론이 완전히 비혁명적인 방식으로 현실에 적용되는 것을 볼 수 있기를 바랐다. 그를 불신임당한 극좌파로 매도하는 것은 역사 기록에 대한 조지 오웰식의 수정에 해당된다. 암울했던 산업화 초기 100년 동안의 비참과 다툼과 부정의는 완전히 사라져 없어지고, 그와 더불어 현대 경제학사를 구성한 급진파와 사회주의자들도 사라져 버렸다. '관제고지'는 소련 통제경제의 붕괴를 자본주의에서 사회적 정의를 위해 제시된 모든 주장들을 반박해주는 것으로 인용했다. 그리고 나니 케인스와 같은 중도파를 극좌 성향의 적으로 모는 결과로 이어졌던 것이다.

이것은 역사를 바꿔 쓰려는 시도다. '관제고지'는 시청자들로 하여금 진보적 자유주의를 자유시장의 주된 적이라고 생각하도록 한다. 이 시리즈는 한때 중요한 경제적 토론을 활성화시켰던 이슈들을 쓸어버렸다. 재산권, 불공정한 축재, 생산수단에 대한 통제, 시장에 대한 규제 등 커다란 도덕적 이슈들은 이 시리즈에서 전혀 언급되지 않았다. 못 가진 자의 고난과 착취는 결코 일어난 적이 없다. 산업주의는 모든 관계 당사자들에게 두루 좋은 위대한 것으로서 돌연히 생겨난 것으로 그려졌다. 산업주의를 비판하는 사람들은 이데올로기적인 불평분자로 그려졌다.

이런 시각은 하이에크가 1954년에 펴낸 책 《자본주의와 역사가 (Capitalism and the Historians)》에서 조장하고자 했던 것이다. 이 책에서 하이에크는 산업사회에 대한 기괴한 설명을 제시했다. 증기기관차가 영국 중부지역을 달리게 되자마자 노동계급의 생활수준이 올라갔다. 이 점을 증명하는 통계는 많다. 차와 설탕의 가격과 장례비용 등이 저렴해졌다. 그런데 왜 그렇게 많은 역사가들이 산업혁명이 고난으로 채워졌다고 말하는 걸까? 이는 역사가 좌익 비평가들에 의해 체계적으로 왜곡됐기 때문이다. 그래서 우리는 케인스가 나타나기 전에는 산업사회는 모든 게 좋았다고 믿어야 한다. 정부의 개입을 필요로 하는 문제는 없었다. 하이에크의 이런 편향된 시각이 경제정책을 조망하는 유일한 방법으로 받아들여지면서, 케인스는 퉁명스러운 따돌림을 받았다. 대공황 때까지 하이에크의 자유시장에 대한 관념은 경제사상에서 압도적인 정통이 됐다. 그러나 대공황이 닥치자 자기이익의 윤리에 의해 부추겨진 '규제 없는 시장'은 실패로 판명됐고, 정치적으로 현실적인 의미가 있는 시간 안에 경제가 회복될 가능성도 없음이 논박의 여지없이 분명해졌다. 1930년대 이후 하이에크와 시카고학파가 황무지에 버려진 것은 동료 경제학자들 때문이 아니라 바로 그 자신들이 내세운 이론의 부적절함 때문이었다. 케인스 경제학이 대공황의 피해를 극복한 역할에 대해서는 이 시리즈가 의도적으로 외면했다. 만약 하이에크가 혼란의 1930년대에 정책을 만들도록 요구받았다면 세계는 지금까지도 대공황의 끝을 기다리고 있었을 것이다.

음울한 1930년대가 한참 지난 지금 우리는 하이에크의 시대가 마침내 왔다고 생각할 수 있을까? 승리주의자들이 희망하는 것에 동의하는 사람들만이 그렇다고 말할 것이다. 케인스와 하이에크의 차이가 현실이론과 순수이론의 차이에도 있다는 점을 명심하자. 케인스의 이론은 역사적 적용을 거치면서 입어온 상처를 갖고 있는 데 비해, 하이에크의 이론은 결코 존재한 적도 없는 이상적인 시장경제 시스템의 관점에서 만들어진 것이다. 하이에크는 가격형성 메커니즘을 완전히 시장에 맡기지 않는 어떤 경제정책도 필연적으로 독재화된다고 믿었다. '관제고지'의 연출자들은 경쟁적 시장보다 더 나은 가격 메커니즘은 없다는 데 대해 20세기 말의 모든 나라 정치 지도자들이 뜻을 같이 하고 있다고 성급한 결론을 내렸다.

그러나 이것은 완전한 난센스다. 우선 이 주장은 규제되지 않는 시장과 독재적 사회주의라는 오직 두 개의 선택지만을 가정한다. 경제는 반드시 이 두 가지 가운데 하나여야 한다는 것이다. 현실 세계가 공적부문과 사적부문이 섞인 다양한 혼합경제로 이루어져 있다는 단순한 사실은 무시하도록 강요된다. 독일, 네덜란드, 스칸디나비아 각국과 같이 복지부문이 큰 나라도 많다. 이들 나라 사람들이 좋은 의료혜택과 더 긴 유급휴가를 즐기기 때문에 자유를 잃었는가? 4천만 명이 의료보험 혜택을 받지 못하는데도 미국이 자유로운 나라인가? 미국이 주된 자본주의 나라이기 때문에 시장경제가 더욱 잘 돌아가고 있는가? 그렇게 생각하기는 어렵다. 미국의 주요 기업들은 인수와 합병을 통해 가격을 통제하는 과점체제로 변하고 있다. 미국에서 임금, 이자율, 상품의 가격 등 어느 가격이든 시장원리에 의해 그것이 결정되는 산업을 하나라도 찾아보라. 그러려면 머리를 싸매야 한다. "경쟁력을 유지하기 위해 가격을 올린다"고 한 포드자동차 대변인의 말이 오히려 지금 미국의 현실을 말해주는 것이 아닐까?

미국의 주요 상품 및 서비스 시장들 각각에서 경쟁하는 회사 수는 점점 줄어들고 있다. 마이크로소프트와 같은 회사의 독점은 너무나 견고해서 정부조차 규제를 가하려는 노력을 거의 포기했다. 미국 경제에서는 모든 것이 서로 사이좋은 과점체제로 이끌려 간다. 이런 측면은 지금의 기업 시스템이 얼마나 자유시장을 훼손하는지를 분명히 보여준다. 하이에크가 만약 지금 살아 있다면 규제 없는 사적 부문이 어떤 국가사회주의 체제보다도 더 통제적인 경제가 될 수 있다는 사실을 솔직히 인정할 지도 모른다.

'관제고지' 제작자들의 예언은 인류의 명백한 운명인 것처럼 제시됐다. 시장경제가 꾸준히 진보하는 것은 미묘한 경제 메커니즘을 고치려고 한 잘못된 노력에 대한 자연법칙의 승리인 것처럼 간주됐다. 세계경제 역시 그대로 방임하면 비가 하늘에서 떨어지고 바다에 밀물과 썰물이 있는 것처럼 시장을 향해 이끌려갈 것이라고 우리는 믿어야 한다는 것이다. 그러나 지금 세계의 경제적 미래에 관한 모든 것을 결정하는 것은 기업의 무자비한 압력과 부풀려진 기업의 힘이다. 세계화는 기업가와 금융업자들이 세계를 자신들의 모습에 맞게 바꾸려고 지속적으로 격렬하게 노력한 결과다. 세계무역기구, 국제통화기금, 세계은행의 모든 회의들은 주요 국가들의 큰 은행과 기업들을 더 부자로 만드는 대신, 좀더 작고 지역적인 대안들을 억누르는 거래와 작전으로 가득 찬다. 그들은 돈의 힘만으로 부족할 때에는 무지막지한 군사력을 동원할 수도 있다. 이것이 우리가 2차 걸프전에서 보고 있는 사실이다. 이라크전쟁은 미국의 기업공동체가 꾸민 거대한 세계구상의 시범사례다. '관제고지'에서 조심스레 제시된 학자들의 전망은 텔레비전 프로그램의 단계를 넘어 세계 지배의 청사진이 되고 있음을 우리는 이라크전쟁에서 확인해볼 수 있다.

2차 걸프전, 오늘날의 비즈니스 방법

2차 걸프전은 이라크를 민주적 사회로 바꾸겠다는 약속 아래 시작됐다. 시니어 부시 대통령 이후 전쟁을 추진해온 워싱턴의 승리주의자들은 1990년대 내내 중동 국가들이 기능상애에 빠졌다고 분주하게 떠들고 다녔다. 그들의 주장에 따르면 그런 퇴행적인 아랍 사회들은 중세적 과거로부터 현대의 세계로 이끌려 나와야 하며, 2차 걸프전은 이라크에 자유와 번영의 축복을 가져다주는 것이다. 이는 자비롭고 효율적이고 건설적인 일이라고 간주됐다.

그러나 이라크에서 미국의 승리가 선언되자마자 이라크를 이라크 국민에게 되돌려 주겠다던 약속은 금세 없던 일이 돼버렸다. 모든 것이 혼돈으로 뒤덮였다. 모든 것이 선전일 뿐이었다. 이라크에서 시범적인 민주주의가 등장하기도 전에 미국의 제국주의적 행동이 시작됐다. 미국 점령군이 이라크의 주요 도시들에 평화와 안전을 확보하고 기본적 공적 기반시설이 어느 정도로 복구되기 훨씬 전에 바그다드의 미국 최고 행정관은 이라크를 코포라도들이 바라는 대로 바꾸는 작업에 나섰다. 어떤 것도 사전에 미국 의회나 유엔 등에서 논의된 적이 없다. 이라크의 수입관세는 문서 한 장으로 모두 철폐됐다. 이라크 국민의 의사와는 무관하게 이라크 경제는 세계의 경쟁에 개방된 시장경제가 돼야 한다고 워싱턴이 결정을 내렸다. 그것은 이라크인들의 거의 모든 사업체들이 파괴됨을 의미하는 것이었다. 선진 산업

경제로부터 쏟아져 들어오는 값싼 상품들과 경쟁할 수 있는 것은 이라크에 거의 없다. 이것이 이라크 국민들이 원하던 것인가? 하지만 워싱턴에 있는 그 누구도 그들의 희망에 신경을 쓰지 않는다.

이라크가 민주적 정부를 갖게 되는 날이 온다 해도, 이미 그 전에 이라크에는 완전히 새로운 경제질서가 만들어져 있을 것이다. 이라크의 자산들은 외국 자본에 넘어갈 것이다. 상수도, 가스와 석유, 전기 모든 것이 사유화돼 그 중 많은 부분이 외국 자본의 손아귀에 들어갈 것이다. 이러한 약탈에 가까운 정책은 국제법에 어긋난다. 그러나 워싱턴은 단순하게 힘으로 억누르고자 할 것이다. 누가 세계의 유일한 슈퍼파워와 다툴 수 있겠는가? 지금 이라크에서 사회가 해체되고 불안정이 계속되는 이유는 이라크를 혼란의 와중에 그대로 놔두고 그런 상황을 이용해 이라크의 부를 체계적으로 착복하려는 음모에 있다고 의심하는 사람들이 많다. 미국의 군사적 점령은 언젠기는 끝날 것이다. 그러나 미국의 경제적 점령은 무한정 계속될 것이다.

점령국들 사이에서는 이미 상당한 정도로 외교적, 경제적 배당이 끝났다. 워싱턴의 비위를 맞춘 외국의 정치 지도자들은 전리품을 나누어 받게 돼있다. 애초 캐나다는 계약자 리스트에 없었다. 그러나 부시 행정부는 외교적 손익을 계산해 보고 나서 캐나다 회사를 이라크의 서비스 및 건설공사 수주회사 리스트에 포함시켰다. 공화당이든 민주당이든 앞으로도 미국 대통령은 이런 선심행위를 그만두기 어려울 것이다. 이라크는 물론 앞으로 몇 년 안에 미군이 점령하게 될 테러의심 국가들 자체가 미국의 이런 뇌물과 보상행위에 이용될 매수자금의 원천이 될 것이다. 미국의 정책 결정자들은 미국은 이라크에서 쉽게 물러날 수 없으며, 이라크에 진정한 민주주의를 실현하기 위한 행동을 해야 한다고 국민들에게 말한다. 그러나 그 배경에는 점령에서 얻어지는 짭짤한 거래들을 깨지 않으려는 의도가 숨어있다고 의심하지 않을 수 없다.

미국의 초강대국 지위는 2차 걸프전과 함께 새로운 국면으로 접어들었다. 한때 무기를 사서 쌓아두는 데 만족했던 국방부가 지금은 이렇게 말한다. "왜 이런 훌륭한 무기들을 그냥 썩혀야 하나? 사용하면 안 될 이유가 뭔가? 작은 나라를 점령하는 조그만 군사작전에라도 사용하자." 점령 과정에서 미군 전사자 수가 수백 명 정도로 대중에 의해 용납될 정도에 머물게 되면, 그 점령지는 코포라도들의 경제적 약탈에 완전히 노출된다. 벡텔과 같은 회사는 기반시설 보수 사업을 맡는다. 이런 건설서비스 계약은 특히 짭짤하다. 아무도 그 일이 적절히 완수되었는지를 검사하지 않기 때문이다. 혹시 문제가 생기면 의회가 그 일을 다시 하기 위해 필요한 자금의 지출을 승인해준다. 2차 걸프전이 시작되기도 전인 2003년 3월 벡텔은 6억 8천만 달러의 건설공사를 수주했다. 벡텔은 이것으로 배가 차지 않았다. 그 해 8월 바그다드의 미국 행정관은 벡텔에 추가로 3억 5천만 달러짜리 계약을 주도록 워싱턴에 권고했다. 체니 부통령이 회장으로 있었던 핼리버튼은 육군 공병단과의 미공개 계약으로 17억 달러를 차지했다. 다른 회사들도 이라크 복구를 위한 비경쟁적 계약들을 나누어 먹을 것이다.

이런 나눠먹기는 이라크 석유에서 더욱 잘 드러난다. 미국 행정관들은 주요 기업들에게 나눠주기를 이미 시작했다. 여기서 우리는 새로운 종류의 계약이 사용됨을 본다. 이라크 유전을 재건하는 일을 하려는 회사들은 대개 개방형(open-ended) 계약을 한다. 개방형 계약에서는 원래의 계약가격이 얼마였든 간에 비용이 증가하면 더 많은 돈을 요구할 수 있다. 비용이란 증가하기 마련이다. 따라서 개방형 계약을 통해 계약자들은 더 많은 이익을 챙길 수 있다. 개방형 계약은 미국 국방부의 계약에 이미 자리 잡고 있던 비용초과(cost-overrun) 계약이 약간 변형된 것이다. 기업은 무기 구매를 위한 입찰에 참가한다. 입찰가격은 누가 보더라도 지나치게 낮다. 그러나 가격이 문제가 되지는 않는다. 계약 체결 후 기업은 프로젝트 비용이 증가했다는 이유로 대가를 추가로 요청하면 되기 때문이다. 이런 방법으로 한 나라를 통째로 재건하는 계약들은 얼마나 짭짤한 수익을 기업들에게 안겨주겠는가?

2차 걸프전이 시작되기 전부터 부시 행정부는 이 전쟁이 석유를 위한 것이라고 주장하는 반전 운동가들을 조롱하며, 절대로 그런 것이 아니라고 반박했다. 백악관 대변인은 만약 이라크 전쟁의 주된 목적이 석유에 있다면 미국은 다른 나라, 특히 유럽 동맹국들의 전례에 따라 사담 후세인과 거래하면 될 것이라고 논평했다. 이 말에는 미국 기업들은 무자비한 독재자와 석유 거래를 하기에는 너무 고상하다는 암시가 들어있다. 그러나 그의 말은 거짓이었다. 미국 기업들은 결코 그렇게 고상하지 않다. 핼리버튼은 1990년대 내내 후세인과 깊은 관계를 맺고 있었다. 핼리버튼은 근동에 있는 자회사를 통해 바그다드 정권과 계약을 체결했고, 당시 이 회사의 CEO였던 체니 부통령은 이라크에 대한 무역제재의 철폐를 위해 로비에 나서기도 했다.

백악관 대변인의 논평과 같은 주장은 지금도 많은 사람들에게 마치 근거를 갖고 있는 것처럼 들린다. 미국은 왜 후세인과 거래를 하는 방법을 택하지 않았을까?

가장 큰 이유는 2차 걸프전이 단순한 사업적 거래만으로는 얻을 수 없는 것을 주기 때문이었다. 사업적 거래에는 계약상 규칙, 한도, 의무 등이 따른다. 미국이 지닌 초강대국으로서의 압도적인 무력을 쓴다면 그런 거추장스러운 모든 것을 치워버릴 수 있다. 공적인 돈으로 전쟁을 벌여 미국이 이라크의 석유자원을 차지하고 나서 대통령과 보좌진이 자기들 생각대로 모든 것을 적절하게 해치우면 된다. 그들은 이라크의 석유자원을 미국 행정관과 석유회사 경영진 간의 계약으로 쓱싹 해치운다. 이런 계약은 공적인 감시도 받지 않는다. 이것이 유엔의 감시 아래 변덕스러운 독재자와 합의를 해야 하는 것보다 훨씬 나은 방식임에 틀림없다.

이렇게 부시 행정부가 줄 수 있는 것보다 더 유리한 조건을 후세인이 제시할 수 있었을까? 2003년 5월 백악관은 이라크와 관련된 미국 석유회사들의 계약에 관한 '행정명령 13303호'를 발동했다. 행정명령을 내리는 것은 미국 대통령이 할 수 있는 행위 중 가장 은밀한 것으로, 의회의 동의나 기타 다른 절차를 필요로 하지 않는 일방적 행위다. 따라서 사람들의 눈길을 피할 수 있다. 그러나 이번에는 워싱턴의 감시단체들이 '이라크가 이해관계를 갖는 개발기금과 부동산에 대한 보호'라는 제목의 이 행정명령에 주목했다. 이 행정명령에 따라 이라크에서 활동 중인 미국 석유회사들은 그들이 하는 모든 행위에 대해 법률적인 책임을 지지 않게 됐다. 인권침해와 환경파괴에 대해서도 면책된다. 계약상 논쟁, 차별 관련 소송, 노동법 위반, 국제적인 조약, 환경적 재앙 등과 관련한 민사소송과 형사소추에서도 제외된다. 이 명령은 이라크의 석유를 생산하고 판매하고 마케팅하는 활동과 관련된 모든 개인과 기업에게 이라크법, 미국법, 국제법으로부터 완전한 면책을 부여한다. 한 공익 변호사의 표현에 따르면 이것은

'기업 무정부주의를 위한 백지수표'다. 이것은 구체제의 군주들이 모든 법적인 책임에서 면제됐던 것과 마찬가지로 미국의 기업공동체를 법 위에 두려는, 가장 적나라하고 CEO적인 뻔뻔한 정책이다.

이런 편리한 장치는 석유에만 한정되지 않았다. 무기한으로 미국의 통제 아래 들어가면서 이라크 경제 전체가 약탈에 노출됐다. 이라크에서 피를 빨아 이익을 챙기는 일은 이미 시작됐다. 이라크에서 돈이 되는 자산 중에 물이 있다. 이라크의 수자원은 중동 전체를 지배하기 위한 지렛대가 될 수 있는 자산이다. 워싱턴이 이라크의 수자원을 어떻게 다룰 것인지는 이미 명백하다. 벡텔은 이라크의 수자원 시스템 전체를 복구하는 계약을 입찰과정 없이 차지했다. 서방 기업들이 물을 독점하고 있는 아프리카와 아시아의 많은 나라들에서 보듯 앞으로 이라크의 물은 민간기업의 소유가 될 것이 확실하다. 그리고 그 결과로 이라크의 물 값은 가난한 사람들이 감당할 수 없을 정도로 높아질 것이다.

코포라도들의 지독함에는 끝이 없어 보인다. 그들은 탐욕을 감추려는 최소한의 노력도 하지 않는다. 가능하다면 패망한 이라크의 뼈까지 갉아먹을 것이다. 2003년 5월 이라크 침공작전이 거의 끝났을 때 부시 대통령의 오랜 텍사스 친구이자 대통령선거 때 참모였던 조 앨보는 행정부에서 사임하고 전쟁에서 이득을 취하기 위한 사업체를 차렸다. 그를 비롯한 부시 대통령의 가까운 친구들 몇몇이 뉴 브리지 스트래티지라는 컨설팅회사를 세운 것이다. 이 회사가 제공하는 컨설팅의 목적은 고객들에게 이라크에서 계약을 따내는 데 필요한 내밀한 경로에 대해 자문하는 것이다. 이 회사는 인터넷 웹사이트에서 이렇게 말하고 있다. "이라크가 주는 기회는 그 성격과 규모에서 전례가 없는 것이어서 우리 말고는 다른 어떤 회사도 워싱턴과 이라크 두 곳 모두에서 효과적인 필요한 기술과 경험을 갖고 있지 못하다." 이라크인 직원은 한 명도 없는 이 회사는 '교차수분(cross-pollination)'이 자사의 목적이라고 밝혔다. 그러나 다른 사람들은 그것을 '영향력을 파는 행상'이라고 부를 것이다. 그런 종류의 행상이라면 훔친 휠체어를 팔아먹는 장사를 한다고 해도 전혀 놀랍지 않을 것이다.

이것이 바로 미국이 갖고 있는 정치적 양심의 현주소다. 미국 병사들이 이라크와 아프가니스탄에서 죽어갈 때 미국 대통령의 가까운 친구들은 미국의 제국주의적 모험에서 나오는 이익을 차지하려고 아귀다툼을 한다. 대통령은 이런 것에 대해서는 아무 말도 하지 않고, 소위 전문가라는 사람들은 그의 지도자적 자질을 찬양한다.

코포라도들이 이라크에서 그들이 원하는 것을 얻으려고 한다는 것은, 미국 제국주의에 의한 정권교체 전쟁의 산업화가 임박했음을 의미한다. 그들이 원하는 것은 전쟁을 계기로 수백만, 수억 달러짜리 계약들을 따내고, 정복된 나라의 자원을 거리낌 없이 약탈하고, 그 나라의 경제계획을 자신들의 상업적인 이익을 위해 활용하는 것이다. 전쟁에 앞장선 기업들은 전쟁으로 파괴된 산업을 재건하고, 새 정권의 관리들을 충원하고, 전후경제를 관리하는 등 정복에 뒤따르는 각종 비즈니스에도 적극 참여할 것이다. 심지어는 정복된 사람들에게 소비지향적 민주주의를 가르치기도 한다. 이교도를 저주에서 구원하는 데 열성인 복음 지상주의자들도 한몫 할 것이다.

이런 사업들에 대한 대가의 대부분은 공적 세금에서 지급되지만, 세금이 아닌 다른 자금원도 있다. 전쟁 전에 열린 의회 청문회에서 한 정치인은 이라크를 미국의 기준에 맞게 재건하는 데 필요한 모든 비용은 이라크의 석유자산을 팔아서 충당할 수 있다고 태연하게 말했다. 이라크의 재건사업은 주로 미국 기업들의 손으로 이루어질 것이다. 그들의 회계장부를 감시하거나 그들이 하는 일의 질을 따지게 될 가능성은 전혀 없다. 이라크 의회나 미국 의회가 이런 엄청난 일을 감독하는 역할을 맡을 수 있을까? 의회가 못 한다면 그 일이 국방부, 육군 공병대, 아니면 그런 일을 하는 사기업들의 손에 맡겨질까?

2003년 여름 핼리버튼은 이라크에서 자사가 계획하고 있거나 진행하고 있는 모든 사업에 대해 미국 정부가 무제한의 지원을 보장해야 한다는 내용의 제안을 내놓았다. 정부지원의 구체적인 방법은 이라크 석유에서 나오는 수입 중 일정 부분을 자사가 영구히 받아야 한다는 것이었다. 아울러 미래에 이라크 정부가 이런 조치를 무효로 할 경우에는 미국 정부가 특별 예산배정을 하는 방식으로 미국의 납세자들이 대신 지급해줘야 한다는 것이었다. 이런 제안을 한 핼리버튼은 2004년 초에 이라크 사업과 관련된 대금 과다청구와 리베이트 수수로 적발되기도 했다.

이라크에서 일어나는 모든 일들은 앞으로 미국의 모든 군사적 정복에 하나의 모델이 될 것이다. 언제 어디에나 승자가 차지해 팔아먹을 수 있는 부와 자원은 있다. 코포라도들은 이런 행위에 나설 준비가 돼있다. 이런 행위를 과거에는 약탈이라고 불렀다. 그러나 지금 미국의 정치 지도자들은 이런 행위를 '민주주의 건설'이라고 부르기를 좋아한다.

미국이 기업공동체의 빈틈없는 지배 아래 강력한 군사대국으로

기우는 것을 지켜보면서, 나와 같은 사람들은 미국의 기업공동체에서 파시즘의 경향을 느낀다. 기업 CEO들은 이익과 영향력을 축적하기 위해 경쟁하느라고 이런 문제에 대해 깊이 생각할 겨를이 없을 수 있다. 그들은 스스로를 최대한의 사업기회를 포착하고 그 기회를 적극 활용하려는 민첩한 사업가일 뿐이라고 생각할지도 모른다. 그러나 권력을 지닌 사람들이 하는 사업적 거래들은 불가피하게 정치적 색채를 띠게 된다. 그들에게 그런 거래들은 감시와 비판으로부터 보호돼야 할 이익의 원천이다. 따라서 계약이 이어지고 보조금 지급이 거듭될수록 그들은 20세기 파시스트 독재자들이 갈망했던 바로 그런 형태의 기업국가(corporate state)를 위한 토대를 놓는 역할을 하게 된다. 만약 미국이 그런 운명을 피하려면 코포라도들이 바꿔 놓은 우리 사회의 진행방향을 다시 다른 쪽으로 돌려야 한다.

3장

승 리 주 의 자 들

그래서 나는 이렇게 말했다. "우리의 지배자들은 그들의 백성을 위해 거짓과 기만을 상당히 사용해야 할 것 같다. 우리는 이것이 치료약의 범주에 속한다고 동의했다고 나는 믿는다."

___**플라톤**, 《공화국》

"그래서 철학이나 과학은 소수의 전유물로 남아야 한다. 그리고 철학자와 과학자는 사회가 의존하는 의견을 존중해야 한다. 의견을 존중한다 함은 그것을 그대로 받아들이는 것과는 전적으로 다르다. 철학이나 과학과 사회의 관계에 대한 이런 견해를 받아들이는 철학자나 과학자는 사회가 의존하는 의견에 대한 다수의 무조건적인 동조를 위태롭게 함 없이 소수가 진리라고 간주하는 것을 표현할 수 있는 특별한 글쓰기 방법을 채택하게 된다. 그들은 비전(秘傳)적 가르침의 진정함과 대중적 가르침의 유익함을 구별할 것이다.

___**레오 스트라우스**, 《정치철학이란 무엇인가》, 1959

초보수주의의 득세

내기 '승리주의자' 또는 '초보수주의자'라고 부르는 사람들은 미국 사회에서는 '신보수주의자' 또는 '레이건 보수주의자'라는 이름으로 더 잘 알려져 있다. 그러나 나는 '승리주의'라는 용어를 선호한다. 왜냐하면 이 말이 그들의 공격성과 승자독식의 태도를 더 잘 나타낸다고 보기 때문이다. 중요한 점은 보수주의 중에서 승리주의라는 부류가 새로운 종류라는 데 있는 게 아니라, 그들이 미국 역사상 주요 정당을 장악한 정치파벌 중 가장 무자비하다는 데 있다.

초보수주의자들은 대외정책과 국내정책에 대해 나름의 의제를 가진 소규모 서클이다. 그들은 소수이지만 전략적인 위치에 포진하고 있고, 결정을 내리는 데 있어서 냉혹하다. 몇 년 지나면 초보수주의자들의 이름과 소속이 바뀌겠지만, 나는 여기서 그들의 개별적 특성보다는 그들 모두가 지향하는 지속적인 정책방향이라는 측면에서 그들을 바라보고자 한다. 우선 미국 정치에서 앞으로 수년간 반복적으로 등장할 사람들의 이름을 열거해 보겠다. 2003년 현재 미국 행정부 안과 주변에 포진해 있는 초보수주의자들은 다음과 같다. 도널드 럼스펠드 국방장관, 폴 월포위츠 국방부 부장관, 리처드 펄 국방부 차관보, 더글러스 페이스 국방부 정책담당 차관, 윌리엄 루티 국방부 차관, 제임스 울시 전 중앙정보국(CIA) 국장, 루이스 리비 부통령 비서실장, 애브람 슐스키 특수기획국 국장, 로버트 볼턴 국방부 차관, 리처드 아미티지 국무부 차관, 리처드 하스 국무부 정책기획국장, 스티븐 캠본 국방부 정보담당 차관, 미국기업연구소(AEI)의 마이클 리딘, 〈위클리 스탠더드〉의 편집인인 윌리엄 크리스톨, 그리고 로버트 케이건, 데이비드 프럼.

이들 중 2차 걸프전으로 언론의 주목을 받은 럼스펠드만 내각 구성원이다. 선거로 당선된 사람은 전혀 없다. 대부분은 극비의 위원회 같은 데서 일하는 차관이나 국장급 관료들이다. 이들은 서로 우호적인 관계를 유지하면서 다른 사람들을 헐뜯고 자기들의 이익을 꾀한다. 어떤 자들은 정부 바깥에 있는 싱크탱크나 보수적인 언론에 소속돼 있으면서 가끔씩 뉴스에 등장해 전문가로서 자기 의견을 말한다. 그들은 워싱턴의 공식적인 무대 뒤에 깊숙이 숨어있지만, 알 만한 사람들에게는 잘 알려진 인물들이다. 사실 이들만큼 언론의 조명을 받는 행정가나 정책 전문가들은 없다. 조금만 관심을 기울이면 국방부, 중앙정보국, 국무부의 각종 회의에 영향을 주는 서클인 그들의 이름을 금세 알게 된다. 어떤 이들은 텔레비전의 대담 프로그램에 나와 거드름을 피우며 그들의 정책에 대해 이야기하기도 한다. 이들이 하는 말이 모두 사실인 것은 아니다. 승리주의자들은 언론의 조명을 피하지 않는다. 이들은 언젠가는 그늘에서 걸어나와 햇볕 아래서 자신들의 진정한 의견을 펼쳐서 미국 대중과 세계인 모두로부터 감동적인 승인을 받기를 원한다. 이들은 세계 모든 곳의 사람들이 미국 제국주의를 환영하고, 제국의 보호와 번영에 고마워하고 있다고 믿을지도 모른다. 물론 그렇게 되기 전에 그들은 현대 세계의 판을 다시 짜기 위해 매수, 허위의 가장, 강압 등의 행위를 해야 할 것이다.

　　미국 보수진영에서도 가장 지능적이라고 할 수 있는 이들 승리주의자는 공교롭게도 미국 역사상 가장 덜 지능적인 대통령이었던 레이건의 정치적 후계자다. 정책 관련 이론가 또는 실천가와 배우라는 기이한 결합에서 두뇌는 한 쪽으로 쏠리고 매력은 다른 한 쪽으로 쏠렸다. 승리주의자들이 레이건 대통령에게서 구한 것은 다양한 유권자들에게 호소하는 카리스마, 적어도 텔레비전에서는 그런 카리스마를 가진, 설득력 있는 반공산주의 대변자였다. 레이건은 블루칼라 노동자들과 도시 중산층의 지지를 얻었을 뿐 아니라 1980년대까지만 해도 민주당의 표밭이었던 남부 유권자들까지 끌어당겼다. 이런 요소들이 작용해 레이건은 '새 공화당 다수' 라고 불리게 되는 강력한 선거연대를 만들어냈다. 그러나 레이건은 진정한 공화당원으로서의 미덕은 갖고 있지 않았다. 스스로는 '재정적 보수주의자' 를 자처했지만 그의 돈 씀씀이는 아주 헤펐다. 그는 미국 역사상 가장 큰 재정적자를 기꺼이 만들었다. 레이건은 백악관으로 들어간 뒤 균형예산이나 정부지출 축소에는 더 이상 신경 쓰지 않았다. 대신 그는 엄청난 액수의 돈을 사회정책이 아닌 군사비에 썼다. 레이건의 반공산주의는 압도적인 군사력을 필요로 하는 것이었다. 승리주의자들에게 그는 놀라운 새로운 가능성을 제공했다. 그것은 군사화된 보수주의,

재정적 속박으로부터의 해방, 최신 기술과의 결합, 희망과 애국주의적 자부심의 메시지 전달 등이었다.

결국 레이건과 그의 초보수주의 참모진은 미국 군산복합체의 역사에서 새로운 장을 열었다. 냉전에서 이기겠다는 그들의 결의를 뒷받침한 동력은 20세기를 형성하는 데 역사상 가장 중요한 역할을 한 2차대전으로까지 거슬러간다. 2차대전을 치르면서 루스벨트 행정부는 주요 기업들과의 연대를 구상했다. 이 연대는 민간과 군대의 간격을 거의 없애버리게 된다. 2차대전이 끝난 뒤 고위 군 지휘관들은 군복을 벗고 국방부에 근무할 때 관계를 맺었던 기업들에 취직했고, 이는 일종의 관행이 됐다. 이처럼 공적 부문에서 일하던 사람들이 사적 기업으로 자리를 옮기는 관행을 가리켜 '회전문(revolving-door) 체제' 라고 한다. 기업의 입장에서는 퇴역 군인에게 투자하는 것은 충분한 보상을 가져다주었다. 기업들은 두둑한 이익을 낳아주는 정부와의 계약을 따내는 데 퇴역 군인들을 이용했다. 이런 체제에서는 현역 장군이 기본적으로 훈련과정에 있는 예비 코포라도일 뿐이다.

군산복합체란 용어는 아이젠하워 대통령이 만들어낸 것이다. 1961년 퇴임사에서 그는 "우리는 군산복합체의 부당한 영향력에 대해 경계해야 한다. 잘못된 힘이 재앙적인 모습으로 등장할 가능성은 이미 존재하고 있고 앞으로도 지속될 것이다"라고 경고했다. 이 말은 아이젠하워가 한 말들 가운데 유일하게 기억해둘 만한 것이었지만, 노장군의 말로서는 놀라운 측면도 분명 갖고 있었다. 아이젠하워는 전쟁을 치르는 동안에 군산복합체라는 것이 생겨나는 것을 보았던 것이다. 그는 노르망디 상륙작전의 총 지휘를 맡기 전에는 전장의 장군이라기보다는 행정책임관이었다. 대통령 재임기간에 그는 대기업 최고경영자들을 내각에 들여앉히는 것을 중요하게 여겼다. 그는 자신의 이런 조처를 '역동적인 보수주의'라고 불렀다. 기업공동체와 그 효율적인 경영기법을 숭배했던 그가 펜타곤의 후배들에게 군산복합체에 대한 심각한 경고를 하리라고는 누구도 생각하지 못했다. 그러나 그의 경고는 너무 늦게 이루어졌다. 그가 퇴임할 시점에는 이미 군산복합체가 미국의 생활방식에 깊숙이 들어와 있었다. 군산복합체는 이미 기업들에게 엄청난 이익을 내게 해주고 두둑한 보수를 챙겨주면서 국가번영에 중심적인 역할을 하고 있었다. 장군들과 코포라도들의 결합인 군산복합체는 전후에 미국을 풍요로운 사회로 만드는 원동력이 됐다.

1960년대까지 군산복합체는 미국의 새로운 사회계약에 토대가 됐다. 이런 군산복합 체제의 처음 40년간, 즉 1940년께부터 1980년께까지는 미국의 기입공동체가 노동계급에게 높은 임금을 보장하고 번영의 혜택을 그들과 나누었다. 미국 역사상 이 시기만큼 기업공동체가 노동계급을 이익배분에 관대하게 참여시킨 적이 없었다. 그러나 주식회사 미국의 관대함은 그 이상 지속되지 않았다. 레이건 대통령 시절에 군산복합체는 이와는 다른 방향으로 돌아섰다. 이제 군산복합체는 승리주의자들의 국내정책과 대외정책을 이어주는 연결고리가 된 것이다.

2단계 군산복합체

점점 강화되는 보수적 반동의 대변자였던 레이건 대통령은 루스벨트의 뉴딜정책과 존슨의 위대한 사회 프로그램에서 입안된 진보적 프로그램들을 모두 없애버린다는 굳은 의지를 갖고 취임했다. 진보적 자유주의에 대한 그의 공격 전략은 완전히 새로운 것이었다. 과거에는 보수주의자들이 진보적 자유주의자들을 공격할 때 주로 재정을 안정적으로 운영하지 못한 데 대한 책임을 요구하는 전략을 구사했다. 보수주의자들은 기본적으로 적은 세금과 적은 지출을 주장했다. 이런 전략은 분명 사려 깊은 것이었으나, 대중적으로는 별로 인기가 없었다. 레이건의 공화당은 새로운 아이디어를 냈다. 노동계급과 중산층에게 부를 이전시킬 의도로 고안된 사회적 프로그램들을 없애는 데 군산복합체를 이용하는 전략이었다. 그들은 군사비 예산을 천정부지로 늘렸다. 마침내 그들은 씀씀이가 큰 진보적 자유주의자들조차 두려워할 정도로 큰 규모의 재정적자를 만들었다. 그러는 과정에서 추가로 사용할 수 있게 된 돈은 모두 국방비로 지출됐다. 레이건 대통령은 사회적 프로그램과 정부의 규제를 없애자고 애국주의에 충만된 연설을 했다. "우리는 무기와 버터를 모두 살 수는 없다. 그러니 우리는 국가의 안전을 위해 무기를 사는 쪽을 선택해야 한다." 공화당은 한 푼도 아끼던 재정적 보수주의 정당에서 기록적으로 돈을 지출하는 손 큰 정당으로 매우 빠르게 변신했다.

새로운 전략을 실행하는 첫 걸음으로 레이건은 전례가 없을 정도로 소련을 비난했다. 그는 소련을 "악의 제국"이라고 부르면서, 어떤 전직 대통령보다도 더욱 강경하게 소련에 대항할 것이라고 약속했다. 그는 즉시 군사지출을 엄청나게 늘리겠다고 선언했다. 동시에 그는 세제개혁을 추진했다. 그의 세제개혁으로 상위 계층에 부과되는 세금이 크게 줄어듦에 따라 1980년대 내내 정부의 세수가 감소했다. 그럼에도 레이건은 마치 전면적인 전쟁이 곧 닥칠 것처럼 국방비에 돈을 퍼부었다. 당시의 보고서를 보면 펜타곤의 장군들은 스스로 감당할 수 없을 정도로 엄청난 금액의 돈을 배정받았다. 할 수 없이 그들은 상상할 수 있는 가장 특이한 무기들을 포함해서 엄청난 돈이 요구되는 구매품목 리스트를 만들어야 했다.

그러나 곧 문제가 생겼다. 소련이 붕괴함에 따라, 돈이 많이 들어가는 그의 군비증강 계획은 점점 더 설득력을 잃어갔다. 소련의 아프가니스탄 침공은 분명히 실패하는 것 같았다. 동유럽에 대한 크렘린의 장악력은 무뎌졌다. 소련 경제는 부패에 짓눌려 헐떡였고, 잘못된 계획과 과도한 군사비 지출로 인해 파탄으로 치닫고 있었다. 이에 따라 냉전은 사라졌지만, 레이건은 오히려 소련이 전보다 더 큰 위협이 되고 있다고 주장했다. 그때 소련의 고르바초프가 글라스노스트(개방) 정책을 추진하면서 군비제한 협정을 제안해 왔다. 이제 레이건 행정부의 강경노선은 전혀 이치에 닿지 않게 됐다. 그럼에도 레이건의 군비지출은 계속됐다. 소련이 무너질 것이 확실해진 시점에 레이건은 수조 달러가 드는 전략방위구상(SDI; Strategic Defense Initiative)을 발표했다. 전략방위구상은 소련의 탄도 미사일이 날아오는 도중에 그것을 파괴해버려 미국을 지킨다는, 터무니없는 무기체계를 도입한다는 것이었다. 당시의 모든 증거들은 전략방위구상에 따른 무기체계가 제대로 작동하지 못할 것임을 명백하게 증명하고 있었다. 그럼에도 레이건의 초보수주의 참모진은 전혀 개의치 않았다. 레이건 재정정책의 진정한 목적은 시스템이 작동하느냐 않느냐가 아니라, 돈이 남아 진보적 자유주의자들의 손에 돌아가지 않도록 가능한 많은 돈을 써버리는 것이었다.

레이건 정부는 외교정책이 승리주의자들의 국내정책에 종속된 최초의 사례였다. 그의 군사정책은 냉전과는 거의 관계가 없었다. 그는 무기를 만드는 것보다는 재정적자를 만드는 데 더 큰 관심이 있었다. 그러나 이런 정책은 역설적인 결과를 초래했다. 그런 레이건의 정책은 소련의 붕괴를 재촉하는 최후의 일격이 됐다. 1980년대 후반에 이르면 소련이 붕괴할 게 분명해졌다. 소련의 붕괴로 인해 레이건과 그의 후임인 시니어 부시 대통령에게 더 이상 군비지출을 그렇게 높은 수준으로 유지할 명분이 남아있지 않은 것으로 보였다. 이때 새로운 움직임이 나타났다. 미국 정치에서 '평화배당' 이라는 용어가 새로이 사용되기 시작했고, 진보적 자유주의 정치인들은 군사비의 상당한 부분을 사회복지 예산으로 돌리자고 주장하기 시작한 것이다. 그러나 군산복합체에게는 평화가 시작된다는 말처럼 신경이 거슬리는 말은 없다. 만약 실제로 그렇게 된다면 미국은 칼을 녹여 쟁기를 만들어야 하지 않겠는가?

군수산업에 참으로 다행스럽게도 그런 일은 일어나지 않았다. 1991년에 사담 후세인은 시니어 부시 대통령에게 전쟁을 시작할 명분을 제공했다. 시니어 부시가 일으킨 1차 걸프전은 승리주의자들에게 레이건 시절의 정책을 부활할 절호의 기회였다. 불안정한 독재정권 아래 살고 있던 중동의 석유부자 국가들이 미국의 군사적 모험극이 펼쳐질 새로운 무대가 될 것 같았다. 그러나 시니어 부시 대통령은 걸프전에서 압도적인 승리를 거두었음에도 이라크를 점령하는 수준까지는 밀어붙이지 않았다. 이에 미국 행정부 안에 있던 승리주의자들이 격분했다. 걸프전은 냉전에 이어 거대한 군비지출의 토대를 다질 기회였다. 그들 가운데는 부시의 전쟁중단 결정으로 인해 이스라엘과 함께 중동에 지속가능한 평화를 만들 새로운 공격구상을 펼칠 기회를 놓쳤다고 생각한 이들도 있었을 것이다.

클린턴 대통령은 외교정책에 대한 승리주의자들의 의견에 거의 관심을 나타내지 않았다. 우익 정책 입안자들이 그에게 접근해 대담한 정권전복 계획을 제안했으나 그는 거부했다. 클린턴은 바그다드에 대해 하늘에서 폭탄투하 공격을 하는 것 이상으로 위험하고 값비싼 행동은 하지 않으려 했다. 그의 마음속에는 의료보험 회사들이 강력히 반대하는 의료개혁 프로그램과 같은 국내정책이 우선적으로 자리를 잡고 있었다. 그렇다고 해서 승리주의자들이 그들의 목표를 포기한 것은 아니었다. 그들은 1997년에 자금이 풍부한 새로운 로비조직인 '새로운 미국의 세기를 위한 프로젝트(The Project for a New American Century)'를 결성했고, 1998년 3월에는 중동에서 팽창징책을 공개적으로 옹호하는 정책방침서를 클린턴에게 제출했다. 이것은 불길한 전망을 전제로 하고 있었다. 승리주의자들이 미국을 자신들의 방향으로 이끌어가려면 일종의 촉매로서 진주만 공격과 같은 재앙적인 사건이 필요하다는 인식을 갖고 있었다.

마침내 2001년 9월 11일 그런 촉매가 될 사건이 터졌다. 냉전기간 내내 소련이 가해왔던 그 무엇보다도 크고 깊은 타격을 주는 공격이 미국 본토에 가해졌다. 갑자기 새로운 국가의 임무가 생겨났다. 그것은 바로 '테러와의 전쟁'이었다. 테러와의 전쟁은 포탄을 쏠 수 있는 적이 어디에라도 있는 한 영원히 계속돼야 하는 것이었다. 테러 혐의자를 찾아내는 것은 거대한 프로젝트일 수밖에 없다. 테러와의 전쟁은 거대한 군사시설과 값비싼 각종의 무기, 모든 지역의 활동기지 등을 필요로 한다. 이것은 냉전보다도 더 큰 전쟁이 될 것이며, 대중의 지지를 얻을 수 있게 해주는 심리적인 효과도 훨씬 더 큰 것이었다.

1950년대의 매카시즘 마녀사냥 기간에 미국인들은 공산주의자들이 미국의 어두운 구석 어딘가에 숨어있다고 믿었다. 그러나 그런 식의 공포심 조장은 설득력을 잃어버린 지 이미 오래됐다. 그러나 테러리스트라면 다른 문제다. 9.11 테러는 그들이 벌써 미국에 잠입해서 무시무시한 파괴적 무기로 무장한 채 숨어있을 수 있음을 보여주었다. 테러리스트는 공산주의자보다 훨씬 더 두려운 존재로 느껴지기도 했다. 미국인들은 피부가 거무스레하고 수염을 기른, 화난 얼굴을 텔레비전에서 보기만 해도 등골이 오싹할 정도로 놀라게 됐다. 그들은 완벽한 적이다. 그들은 신비하고 교활하고 무자비하다. 그들은 그 어떤 공산주의자보다 더 이국적이다. 그들은 이상한 아랍 이름을 갖고 있고, 이교의 종교를 믿는다. 무엇보다 무서운 것은, 그들은 자기의 대의를 위해 목숨도 기꺼이 바칠 정도로 광신적이라는 점이다. 테러리스트는 조지 오웰의 소설 《1984》에서 공동의 적으로 모든 사람의 미움을 받는 이매뉴얼 골드스타인이 갖고 있는 모든 특성을 다 갖고 있다. 그 이름은 오사마 빈 라덴이었다.

9.11 사건 이후 테러리즘과 테러리스트 전문가들이 방송과 신문 지면을 독점했다. 발간된 지 수십 년이나 지난 테러리즘 관련 서적들이 대중에게 다시 소개됐다. 상수도, 식량, 전기, 심지어는 우리가 숨 쉬는 공기 등 생각해낼 수 있는 모든 주요 목표물들에 대한 공격을 그린, 소름끼치는 시나리오들이 언론을 채웠다. 테러에 대한 경고의 색깔이 상향조정됐다.

이런 상태는 승리주의자들이 그렇게 바라던 모습 그대로였다.

테러리즘에 대한 전쟁은 군산복합체의 생명을 연장시켜주고, 그것을 더욱 더 부강하게 만들어 줄 게 틀림없다. 소련과 중국 등 특정 국가의 활동에 초점을 두었던 냉전과 달리 테러리즘과의 전쟁은 명확히 보이지 않는 적들을 대상으로 하는 것이어서 얼마든지 무한히 계속될 수 있다. 테러리스트들은 그 수가 얼마나 되는지, 지금 어디에서 무엇을 하고 있는지를 아무도 모른다. 이에 대해서는 오로지 정부만이 말할 수 있다. 정부는 언제든지 은밀한 정보를 근거로 해서 "지금은 국가적 위기"라고 선언할 수 있다. 은밀한 정보에 따라 테러리스트들의 통화를 엿들어보니 그들이 공격해올 시점이 임박했음을 알게 됐다고 발표하기만 하면 되는 것이다.

승리주의사들은 코포라도들과 연대해서 전쟁을 수지맞는 계약들이 넘치는 기업들의 잔치로 변화시켰다. 이라크에서는 핼리버튼이나 벡텔과 같은 기업들에게 수십억 달러 규모의 계약이 경쟁입찰 없이 주어졌다. 국방부는 '비입찰 계약(non-bid contract)'이라는 비즈니스 유형을 만들어냈다. 시장에서의 경쟁이 지닌 미덕에 대해 줄기차게 국민들을 가르쳐온 부시 공화당원들이 이제는 경쟁입찰을 실시하는 데는 시간이 너무 많이 걸린다고 주장한다. 어쨌든 승리주의자들과 좋은 관계를 유지하고 있는 소수의 기업들이 계약을 독점할 것이라는 점은 분명하다. 오직 그들만이 계약을 따내는 데 필요한 정보와 경험을 갖고 있기 때문이다. 이런 기업들은 주요 석유회사들과 더불어 사실상 정부조직의 일부가 돼있다.

1970년대에 레이건은 '납세자 반란'의 대변자였다. 1980년 대통령에 당선되자 그는 백악관으로 이 반란을 끌어들였다. 레이건의 뒤를 이은 시니어 부시는 공화당에 더 극단적인 우익의 색채를 입혔다.

그는 1조 달러가 넘는 거대한 감세 법안으로 조세부담을 부자로부터 노동계급과 중산층으로 옮겼다. 1950년에는 기업들이 연방 조세수입의 4분의 1을 냈다. 2000년에는 기업들이 전례 없이 부유해졌으나 그들의 조세 부담률은 10%로 낮아졌다. 이런 변화가 일어난 이유는 점점 더 많은 기업들이 세금을 전혀 내지 않게 됐기 때문이다. 그들은 본사를 역외지역으로 옮겨 세금을 회피하는 방법을 비롯한 여러 가지 세금회피 방법들을 발견해냈다. 핼리버튼 같은 회사는 이라크에서 벌어들인 것을 포함해 그들의 막대한 이익을 케이먼 군도, 버뮤다, 트리니다드 토바고, 파나마, 리히텐슈타인, 바누아투와 같은 역외 조세천국으로 빼돌린다. 그러나 그들은 그런 곳들에서 단지 주소만 유지할 뿐 아무런 일도 하지 않는다. 이런 방식으로 기업들은 미국 안에서는 전혀 세금을 내지 않기도 한다.

세수가 이렇게 줄어들고 있음에도 2002년 부시 대통령은 수십억 달러짜리 탄도미사일 방어시스템 제안을 부활시켰다. 그는 레이건보다 더 과감했다. 그는 무기를 생산하기 위해서는 그 전에 반드시 일정한 실험을 거치도록 한 국방부의 규정을 무시하고 즉각적으로 예산배정이 이루어져야 한다고 요구했다. 이런 숨 막히는 조치들의 목적은 레이건의 경우와 마찬가지로 재정적자를 늘려 연방정부를 거의 파산에 이르도록 함으로써 공공서비스와 사회적 프로그램을 대대적으로 삭감하는 것이었다. 이어 2003년 9월 부시 대통령은 2004년의 이라크 전쟁 수행비용으로 870억 달러를 요청했다. 이와 동시에 국내 재정지출은 크게 삭감된다는 루머가 나온 것은 놀라운 일이 아니다. 이것이 승리주의자들의 정책으로서는 가장 완벽한 형태다. 우리는 여기서 미국의 대외정책과 국내정책이 얼마나 밀접히 연결돼 있는지를 볼 수 있다.

안보국가

베를린 장벽이 무너진 이후 국제문제에서 냉전을 대신할 것이 무엇인지에 대한 의문이 있었다. 승리주의자들은 1980년대 이래 확실한 대답을 갖고 있었으며, 2차 걸프전은 그것을 분명히 표현했다. 1980년대 이래 공화당 우파는 국제기구에 대한 불신을 공유하고 있었고, 소련이 붕괴로 생겨난 힘의 공백을 그들이 바라는 유일한 세계질서, 즉 미국의 일방적인 지배로 바꿀 기회라고 보았다. 이것은 세계의 유일한 슈퍼파워로서 미국의 위상을 확실히 한다는 그들의 의도와 부합하는 것이었다. 그들은 기회만 잡으면 그들의 정치적 비전을 영원히 세계에 강요하겠다는 의도를 갖고 있다.

승리주의자들은 정부의 크기를 최소한으로 축소하기를 원한다고 주장하지만, 그들이 꿈꾸는 안보국가(National Security State)는 이런 그들의 주장과는 정반대다. 미국 역사상 그 어떤 정치운동도 승리주의자들만큼 권력에 매혹되고, 독선적이고, 반대파의 의견을 단호히 묵살한 적이 없었다. 그들은 거대한 연방 권력을 만들어 모든 저항을 극복하겠다고 작정했다. 그들이 물리치고자 하는 저항에는 미국 헌법에 의해 보장된 기본적 시민권에 근거해 제기되는 저항도 포함된다. 2차대전 후 그 어떤 사법당국도 부시 행정부의 법무부만큼 사적 정보를 모으기 위해 영장 없는 체포, 최첨단 전자장비에 의한 도청, 사람들을 감금하는 권한 행사에 나선 적이 없다. 법적인 안전장치들은 테러리스트로 의심되는 사람들을 협박하고 고문하기 위해 깡그리 무시됐다.

9.11 이후 미국 법무부는 의학적, 심리학적, 법적인 개인정보는 물론, 심지어는 도서관 소장자료까지 뒤져서 개인정보를 한데 모아 통합하는 것을 허용하는 '통합정보인식(Total Information Awareness)' 프로그램을 입법화했다. 이 프로그램은 우편배달부와 같은 공공기관 노동자들로 하여금 의심스러운 행동을 발견하면 즉시 보고하도록 권장하는 내용까지 포함하고 있다. 조금 덜 위협적으로 들리게 하기 위해 이 프로그램의 이름이 '테러리스트 정보 프로그램(Terrorist Information Program)'으로 바뀌었지만, 그 법 조항과 내용에는 아무런 변화가 없었다. 애국자법(Patriot Act)이라는 불길한 이름으로 불리는 법에 따르면 연방수사국(FBI)은 법원의 영장 없이 사람을 감시하고 가택에 몰래 들어가 수색도 할 수 있다. 이 법은 인터넷에서 웹서핑을 하거나 책을 사는 행위에 대해서도 연방 정보당국이 조사할 수 있도록 허용한다. 이 법의 목적은 물론 테러리스트들을 쳐부수는 것이겠지만, 벌써부터 포르노 사이트를 처벌하는 데 이용되는 등 다른 목적으로 많이 이용되고 있다. 부시의 공화당 안에도 이 법에 대한 반대의 목소리가 있다. 그러나 법무부는 오히려 개인정보 수집을 더 수월하게 해주는 수정법안을 만들었다. 새로운 법안에 따르면 법원의 감독을 받지 않는 행정소환장만으로 정부에서 개인정보를 수집할 수 있다. 어떤 승리주의자들은 지문, 홍채, 디엔에이(DNA)와 같은 생물학적 정보를 내장한 전국적 신분증과 같은, 더욱 확실한 첨단 감시 장치를 요구하고 있다. 만약 그들의 뜻대로 된다면 오웰의 소설에서처럼 자유를 지킨다는 이름 아래 미국인들은 조만간 세계에

서 가장 감시를 많이 받는 국민이 되는 역설이 생길 것이다.

승리주의자들의 목표는 단지 미국 국내에서만 우려할 문제가 아니다. 미국 보수주의자들의 봉기는 전 세계에 영향을 줄 수밖에 없는 거대한 계획으로 이어지고 있다. 지금 미국의 정책을 움직이는 새로운 승리주의 세대는 레이건 시절에 백악관을 지배했던 것과 같은 이데올로기적 열망에 휩싸일 수 있다. 그런데 그들의 노력을 더욱 중요하고 긴급하게 만드는 상황이 전개되고 있다. 마치 내기에서 판돈이 커진 것과 같은 상황이 된 것이다. 소련의 붕괴와 함께 세계적인 힘의 공백이 생겼고, 그 덕분에 이제까지 제대로 활용되지 못했던 황금의 기회가 열렸다. 승리주의자들은 새로운 세계경제를 미국을 중심으로 한 경제 엘리트들의 수중에 넣고, 자유시장 이데올로기를 세계 각지로 전파해 그것을 영구적인 것으로 만들려고 한다. 그렇게 하기 위해서는 미국이 무력을 사용해 경쟁자들을 쓸어내야 한다. 이러한 새로운 세계질서의 밑그림은 레이건 행정부 시절 국방부 자문관이었던 폴 월포위츠에 의해 그려졌다. 그는 미국의 헤게모니는 "선진 산업국들이 미국의 지도력에 도전하지 못하도록 그들의 이해관계를 충분히 고려해야 한다"고 사려 깊게 지적한 바 있다.

이것이 바로 1980년대 중반 승리주의자들의 시각이었다. 그러나 선진 산업국들의 이해관계가 지금도 고려되고 있을까? 지금 미국의 군사외교 정책 입안자들 가운데는 미국의 독자성을 주장하는 세력이 있다. 부시 행정부의 국방부는 핵무기를 확장하고 다양화하고 업그레이드해서 다른 나라들을 압도하는 데 막대한 비용을 지출할 계획이라고 밝혔다. 소련과의 군비경쟁은 이미 끝났지만 미국은 여전히 압도적인 군사력으로 전 세계를 훨씬 더 뒤로 따돌리기 위한 경주를 벌이고 있다. 그 목표는 미국이 제한전쟁(limited war)에 사용할 수 있는 전술 핵무기를 강화하는 것이다. 그렇게 강화된 전술 핵무기는 기존 핵무기 보유국들 외에 다른 어떤 세력을 목표로 할 수 있을까? 승리주의자들이 기존 동맹국들을 무장해제시키려 한다고 생각하는 것은 비약일까? 이미 1992년에 동맹국들에 대한 승리주의자들의 태도는 악화됐다. 그 해에 워싱턴의 승리주의자들 사이에 나돈 정책제안서를 보면 펜타곤은 새로운 임무를 부여받았다는 것이다. 이 문서에는 "새로운 질서를 수립하고 그것을 보호하는 것"은 군부의 일이 될 것이라는 이야기가 나오며, 이어 다음과 같은 문구가 따른다. "미국은 잠재적 경쟁국들이 지역적 또는 세계적 역할을 하고자 희망하는 것도 저지해야 한다." 프랑스, 독일, 러시아는 물론 어느 단계에 가서는 중국도 힘을 합해 미국의 힘을 저지하려 나설 것이라고 믿는 사람들이 명심할 점이 있다. 그것은 승리주의자들은 그런 일이 벌어지는 것을 결코 좌시하지 않기로 이미 결의했다는 점이다.

만약 미국이 동맹국들의 무장 강화를 필요로 한다면 그 명분을 찾기란 어렵지 않을 것이다. 2차 걸프전 이전에도 워싱턴은 이란에 대해 "테러리스트를 색출해내는 데 협조하지 않으면 미국이 개입할 수밖에 없다"는 점을 분명히 했다. 테러와의 전쟁으로 미국의 국가안보 개념은 전 세계를 포괄하는 것으로 재해석됐다. 2001년 9월 11일에 종이 자르는 칼로 4대의 비행기를 납치한 19명이 미국 군대가 전 세계 어디서나 행동에 나설 명분을 제공하리라고 누가 생각했겠는가? 이런 종류의 테러가 또다시 일어나지 않도록 하려면 어떤 경계태세가 필요한지 생각해 보라. 그리고 만약 다른 나라가 미국에서 기대하는 경계를 소홀히 한 경우에는 어떨까? 이미 다른 나라 공항의 항공기 보안이 미국 기준에 모자란다고 워싱턴은 불만을 토로하고 있다. 아마 미국은 그런 나라들에게 어떻게 해야 하는지를 가르치기 위해 개입해야 할 것이다. 부시 대통령이 2004년 1월 연두교서에서 호전적으로 밝혔듯이 "미국은 국가안전을 지키기 위한 허가증을 구하지 않을 것이다." 그의 이 말은 그날 의원들로부터 가장 큰 박수를 받았다.

용병의 부활

미국 세국주의의 핵심에 압도적인 군사력이 있다. 승리주의자들은 이 장점을 최대한 이용하려 한다. 그러나 미국 군사력을 신속하고 유연하고 정확하게 사용하는 데는 심각한 장애물이 있다. 그것은 미국 민주주의의 기본적 요소인 시민병 전통이다. 새로운 미국 제국주의는 새로운 종류의 군사력을 필요로 한다. 그것은 즉시 투입가능하고 잘 훈련된, 복종적인 군대다. 그런 군사력을 만드는 것은 승리주의자들이 달성해야 할 최우선 과제다.

　"귀족제의 시민들은 맹목적이고 세심하고 순종적인 병사들을 갖는 데 별다른 어려움이 없다. 그러나 민주제의 시민은 그런 병사들을 갖는 것을 포기해야 한다." 이는 토크빌의 지적이다. 여전히 개척국가 단계에 있던 미국을 관찰한 토크빌의 이 지적은 마치 오늘을 예언한 듯하다. 징집제로 충원된 시민병은 미국이 일방적이고 선제적인 전쟁을 할 때는 오히려 부담이었다. 2차 걸프전이 시작됐을 때 의회에서 병사들을 보충하기 위해 징집을 실시하자는 제안이 나오자 부시 행정부는 서둘러 그런 제안을 덮으려고 했다. 그런 제안을 한 의원을 제외한 다른 의원들도 마찬가지였다. 자녀가 이라크 전쟁에 파견된 의원은 단 1명이었다. 다른 의원들은 자기 자녀는 그런 데서 제외된 것을 다행스러워하고 있었다. 징집병은 훈련에 너무 오랜 시간이 걸리고, 훌륭한 전사가 될 수 없다고 펜타곤은 주장했다. 베트남전쟁은 징집에 의존한 군대가 얼마나 비효율적인지 증명해주었다. 징집병은 가난하고 교육수준이 낮은, 훈련되지 않은 병사들이다. 징집된 병사는 불만을 여러 가지 방법으로 표현한다. 결국 사기가 저하되고 규율이 무너진다. 베트남에서 많은 병사들이 마약에 빠졌다. 지휘관을 따라 전투에 나서기를 거부하거나, 지휘관을 사살하는 사례도 적지 않았다. 그들의 목표는 오직 집으로 돌아가는 것이었다. 징집 기피의 방법들은 너무나 교묘해져서 징집 위반자들을 모두 다 처벌할 수도 없다. 더욱이 징집은 불만에 찬 젊은이와 그 가족들로 하여금 반전운동에 나서게 한다. 결국 징집은 전쟁을 국내로 끌어들인다. 승리주의자들은 이런 상황이 벌어지는 것을 피하고 싶어 한다.

새로운 미국 군대는 과거의 시민병과는 아주 다른 성격을 가져야 한다. 미국의 대중문화를 통해 우리가 미군 병사들에 대해 갖게 된 이미지는 전문적인 엘리트 군인이다. 그들은 과거와 같은 사랑스러운 지아이(GI)가 아니라 강인하고 냉정한 델타포스(Delta Force)나 네이비실(Navy Seal) 유형으로, 마치 제임스 본드와 같은 군인이다. 그들은 특수부대에서 훈련받아 복잡하고 컴퓨터화된 무기를 갖고 싸울 줄 안다. 그들은 베트남전쟁 시절의 미군처럼 가난한 계급 출신이 아니라 전형적인 블루칼라 출신이다. 만약 세계화로 인해 미국 안의 일자리가 사라지지 않았다면 그들은 미국의 공장 어딘가에서 일했을 젊은이들이다. 우리가 보는 것은 제국주의 군대의 모습이다. 그들은 명령 한 마디로 세계 어느 곳에든 투입된다. 신속하게 움직여 피해를 거의 입지 않고 문제를 해결하는 것이 그들의 목표다.

승리주의자들은 군대를 전문화하는 동시에 민영화하려고 한다. 이는 공공부문을 없애려고 하는 그들의 이데올로기적 성향과 맥을 같이 한다. 모든 사회적 문제에 대한 승리주의자들의 처방은 정부의 역할을 사기업에게 넘기는 것이다. 논란의 여지가 많지만, 어떻든 사기업들은 비용을 줄여 이윤을 내며, 보다 저렴하게 서비스를 제공한다. 사적 부문의 높은 효율성이 이를 가능하게 할 수도 있다. 승리주의적 보수주의자들은 사회적 프로그램의 모든 것을 사기업화해서 기업으로 하여금 정부를 대신하도록 할 것이다. 서비스의 공공성은 이윤추구 동기로 대체될 것이다. 그들은 교육도 사기업에 넘기려 한다. 기상서비스와 국립공원도 예외가 아니다. 그들은 이미 미국의 감옥을 사기업화하기 시작했다. 한때 미국에서 죄수노동을 이용하는 것은 범죄행위였고, 노예노동으로 간주됐다. 그러나 이제는 미국 기업의 해외공장에서 아동 노동력이 이용되는 것과 마찬가지로 국내에서 죄수노동을 이용하는 것은 괜찮은 사업관행으로 등장했다. 죄수노동력은 미국에서 가장 임금이 싼 노동력이기 때문이다.

군대의 사기업화는 승리주의자들이 미국 정치에 도입한 가장 대담한 개혁이지만, 동시에 가장 눈에 띄지 않는 개혁이다. 용병은 세계경제에서 성장하는 산업이다. 세계적으로 매년 1천억 달러 이상이 용병계약에 지불되고 있으며, 이 시장에서 미국은 단연 최대의 고객이다. 2차 걸프전은 바로 이런 용병정책의 시험 케이스였다. 미국이 이라크 자치정권을 통제하는 기반으로 삼고자 하는 것도 역시 사적 군대다. 점점 더 많은 이라크 병력이 사적 계약에 의해 유지될 것이고, 바그다드의 미국 행정부는 언젠가는 없어지겠지만 이라크의 사적 군사력은 미국의 통제를 받게 된다.

군대의 개혁이 승리주의자들의 목표대로 이루어진다면, 그것은 세계 전체에 불길한 징조가 될 것이다. 미국의 군사력이 이윤을 추구하는 계약 노동력으로 대체되면 군사통제권은 최고사령관인 대통령에게 집중되게 된다. 반면 의회나 국민의 통제력은 크게 위축된다. 계약 병사들은 대중의 눈에 띄지 않는다. 대중은 용병이 사용되고 있다는 사실조차 모를 수도 있다. 두 차례의 걸프전에서 보았듯이 전쟁이 시작되기 몇 주일 전부터 이미 이라크에는 미국의 특수부대가 들어가 있었다. 그들은 뒤이을 공격에 대비해 사전작업을 진행했다. 이는 군사작전으로서는 현명한 것일 게다. 그러나 문제는 미국 대중은 그런 사실을 전혀 알지 못했다는 데 있다. 미래의 전쟁에서는 심지어 대중이 아무 것도 알지 못하는 사이에 전쟁이 벌어지고 끝날 수 있다. 투입된 군대가 선출된 공직자에 대해서보다 사기업에 대해 더 충성을 바치게 되면 그렇게 될 가능성은 더욱 높아진다.

군대의 아웃소싱은 은밀한 방법으로 해를 거듭하면서 증가하고 있다. 버지니아주에 본사를 둔 기업인 비넬(Vinnelle Corporation)은 1975년 사우디의 국가수비대에 대한 교육과정을 조직하는 계약을 미국 육군과 맺었다. 이로 인해 이 회사는 지금 테러리스트들의 주요 공격대상이 돼 있다. 클린턴 행정부에서도 사적 계약으로 고용된 소규모 군대가 콜롬비아에 파견돼 은밀한 '마약과의 전쟁'을 수행했다. 이런 시도들은 용병 전문회사에 고용된 부대의 군사작전이 얼마나 효과적으로 대중으로부터 감추어질 수 있는지를 보여주는 사례다.

승리주의자들은 이보다 훨씬 더 큰 규모의 사적 군대를 사용할 계획을 갖고 있는 게 분명하다. 그들은 차근차근 국가의 군대를 사기업의 수지맞는 사업으로 바꾸고 있다. 승리주의자들은 연방정부가 통제하는 군대에게 더 이상 자신들에게 필요한 역할을 기대하지 않는 것처럼 보인다. 비넬은 이번에는 미군이 이라크에 남겨둘 평화유지군을 훈련하는 일을 맡았다. 그 전에는 역시 사기업인 경호회사들이 게릴라의 공격에 노출돼 있는 미군을 보호하는 일을 맡는다. 비넬과 마찬가지로 버지니아주에 본사를 두고 있는 블랙워터(Blackwater USA)는 이라크에서 군사훈련 계약을 수행 중이다. 이와 비슷한 계약이 캘리포니아주에 본부를 두고 있는 유아르에스(URS)에게도 주어졌다. 핼리버튼은 자회사를 통해 기본적인 병참업무를 위임받아 수행 중이다. 이런 업무의 대부분은 그동안 군대 내부에서 자체적으로 하던 일이다. 육군공병대와 계약을 맺은 몇몇 기업들은 막사를 짓고, 수송 서비스를 제공하고, 도로와 다리, 선착장 등을 건설하는 일을 수주했다. 이들 일들은 전투와 점령을 위해 반드시 필요한 것들이다. 어떤 회사는 정찰과 정보 업무를 위해 고용됐다. 현재 사기업이 관여되지 않은 군사작전은 하나도 없다.

이라크 주둔 '동맹군'에 미국 다음으로 많은 병력을 보낸 곳은 어디일까? 영국이 아니다. 그 답은 미국 사기업들이다. 이라크에 있는 1만 5천 명가량의 경찰, 경비대, 교관, 운전수, 그 외 보조인력들이 사기업에 고용된 사람들이다. 그들은 주로 러시아제 화물기를 타고 여기저기 옮겨 다니며, 경우에 따라서는 전투지역에 낙하산으로 투입되기도 한다. 그들은 무장하고 있고, 전투에 참가해 적을 죽이거나 스스로 죽는다. 그러나 그들의 죽음은 보고되지도 보도되지도 않는다. 따라서 전쟁사망자 피해가 실제보다 적어진다. 2004년의 이라크 전쟁 비용 870억 달러 중 300억 달러가 이들 민간기업에 지급될 것이다. 지난 10년간 펜타곤은 사기업과 3천 건 이상의 계약을 맺었다.

전쟁이 기업들의 이윤추구 행위로 변한 것은 미국만이 아니다. 영국 역시 군대를 훈련시키고 파견하는 과정에서 고용된 인력에 의존한다. 글로벌 리스크 스트래티지스(Global Risk Strategies), 에리냐 인터내셔널(Erinya International), 젠릭(Genric Ltd.) 등이 바로 영국 여왕의 군대에 서비스를 제공하는 회사들이다. 용병을 쓰는 것은 국제법 위반이지만 계약병력은 용병의 범주에 포함되지 않는다. 그러나 그들은 살인면허를 갖고 있다. 그들은 무기를 갖고 다니며 교전에 참가한다. 《기업 전사(Corporate Warriors)》의 저자이며 브루킹스 연구소의 군사 분석가인 피터 싱거는 수십 명의 계약 병력이 이라크에서 죽었지만 공식 전사자 통계에는 들어가지 않았다고 지적한다. 계약 병력 중 다수는 경찰 출신이거나 특수부대 소속이었고, 일부는 다른 나라 군대 출신이었다. 핼리버튼의 자회사인 '켈로그, 브라운 앤드 루트'에 고용된 경비부대는 네팔의 구르카족 출신 병사들로 구성됐다. 펜타곤에 의해 선발된 병력에도 네팔, 칠레, 우크라이나, 이스라엘, 남아프리카공화국, 피지 출신의 병사들이 포함돼 있다.

용병은 이제 제국주의의 한 부분으로, 성장산업이 될 것이다. 결국 전쟁은 더럽고 천한 일이다. 미국인들은 하지 않으려고 하는 일이다. 승리주의자들은 대중이 좋아할 것을 생각해낸 것이다. 마치 영국의 식민주의 병사들이 국왕의 명령이 아니라 동인도회사의 명령에 의해 움직였듯이, 이제 미국 군대는 더 이상 시민병으로서가 아니라 장기 계약을 체결한 사기업에 소속될 것이다. 미국 군대가 의회의 통제나 예산에 의하지 않고 사기업의 명령으로 즉각 전투에 투입될 용병으로 바뀌는 데 과연 얼마나 시간이 걸릴까? 이들 무장한 전투 전문가는 장기적인 점령과 통치를 위한 정치적 기술까지 습득하게 될 것이다. 새로운 군대의 역할을 고려해 일부 분석가들은 이미 미국 병사들을 '집행자(enforcer)' 라고 부르기 시작했다. 그들이 '집행' 하는 것은 과연 무엇일까? 그것은 그들 나름의 '국제적 행위규범' 이다. 이런 임무는 분명 단순한 전사의 수준을 뛰어넘는 것이다. 미국 병사들은 어떤 야전 지휘관이 지적했듯이 "외교관, 국제협상가, 경제안정의 수호자"가 될 것이다.

19세기 후반과 20세기 초에 걸쳐 활동한 영국 소설가 키플링은 영국의 수백만 식민지 주민들을 가리켜 "반은 악마, 반은 어린아이" 라고 말했다. 그들을 문명화시키는 것은 "백인의 짐"이라는 것이었다. 미국의 새로운 식민지 집행자들도 같은 생각을 가진 듯하다. 승리주의자들은 세계인들에게 어떻게 행동해야 하는지를 가르친 다음 점령지에 국가를 건설하고자 한다. 국가 건설이야말로 테러에 대한 유일한 장기적 해결책이라고 승리주의자들은 믿는다.

유럽에서 건너온 가르침

유럽과 승리주의자들은 특수한 관계에 있다. 2차대전 이후 세대의 미국 보수주의자들은 유럽 파시즘에 관해 배운 무서운 교훈을 신세계로 가지고 온 이주 지식인들의 영향을 많이 받았다. 그 주요 인물로는 프리드리히 하이에크, 레오 스트라우스, 한스 모겐소, 에릭 푀겔린,

루드비히 폰 미제스, 카를 포퍼, 한나 아렌트, 리처드 파이프스, 헨리 키신저 등이다. 주로 1930~1940년대에 미국에 도착한 이들은 마치 미국인들에게 현대의 삶이 지닌 추악한 측면들을 일깨워주는 전도사와 같았다. 소련에서 이주한 에인 랜드도 이들과 같은 그룹으로 분류할 수 있다. 소설과 영화를 통해서도 넓게 영향력을 미친 랜드는 정통 자본주의만이 자유에 대한 유일하고 확실한 보증이라고 주장하는 '객관주의(Objectivism)'라는, 규모는 작지만 신랄한 철학운동의 우두머리가 됐다.

그들의 경고는 진지했을지 모른다. 그러나 그들은 전체주의를 비판하면서도 주로 국가에 그 초점을 두고 파시즘에 자금을 댄 기업들의 역할은 무시했다. 그들은 기업들이 급성장해 국가의 경계를 넘어서고, 소규모 국가들보다 더 덩치가 크고 부유한 자기통치 체제를 가진 권력으로 진화할 가능성을 무시했거나 예견하지 못했다. 그들은 나치 정권을 상대로 수지맞는 거래를 한 포드자동차와 같은 대기업에 대해서는 기꺼이 눈을 감아주었다. 그들은 돈에 대해서도 비판과 분석의 초점을 맞추면서도, 사적으로 소유된 거대한 돈이 정치과정을 타락시키는 데 대해서는 특별한 주의를 기울이지 않았다. 아마도 그들은 총과 곤봉의 잔인한 힘을 비판하는 데 집착한 나머지 권력의 남용에서 돈이 하는 역할과 영향력을 무시했는지도 모른다.

유럽 지식인들이 미국 땅을 밟고 난 뒤에 가장 지속적으로 비난의 대상으로 삼은 것은 진보적 사회정책이었다. 그들은 진보적 사회정책을 위험한 국가주의로 보았다. 그들 중 일부는 미국의 진보적 자유주의에서 독일의 바이마르공화국을 무너뜨린 것과 같은 위험성을 보았다. 어떤 이들은 미국의 진보적 자유주의자들이 공산주의에 대해 너무 유약하다고 생각했다. 그들은 두뇌가 명석했지만, 미국의 사회구조가 유럽과는 전혀 다르다는 사실을 제대로 파악하지 못했다. 유럽과 달리 미국은 귀족정치의 전통이 없었고, 군부의 지위는 상대적으로 미약했으며, 좌익은 무기력했다. 게다가 미국 노동운동은 이데올로기적이지 않았고, 헌법에 의한 인권보호의 정신이 있었다. 그들은 미국 정치를 잘 모르는 이주 지식인들이었음에도 그들 스스로 새로 선택한 나라에서 예언자의 역할을 했다. 그들에게 이런 역할이 주어졌으니, 얼마나 신나는 일이었을까. 그들은 스스로 가치 있는 일을 하고 있다고 생각했을 것이다.

유럽에서 망명 온 이주 지식인들로부터 한 세대의 젊은 미국 보수주의자들이 미국 역사와는 아무런 관련성이 없는, 괴물 같은 국가권력의 이미지를 배웠다. 그들로부터 미국 보수주의자들이 배운 것은 서구 문명의 극직인 세계관이었다. 스트라우스, 푀겔린, 포피가 보기에 전체주의는 유럽 철학의 첫 날부터 시작됐다. 그들은 현대의 진보적 자유주의가 무너지는 공포의 순간을 경험했다. 그들의 관점에서 진보적 자유주의는 악에 견디는 도덕적 내구성이 결여돼 있었다. 진보적 자유주의들은 다원주의적이고 도덕적으로 상대적인 태도를 갖고 있기 때문에 절대성에 대한 이해가 부족하다고 그들은 생각했다.

감수성이 예민한 미국 학생들은 스트라우스와 같이 카리스마 있는 스승이 가르친 절대적 가치를 의심 없이 기꺼이 받아들였다. 총독의 말은 절대적이라고 믿은 히틀러 청년단이나, 코란의 모든 가르침은 신성하다고 믿는 탈레반과 다름없는 태도였다. 진보적 자유주의자를 포함해 우리 모두는 모든 사람들이 절대적인 것으로 받아들이

기를 바라는 가치를 각자 나름대로 품고 있다. 그러나 우리는 어느 누구에게도 그것을 강요할 권리는 없다는 게 내 생각이다. 보수주의자들은 이런 생각에 대해 확신이 부족한 것이라고 비난한다.

시장경제의 수호천사가 된 하이에크는 대담한 과장으로 가득 찬 《예종으로 가는 길(The Road to Serfdom)》(직역하면 '농노제로의 길' -옮긴이))을 펴냈고, 이 책은 그의 대표작으로 꼽히게 된다. '농노제'는 미국 역사에는 존재한 적도 없다. 그가 의도한 은유로서도 이 말은 적절해 보이지 않지만, 여하튼 미국에서 '예종'은 노동조합이 생겨나 노동자들에게 정치적 대항력을 부여하기 전인 19세기의 공장 노동자들에게나 적합한 말이다. 진보적 자유주의 프로그램이 미국에 도입되기 훨씬 전에는 기업합동과 독점이 판을 쳤고, 노동자들은 군대와 파업 파괴자들에 대해 이렇다 할 저항을 하지 못했다. 자유시장의 가치가 존중됐을 당시에는 미국에 예종이 없었다는 생각은 이데올로기에 눈이 먼 자들만이 할 수 있는 생각이다. 그때는 노동자들과 사용자들이 적대하던 시기였다. 공장주들은 사적으로 파업 파괴단 또는 구사대를 고용하거나 군대의 지원을 받아 노동자들의 파업행위를 분쇄했다. 당시에는 노동자들이 공장 근처에 모여 살았고, 음식과 주거 때문에 고용주에게 빚을 얻어 쓰며 삶을 이어갔다. 만약 하이에크가 유럽에서의 경험으로부터 갖게 된 반국가적 관점에 그토록 얽매이지 않았다면, 미국에서 독점적으로 소유된 부가 압도적인 힘을 휘두르고 있었다는 사실에 최소한의 관심은 가졌을 것이다. 당시 미국 연방정부는 어려움에 빠진 농민들을 구하고, 노동자들의 집단적인 협상력을 뒷받침하고, 노예제에 기인한 차별적인 제도들을 고치려고 노력했다. 그러나 다른 유럽인 망명자들과 마찬가지로 하이에

크도 이러한 미국 연방정부의 역할을 인정하지 않았다.

종종 미국 대기업들의 약탈자적 면모가 밝혀진다. 경우에 따라서는 깜짝 놀랄 정도다. 2002년에 미국 언론은 많은 미국 기업들이 "죽은 농민 법(dead peasant laws)의 혜택을 받고 있다"고 폭로했다. '죽은 농민 법'이란 기업이 직접 종업원 명의의 생명보험에 가입하면서 해당 종업원에게 그런 사실을 알리지 않아도 무방하도록 허용한 법률을 가리킨다. 이런 생명보험 계약을 체결한 고용주는 보험회사로부터 금융 혜택을 받는다. 그리고 생명보험에 가입된 종업원이 죽으면 그가 이미 퇴직을 했거나 사직을 했어도 회사가 보험금을 탄다. 종업원이 마치 회사에 소속된 소작농처럼 처리되는 것이다.

20세기의 역사를 아는 사람은 누구도 전체주의의 위험을 부인하지 않는다. 현대 국가에서도 빅브라더의 출현을 경계할 필요는 있다. 그러나 보수적 승리주의자들이 '뉴딜정책'이나 '위대한 사회'와 같은 방식의 사회복지 프로그램이나 시민의 권리를 보호하려는 입법에 히틀러식 독재에 대한 공포심을 투사하려는 것은 지나친 이데올로기적 태도임이 분명하다. 이런 태도는 우체국, 기상대, 사회보장 부서, 국립공원 등을 파시즘의 전조로 간주하는 것과 다르지 않다. 그것은 오히려 돈과 산업권력이 기업 엘리트의 수중에 지나치게 집중되는 것이 민주주의에 더 큰 위협이 된다는 사실을 간과하는 것이다.

승리주의자들이 진정으로 민주주의를 원하는지도 분명하지 않다. 때로 그들은 미천하고 비철학적인 대중이 일으키는 공포로부터 재산권과 지적인 정치 리더십을 지키기 위해서는 일종의 독재적인 통제가 필요하다는 자신들의 결론을 내세운다. 예를 들어 레오 스트라우스는 플라톤이 말한 '고귀한 거짓말'을 사회통제의 수단으로 활용할 충분한 이유가 있다고 생각했다. 그가 염두에 둔 가장 선한 거짓말은 종교였다. 스트라우스는 종교는 마약이라고 말한 마르크스와 같은 생각을 갖고 있었다. 그러나 그는 대중을 순종적으로 만들기 위해 그들에게 마약을 주는 것은 나쁘지 않다고 보았다. 승리주의자들은 마치 자신들의 지적인 자격을 자랑하는 듯한 태도로 정치적 엘리트주의를 즐긴다. 그들은 진보적 자유주의자들과의 계속적인 토론에서 미국이 지향해온 것은 민주주의가 아니라 공화제라고 주장한다. 그들이 말하는 공화제란 권력이 대중에게 직접 속하는 것이 아니라 책임 있는 대표자들에게 위임되는 것을 의미한다. 권력이 대중에 직접 속하는 것과 대표자들에게 위임되는 것은 큰 차이가 있으며, 미국의 정치체제에서 이 문제는 매우 중요한 부분이다. 사실 미국의 각급 정부구조에는 직접민주주의 규정이 별로 없다. 선출된 대표자가 민의를 대변하는 체제가 압도적인 규칙으로 돼 있다. 미국의 어떤 주에서는 주민들이 직접 법안을 발의해서 통과시킬 수 있다. 어떤 주에서는 정치 지도자와 판사가 주민들에 의해 소환당하기도 한다. 그러나 이런 직접민주주의 요소들은 상대적으로 부차적인 정치현상에 그치고 있다. 그렇다 하더라도 승리주의자들이 거듭해서 민주주의는 미국적인 것이 아니라고 주장하는 것은 그들의 진정한 의도가 무엇인지 의심하게 한다.

승리주의자들이 진보적 자유주의자들에게 퍼붓는 파괴적인 분노는 대단히 시사적이다. 그런 태도는 그들이 균형감각과 역사적 통찰력을 결여하고 있음을 보여준다. 그들은 정부의 규제기관과 복지 프로그램은 애초부터 생겨나서는 안 되는 것이었다고 주장할 정도다. 이처럼 진보적 자유주의에 대한 그들의 반대는 절대적이고 극단적이다. 그들의 원칙에 조금이라도 벗어난 사람들은 마르크스주의를 신봉하는 최악의 적인 것처럼 다루어진다. 부시 대통령이 백악관에 들어간 첫 날부터 미국의 외교정책을 지배하게 된 사고방식은 '누구든 우리 편 아니면 적'이라는 것이었다. 이런 사고방식은 부시의 승리주의 보좌진이 대외정책은 물론 국내정책에서도 추구하는 불관용과 철저한 극단주의에서 나온 것이다. 승리주의자들은 한때 공산주의의 위협에 쏟았던 증오를 이제는 그들이 '미국병'의 원인이라고 보는 진보적 자유주의자들에게 집중시키고 있다. 승리주의자들은 반드시 맞서 싸울 적이 있어야 하는 사람들이며, 그 적은 '절대 악'이라고 생각하는 사람들이다.

미국의 진보적 자유주의자들이 지질렀다고 승리주의자들이 생각하는, 용서받지 못할 죄라는 것이 과연 무엇인가? 부는 보다 더 평등하게 분배돼야 하고, 이를 위해 누진세 제도가 이용돼야 하고, 정부는 복지 프로그램을 통해 국민의 생활을 더욱 안정시켜야 하고, 시장은 공공의 이익을 위해 규제돼야 한다고 믿는 게 그들이 말하는 진보적 자유주의자들의 죄목이다. 그런데 그 내용은 얼마나 온건한 목적들인가? 따분하다고까지 말할 수 있을 정도다. 진보적 자유주의는 신나는 것도 극적인 것도 아니다. 잔뜩 부풀린 이데올로기처럼 열정적이지도 않고, 위대한 철학과 같은 우아함도 없다. 진보적 자유주의는 현실에서 나타나는 부정의와 불균형을 시정하기 위해 고안된 장비들의 모음이다. 진보적 자유주의자로서 나는 이런 장비들이 어떤 때는 작동하지 않을 수도 있다는 점을 누구보다 먼저 인정한다. 그것들은 비용이 많이 들지만 비효율적이다. 경우에 따라서는 그 장비들을 고쳐 쓰거나 아예 버려야 한다. 대규모의 작업들이 흔히 그렇듯 진보적 자유주의 프로그램 역시 비합리적이고 부풀려진 관료제를 낳는 경향이 있다. 그러나 이런 점은 대기업의 경우도 마찬가지다. 진보적 자유주의의 목표들에 대해 그 일부나 전부를 거부하는 사람들도 있을 것이다. 그러나 진보적 자유주의의 의제들은 최소한 200년 이상에 걸쳐 그 의도가 솔직하게 공개돼 왔다. 진보적 자유주의는 이상한 것도 새로운 것도 아니다. 그것은 탁월한 가치나 신성한 진리에 기반을 둔 양허세를 부리는 것과는 거리가 먼 미국 정치문화의 주된 흐름이다.

그러나 승리주의자들이 진보적 자유주의를 상대로 싸우고자 하는 열정은 마치 이단을 뿌리 뽑으려는 종교재판과 흡사할 정도다. 우익 운동가이며 '세제개혁을 위한 미국인 연대' 의 회장인 그로버 노퀴스트는 진보적 자유주의 단체들의 자금원을 차단해야 한다면서 이렇게 말했다. "우리는 그들을 하나하나 살펴서 그들의 자금원을 박멸할 것이다." 우익 언론인인 앤 쿨터는 2차 걸프전에 반대하는 진보적 자유주의자들을 반역자라고 비난했다. 그녀는 마치 1950년대에 공산당에 너무 관대하다는 이유로 진보적 자유주의자들을 반역자라고 비난한 조지프 매카시 상원의원을 연상케 한다. 그녀가 보기에 진보적 자유주의의 원죄는 50년 전 매카시의 실각으로 거슬러 올라간다. 매카시와 마찬가지로 쿨터와 많은 승리주의자들의 목표는 단지 선거에 이기는 것만이 아니다. 그들은 반대파를 완전히 제거하고자 한다. 일당 정치체제에 대한 갈망보다 더 전체주의적인 경향이 있을까?

승리주의자들이 볼 때 시장, 경쟁, 견실한 중산층 도덕을 진보적 자유주의자들이 무시하는 태도는 '가치에 대한 전쟁' 의 수준에 이르렀다. 가치는 미국 우익의 고유한 영역이다. 가치, 보다 정확히 말하면 '그들의 가치' 는 존중돼야 하고 절대시돼야 한다. 진보적 자유주의와 예술의 동맹만큼 승리주의자들의 감정을 건드리는 것은 없다. 진보적 자유주의와 예술의 동맹은 표현의 자유라는 깃발 아래 도덕적 절대주의를 훼손하고 있다고 보수주의자들은 생각한다. 진보적 자유주의자와 예술가의 동맹은 1930년대의 루스벨트 행정부 시절에 시행된 '연방 예술 프로젝트(Federal Arts Project)' 이래 오랫동안 이어져 내려왔다. 적어도 보수주의자들은 그렇게 생각한다. 도대체 예술가란 어떤 자들인가? 그들은 떠돌이 부랑자들이고, 난봉꾼들이고, 무신론자들이다. 1960년대에 진보적 자유주의자들은 '전국 예술재단(National Endowment for the Arts)' 이라는 것을 만들었는데, 이 재단은 결국 혐오스럽고 외설적인 작품에 돈줄이 됐다. 승리주의자들은 이런 모든 것들과 함께 미국 정치의 진보진영도 동시에 없애 버려야 한다고 주장한다.

보수주의와 지식인

미국의 보수주의자들은 늘 국가에 의한 통제를 반대했지만, 최근 수년 동안에는 유례가 없을 정도로 정치에 많은 지적 협력을 제공했다. 1980년대 이후 보수주의에 놀라운 일이 일어났다. 그것은 보수주의의 두뇌가 커진 것이다. 20세기의 초반과 중반만 해도 지식은 진보진영의 전유물이었다. 시어도어 루스벨트 대통령 시절의 진보적 자유주의 운동은 도서와 잡지, 학술연구와 격렬한 논쟁이라는 형태의 운동이었다. 진보적 자유주의자들은 지성을 정치에 도입하는 데 열성적이었다. 그들은 연방과 주 정부에 설치되는 새로운 규제위원회들에 학계 전문가를 공급했다. 그 뒤 진보적 자유주의자들은 대학과 강한 연대 관계를 발전시켰다. 이에 비해 주로 기업공동체 출신이었던 보수진영은 혁명까지는 아니더라도 개혁을 줄기차게 요구하는 학자들과 적대적인 관계에 있었다. 즉 지성은 부의 적이었다. 보수주의자는 흔히 지성이나 사상에는 관심이 없는 속물이라고 여겨지기도 했다. 문학작품에서도 미국의 우익은 마치 소설가 싱클레어 루이스의 《바비트(Babbitt)》에서 풍자된 한심스런 자들과 같은 사람들로 가득 찬 집단으로 묘사됐다. 그리고 그런 자들이 이끄는 사회를 가리키는 말로 '얼간이 민주주의(boobocracy)' 라는 신조어가 생겨나기도 했다.

1930년대에 루스벨트의 뉴딜정책은 주로 예술과 문학 프로그램을 통해 진보적 자유주의에 동조하는 더 많은 지식인들을 끌어들였다. 루스벨트는 주로 대학교수로 구성된 두뇌집단에 둘러싸이는 것을 자랑스럽게 생각했다. 20세기 중반에 아이비리그의 엘리트 사립학교들을 비롯해 미국의 대학, 언론, 지식인 사회를 지배한 정신은 좌파 사상이었다. 진보진영은 여론에 영향력을 미칠 수 있는 매체를 발행했고, 새로운 아이디어와 사회적 프로그램을 만들어내는 연구소와 싱크탱크들을 주도했다. 진보진영의 극좌파 중 일부는 마르크스주의자가 되기도 했다. 나중에 소련을 비난하고 공산주의적 방법에 심각한 한계가 있다고 토로한 사람들도 자신들의 정치학 또는 경제학적 저술에서는 마르크스 이론에 경건한 공감을 표시하곤 했다. 급진좌익 사상의 다양한 분파들이 내세우는 주장과 그 복잡한 역사를 안다는 것은 정치적으로 세련됐다는 표시이기도 했다.

그러나 1970년대 이후 상황이 급변했다. 기업공동체가 두뇌집단에 엄청난 투자를 하기 시작했다. 기업공동체는 여론에 영향을 미치는 매체를 창간하고 책의 저술과 출판을 지원했다. 무엇보다 그들은 기금을 만들고 충분한 자금을 바탕으로 정치적 클럽이나 조직을 통해 대학생들을 끌어당겼다. 오늘날 미국은 기업 자금으로 운영되는 보수적 싱크탱크들로 넘쳐난다. 그런 곳에서는 에드먼드 버크*나 연방주의자들의 글귀를 인용한, 보수적 분석가들의 책과 논문을 얼마든지 볼 수 있다. 윌리엄 버클리나 조지 윌 같은 보수적 언론인들이 주도한 거창한 단어, 둘둘 꼬인 문장, 점잔 빼는 논조의 문체는 우익 저술가들 사이에서 각자 자신의 지적 수준을 과시하는 수단이 됐다. 최근 모든 종류의 잡지들이 운영에 점점 더 어려움을 겪고 있지만, 보수적 언론 매체의 수는 눈에 띄게 증가했다. 오늘날 재단의 보조금과 사기업의 후원 없이는 이러한 진지한 정치 출판물도 살아남을 수 없다.

보수주의자들이 지적인 논쟁에 참여하기를 원한다면 그것은 아주 좋은 일이다. 그러나 진보진영이 오래 전에 배웠듯이 지고한 가치와 인생의 목적을 다루는 거창한 사상은 사람들을 자기도취에 빠뜨릴 수 있다. 사람들은 어떤 사상을 이야기하면서 마치 자기가 플라톤, 로크, 헤겔의 권위를 갖고 있는 것처럼 행세한다. 그 결과는 숨 막히는 거만함으로 이어진다. 오늘날 보수 진영의 저술을 읽다보면 그들만의 사상이 압도적인 비중을 차지하면서 상식이나 단순한 진리를 대체해 버린다는 점을 알게 된다. 그런 지점에 이르면 사상은 이데올로기로 굳어진다. 여기서 내가 말한 이데올로기란 경험은 무시되고, 공격될 수 없는 원리들과 그것으로부터 유도된, 반박될 수 없는 연역적 결론들로 구성된 자폐적 체계를 가리킨다.

---

* 영국 보수주의 이론가로, 1790년에《프랑스혁명에 관한 고찰》을 써서 혁명의 과격화를 경고했다.

이런 보수주의자들의 노력은 과거 활발한 정치잡지의 시대를 열었던 진보적 좌익문화에 견줄 만한, 보수적 지식인들 나름의 신전을 만들려는 시도로 볼 수 있다. 과거 진보적 자유주의자들은 〈파티전 리뷰(Partisan Review)〉, 〈코멘터리(Commentary)〉, 〈뉴 매시스(New Masses)〉, 〈디센트(Dissent)〉와 같은 주목할 만한 정치잡지들을 발간했다. 그러나 이런 진보적 잡지들도 박학다식을 가식적으로 과시하는 오류에 빠졌다. 보수주의자들이 구축하려는 새로운 신전에서는 단순한 경제학자를 넘어 우리 시대의 위대한 철학자로까지 칭송되는 하이에크가 과거에 존 듀이가 누리던 자리를 대신 차지하고, 레오 스트라우스가 라이오넬 트릴링*을 밀어내며, 조지 윌이 우익 진영의 월터 리프먼**이 되고 있다.

그러나 보수주의 지성이 제 아무리 장황한 각주와 참고문헌 목록으로 치장한다 하더라도 그것은 이미 막강한 기업 엘리트의 돈과 특혜를 유지하고 강화하는 것에 불과하다. 이런 점을 인식한다면 위에서 내가 말한 이데올로기적 대비란 우스꽝스러운 것이다. 그리고 이런 측면에서 우리는 좌익과 우익 사이에 또 하나의 차이점을 발견한다. 진보적 자유주의자와 좌익 작가들은 노동조합이나 실업자로부터 두둑한 보수를 챙기지 못한다. 가난한 자들과 어려움에 처한 자들을 위해 자신의 마음을 다 바치는 사람들은 결코 부자가 될 수 없다. 반면 미국의 우익들은 그들의 이익을 지켜주는 정치인, 언론인, 변호사를 충분히 살 수 있을 정도로 부유하다. 에인 랜드는 미국에서 추종 세력을 거느린 우익 지식인들 가운데서 가장 솔직한 사람일 것이다.

---

* 저명한 문학가이자 평론가.
** 평론가이자 칼럼니스트. 1947년에 '냉전(Cold War)'이라는 용어를 처음 사용했다.

그녀는 자본가들의 부야말로 볼셰비즘에 대항할 수 있는 유일하게 확실한 수단이라고 믿으며, 자신은 돈을 숭배한다고 솔직하게 털어 놓았다. 그녀가 보기에 정치는 무엇보다 돈이 좌우하며, 돈보다 앞서는 것은 없다.

가난한 취업주부를 위해 육아시설을 제공하거나 노인들을 위해 의료비 보조를 하는 것과 같은 실질적인 쟁점들에 대한 승리주의자들의 입장은 무엇일까? 곤궁한 시민들을 도우려는 프로그램에 대해 보수적 전문가들은 자유를 해치는 것이라고 격렬하게 비난한다. 나는 보수주의자들에게서 그런 거들먹거리는 철학적 수사를 들을 때면 디킨스의 소설 《크리스마스 캐럴》에 나오는 수전노 스크루지 영감의 고함치는 장광설을 연상한다. 더욱이 승리주의자들의 모든 관심사가 주요 기업들의 기부에 좌우됨을 알게 되면 그들의 지적인 과장이 순전한 사기임을 명백하게 알게 된다. 기업의 돈이 없다면 보수주의 후보자는 선거를 치를 수 없고, 우익 정책들은 실행될 수 없다. 플라톤이나 스피노자가 추구한 궁극적인 진실이 코포라도들에게는 어떤 의미를 가질까? 정확하게 말하자면 아무런 의미도 없다. CEO들에게는 자신이 휘두를 영향력을 사는 데 필요한 돈만 중요하다. 보수적 지식인들도 위대한 사상을 기업 수전노의 발 앞에 놓을 때는 당혹감을 느낄 것이다. 그러나 그들에게 가장 필요로 하는 덕목은 그런 당혹감을 스스로 억누르는 능력일 것이다.

스트라우스의 사도인 승리주의자들은 모순과 혼란으로 가득 차 있다. 그들은 지식 우위의 특권을 비밀스럽게 열망한다. 그러나 공개적으로는 자신들이 대중적 호소력을 갖고 있다고 주장한다. 승리주의자들은 속으로는 권력을 잡기 위해 어떤 더러운 속임수도 비밀스

럽게 쓸 권리가 있다고 믿는다. 그러나 공개적으로는 미덕을 사랑한
다고 떠들어댄다. 그들은 미국 건국의 아버지들이 갖고 있었던 가장
기본적인 가정들, 그리고 미국 탄생에 전체적인 배경이 됐던 계몽주
의적 세계관을 '인간과 자연에 관한 절대적 진리에서 벗어난 급진적
인 사상'이라고 암암리에 생각한다. 그러나 공개적으로는 스스로 애
국자임을 강조한다. 그들은 평등주의를 비밀스럽게 부정하지만 공개
적으로는 대중을 대변한다고 주장한다. 그들은 속으로는 종교를 나
약한 인간이 믿는 미신으로 무시하지만 공개적으로는 성경 근본주의
자와 예언적 복음주의자들과 손을 잡는다.

　이런 혼란스러움이 교육받은 자의 합리적인 모습이라고 말할 수
있겠는가? 그것은 사회적 출세를 위한 위선이다. 승리주의자들은 권
력에 대한 욕심 때문에 자신들의 원칙을 스스로 비웃음거리로 만든
다. 기회가 주어지면 그들은 레이건이나 부시 같은 미국 역사상 가장
어리석은 정치인의 연설 원고를 작성해주거나 그들에게 조언해 주는
일을 기꺼이 떠맡는다. 그들은 사회적 프로그램이나 사회적 제도보
다는 개인적 특성에 우선순위를 둔다. 그러나 그들은 미국 역사상 가
장 형편없는 기업 범죄자들에게 신세지고 있는 정당을 위해 일한다.
그들은 종교를 대중의 아편이라고 보지만, 복음주의 유권자들의 표
를 얻기 위해서는 종교에 아부하는 자들에 대한 자신들의 경멸감을
감춘다. 결국 이런 그들의 태도 가운데 어느 것이 플라톤의 철학, 비
전의 가르침, 궁극적인 진리와 관련성이 있을까? 정치인들이 사기와
속임수와 혼돈을 정당화하거나 정략적인 거래를 하기 위해 플라톤을
필요로 한 적이 있었던가? 새로운 승리주의자들은 레오 스트라우스
를 애써 배우지만, 부정직한 정당의 우두머리들은 모두가 타고난 스

트라우스주의자다.

승리주의 지식인들이 갖고 있는 가장 기이한 측면은 비전의 가르침에 대한 집착이다. 이는 스트라우스로부터 물려받은 것이다. 스트라우스가 가장 신뢰했을 만한 제자들의 설명을 우리가 그대로 받아들인다면, 스트라우스는 자신이 인생을 다 바쳐 연구한 고전 텍스트 속에 뭔가 숨겨진 의미가 있다고 믿었다. 그는 오직 재능 있는 소수만이 올바로 파악해낼 수 가르침이 복잡한 수식기호 뒤에 숨겨져 있는 것도 알아내기도 했다. 그런 숨겨진 가르침은 너무나 폭발적인 것이기 때문에 지성이 모자란 사람들에게 알려져서는 안 된다. 어떤 내가를 치르더라도 어리석은 무리에게 플라톤이 진실로 이야기한 것이 무엇인지를 알려서는 안 된다. 그럼에도 스트라우스의 제자들이 스승의 숨겨진 가르침을 드러내 밝히는 것에 대해 두려워하는 모습은 우스꽝스럽다. 어쨌든 스트라우스만큼 대중에게 잘 알려지지 않은 저술가도 드물다. 세미나에 참석한 전공 대학원생들을 제외하고는 그의 저술에 대해 잠깐이라도 주목할 사람은 거의 없다. 그의 저술은 지극히 현학적이다. 그가 일생을 바쳐 그 의미를 밝혀내려고 노력한 플라톤, 루크레티우스, 아리스토텔레스, 마키아벨리, 스피노자의 저술들과 마찬가지로 그의 모든 저술도 문장이 치밀하고 교묘하며 복잡하다. 학술적인 측면에서도 스트라우스를 제대로 이해하기란 매우 벅차고 힘들다. 그렇다고 해서 그의 사고의 깊이와 통찰력을 의문시하려는 것은 아니다. 스트라우스의 말대로 "철학자는 소수에게 진리인 것을 대중에게 표현하는, 특별한 글쓰기 방법을 채택해야 한다"고 한다면, 바로 그 자신이야말로 그 '특별한 글쓰기 방법' 에 숙달된 사람이었다.

비밀스러움에 대한 스트라우스의 취향은 그의 제자들이 정치권에 들어갔을 때 휘두를 영향력을 고려하면 아주 불길한 것이다. 그들이 겉으로 드러나지 않고 일하는 관료가 될 경우에 더욱 그렇다. 스트라우스는 어리석은 대중을 위해 더 나은 세상을 만드는 일을 하면서 손을 더럽힐 준비가 돼 있는 지도자, 즉 니체가 말한 '슈퍼맨'이 이 사회에 존재해야 한다고 믿었다. 이런 그의 사상이 전통적 도덕을 기꺼이 무시할 수 있는 정치적 야망가들에게 받아들여지면 위험하다. 스트라우스의 에세이 《독재에 대하여(On Tyranny)》(1963)를 예로 들어보자. "무력과 사기와 수많은 범죄를 통해 권력을 얻은 독재자는 합리적인 사람들의 제안을 경청한다. 그런 독재자의 통치는 정당하게 선출된 공직자들에 의한 정부보다 기본적으로 더 많은 정당성을 갖는다." 이는 사악하고 타락한 독재자라도 지적으로 뛰어난 사람들의 자문을 기꺼이 받아들인다면 괜찮은 지도자가 될 수 있다는 뜻이다. 여기서 스트라우스의 의도가 무엇인지는 애매하다. 그는 단순히 그리스 철학자 크세노폰에게서 배운 재미있는 생각으로 유희를 한 것인지도 모른다. 그러나 나는 이 구절을 읽었을 때 거의 피가 멎는 것 같은 느낌을 가졌다. 스트라우스가 니체의 사상을 내세우고, 그 배후에서 그가 학생들을 가르친다. 스트라우스의 제자인 승리주의 정책 입안자들은 미국을 전쟁으로 몰아가는 거짓말을 만들어내면서 마치 그들이 그렇게 할 권한을 부여받은 듯 행동하고 있다. 미국의 대외 정책을 이끌어나가는, 스스로 스트라우스의 슈퍼맨이 되고자 하는 자들을 단지 우스꽝스럽다는 이유로 무시해버릴 수는 없다. 불행하게도 그들은 전 세계에 너무나 많은 해악을 끼칠 수 있는 위치에 있기 때문이다.

극단적 우익

다른 선진 사회들의 기준에서 보면 미국의 승리주의자들은 하나의 이데올로기적 극단을 대표한다. 유럽에서는 오로지 공개적으로, 특히 이민과 관련해 인종주의를 표방하는 집단만이 극우로 간주된다. 그런 집단은 미국에도 존재하며, 그들은 '미국 제일주의'의 천박한 대중주의 형태를 띠고 있다. 이런 목소리를 대표적으로 대변하는 인물은 레이건 행정부 시절에 공보국장이었던 패트릭 뷰캐넌이다. 그의 정책 방향은 고립주의와 보호주의다. 이런 그의 노선은 1964년 공화당 대통령 후보였던 배리 골드워터 상원의원으로 거슬러 올라가는 극우 보수주의의 한 변형이다. 뷰캐넌은 최근까지도 대통령 선거 경쟁에 나섰지만, 그의 추종자들은 승리주의자들에 의해 밀려났다. 미국 정치에 존재하는 많은 유형의 우익들은 승리주의자들과 기묘하고도 어색한 협력관계를 유지하고 있다. 미국 국내정치에서 승리주의자들이 주도권을 잡게 되면서 나타난 한 가지 예기치 못한 결과는, 정부의 기능을 완전히 없애버리자고 주장하는 광적인 우익이 힘을 얻고, 어느 정도는 대중으로부터 인정까지 받게 됐다는 점이다.

승리주의자들은 거대한 정부에 대해 갖가지 적대적인 말들을 쏟아내지만, 그들 역시 정부의 지배자가 되고자 한다. 그들은 행정부 안에서 자리를 확보하고, 거기서 정책을 만들고자 한다. 그들은 말로는 정부의 축소를 외치지만, 실제로 그들이 지향하는 것은 일종의 현실정치(Realpolitik)이지 연방권력의 파괴가 아니다. 승리주의자들은 연방정부를 그대로 접수하고, 세계적인 패권을 만드는 데 그것을 이용하려고 한다. 그들은 이런 목표를 달성하기 위해 강력하고 압도적인 정부를 만드는 데 몰두한다. 그들은 의회의 조세 부과권과 대통령의 행정권을 휘둘러 무시무시한 군사력과 정보력을 구축하고 유지하기를 원한다. 사실 부시 대통령이 취임한 뒤 승리주의자들이 맨 처음으로 한 결정적인 행동은 그들 자신의 극비 부서인 특수기획국(Office of Special Plans)을 만든 것이었다. 이 부서의 책임자는 스트라우스의 사도인 애브람 슐스키다. 승리주의자들은 그들이 하고자 하는 일과 관련해 중앙정보국을 믿을 수가 없다고 생각했다. 그래서 그들은 거의 크렘린 방식의 냉정하고 독자적인 방식으로 '테러와의 전쟁' 관련 정보를 수집하고 확인하는 길을 찾아낸 것이다. 그들이 채택한 방법은 정보 분야에서 '버찌 따기(cherry picking)'라고 불리는 것이었다. 그들은 특수기획국을 통해 이라크와 전쟁을 벌이는 데 필요한, 과장과 거짓으로 가득 찬 사례들을 모았다. 그들에게 가장 우선적인 정보 소스는 아마드 찰라비가 이끄는 망명자 그룹인 '이라크 국가회의'였다. 승리주의자들은 워싱턴을 수년간 배회하던 그림자 같은 인물인 찰라비를 새 이라크 정부의 핵심 인물로 선택했다. 이라크 침공이 시작된 직후 승리주의자들은 코미디 같은 작전을 벌였다. 그것은 찰라비를 용병들과 함께 이라크로 몰래 들여보낸 것이었다. 그가 이라크 안에서 저항운동을 조직하도록 하고, 그런 활동을 통해 그가 이라크의 대통령이 되기를 원한 것이었다. 찰라비가 공언했던 저항운동은 흐지부지 실패했지만, 어쨌든 찰라비는 승리주의자들이 바그다드에 심어놓은 '우리 사람'이 됐다.

다른 보수주의자들은 승리주의자들이 절대적 권력의 망상에 빠졌다는 점에서 그들을 친구로 여기지 않는다. 승리주의자들의 외교정책이 1차대전 때 국제관계의 도덕적 조정자 역할을 하려고 했던 진보적 민주당 대통령 우드로 윌슨 방식으로 가고 있다고 생각하는 사람들도 있다. 어떤 이들은 이보다 어두운 견해를 피력한다. 비관적인 관찰자들은 승리주의자들이 2차대전 이후 스탈린주의나 트로츠키주의의 마법에서 깨어난 자들이 보수주의에 들여온 독재주의와 닮은꼴이라고 본다. 강철 같은 당 규율이 필요하다고 믿었던 과거의 좌파 세력이 지금 미국의 신보수주의 운동에 많이 포함돼 있다는 것은 놀라운 사실이다. 극좌파의 입장을 버리고 정치 스펙트럼상 보수주의로 넘어온 그들은 진보적 자유주의자들이 공산주의에 너무 관대하다고 비난했다. 스탈린의 노선을 받아들일 정도로 어수룩했던 과거의 좌익들이 지금에 와서 진보적 자유주의를 비난하는 것은 설득력이 없다. 승리주의자들의 은밀함과 파당적 스타일이 근본적으로 어디서 연유했는가와 상관없이 보수주의자들은 승리주의자들의 힘의 정치에 난색을 표하고 있다. 그러나 공화당은 아직 이들의 지원을 간절히 바라고 있다. 이들 중 공화당에게 가장 중요한 부분은 자유지상주의자(libertarian)들과 준군사주의자(paramilitarist)들이다.

자유지상주의자들은 전국적으로 후보를 내는 정당처럼 조직돼 있다. 그들은 공직에 후보를 내지만, 사회안정 유지를 위한 경찰기능과 국방을 위한 군대의 수준을 넘는 모든 정부기능을 거부한다. 그들의 뜻대로 된다면 미국은 다시 한번 과거의 산업시대와 같은 사회적 정글이 될 것이다. 자유지상주의자들은 자본주의적 무정부 상태를 막는 어떠한 타협도 전체주의 국가로 가는 길이라고 주장한다. 한마디로 자유지상주의자들은 스스로의 생존을 위해 싸우는 것은 자유사회를 사는 모든 시민들의 의무라고 믿는, 사회적 다위니즘의 최대 신봉자들이다. 자유지상주의자들은 복지 프로그램과 정부의 규제를 없애야 한다고 적극 주장한다. 그러나 그들이 주장하는 것이 영웅적인 자립성이라고 생각하기는 힘들다. 그들 대부분은 볼품없는 개인의 역할에 확신을 갖지 못한 학자나 교수들이다. 하지만 그들이 우체국 앞에서 길게 줄을 서는 것 외에 정부로부터 억압이나 부당한 대우를 받은 적이 있을까? 자유지상주의자들은 권한이 제한된 정부의 정당성을 잘 포장하지만 그들의 주장은 아주 산만하다. 그들은 국방을 제외하고는 어떤 것을 위한 세금도 모두 폐지한다는 단순한 목표를 가진 반 조세주의 운동가들과 연대하는 데 주저하지 않는다.

겉으로 보기에는 권력을 추구하는 승리주의자들과 권력을 극도로 기피하는 자유지상주의자들의 연대는 불가능해 보인다. 자유지상주의 이념이 실현된다면 세계패권을 향한 승리주의자들의 거대한 구상은 불구가 돼버리기 때문이다. 그러나 승리주의자들과 자유지상주의자들은 중요한 사실에 의해 연결돼 있다. 승리주의자들의 지적 신전에 들어갈 주요 인물들 가운데 일부가 거의 자유지상주의자들이며, 그 가운데는 프리드리히 하이에크와 그의 사도이자 노벨상 수상 경제학자인 밀턴 프리드먼이 있다. 진보적 자유주의 경제학에 대한 하이에크의 비판은 승리주의자들에게 너무나 중요하기 때문에 그들이 하이에크를 떠나는 것은 생각도 할 수 없다. 하지만 하이에크가 승리주의자들의 제국주의적 견해나 그에 수반되는 군사적 장치들에 찬성할지는 명백하지 않다. 프리드먼도 승리주의자들의 입장을 그다지 지지하지 않았다. 국방부보다 더 크고, 더 많은 돈을 쓰고, 더 자기 잇속만 차리는 관료조직은 워싱턴에 없다. 국방부의 예산과 행정조직은 연방정부의 다른 모든 부서들을 왜소하게 보이게 한다. 국방부의 낭비는 실로 전설적이다. 펜타곤은 크고 비싸고 비밀스런 정부의 정수다. 승리주의자들이 일을 벌이는 주된 무대는 국방부 외에 중앙정보국, 연방수사국 등 다양한 정보기구들이 있다. 이런 부서나 기구들은 개인의 자유를 위태롭게 한다. 이 점은 승리주의자들과 자유지상주의자들의 동맹을 불안하게 한다. 그러나 자유지상주의자들의 사상이 공식화되고 대중화되는 데 가장 큰 기여를 한 것은 승리주의자들의 부상이었던 게 틀림없다.

보다 더 주목할 만한 것은 미국에서 가장 극단적이고 망상적인 보수주의 세력인 우익 준군사주의자들과 승리주의자들 사이에서 발전된 이상한 관계다. 준군사주의적 보수주의자들은 미국 수정헌법 2조를 과장되게 해석한다. 수정헌법 2조는 무기 소지의 권리를 침해하는 법률을 의회가 만들 수 없도록 규정하고 있다. 이 조항이 헌법에 들어가게 된 것은 18세기 시민병의 역할과 관련해서였다. 그러나 무기 애호가들은 자동소총, 수류탄, 대탱크 무기, 심지어는 미사일까지도 소지할 권리를 헌법이 보호한다고 주장한다. 특히 미국에서 가장 강력한 로비집단 중 하나인 전국소총협회(National Rifle Association)는 수정헌법 2조에 대한 이런 극단적인 해석에 각별한 관심을 갖고 있다.

전국소총협회는 '단일관심 정치(single-issue politics)'의 정수를 보여준다. 단일관심 정치란 다른 모든 문제들은 무시해 버리고 단 하나의 목표에 가치를 부여하는 것이다. 전국소총협회는 충분한 자금과 정치적 솜씨를 갖추고 있어 선거에도 중대한 영향력을 행사한다. 이 협회는 공화당의 소중한 지원세력이 됐다. 전국소총협회가 내세우는 단 하나의 목표는 개인무기 소지에 대한 규제는 물론, 전쟁터에서나 사용할 목적으로 만들어진 무기의 소지에 대한 규제도 제거하거나 방해하는 것이다. 조직폭력 단체를 포함한 미국의 어떤 단체도 이 협회만큼 미국 도시들에 자동소총과 총알이 넘쳐나게 한 데 책임이 큰 단체는 없다. 이 협회가 그러모은 지지세력은 너무나 광적이어서, 진보적 정치인들조차 그들에 반대하는 정책을 추진하기를 포기했다. 민주당 후보를 포함한 모든 대통령 후보들은 총을 소유하는 것을 반대하지 않는다는 표시로 사냥총이나 소총을 들고 사진을 찍는 것이 거의 필수처럼 됐다.

이런 광적인 열정은 어디서 나오는 것일까? 미국인들, 특히 도시화되지 않은 서부 각 주 주민들에게는 어릿광대나 품음직한 향수가 있다. 그들은 카우보이의 이미지와 개척주의의 자립의식, 여러 세대에 걸쳐 미국 어린이들이 자라면서 보아온 총잡이의 신비감에 집착한다. 미국에서는 준군사주의자들의 집단이 주말마다 의용군을 가장해 산속이나 들판에서 게릴라 훈련을 하는 모습을 흔히 볼 수 있다. 그들은 오직 무장한 국민만이 자유를 누릴 수 있다고 확신한다. 그들의 이런 생각은 비현실적인 환상일지는 모르지만 많은 미국인들에게 실제적인 영향을 끼친다. 그들은 정부 프로그램이 시민을 억압하려는 야비하고 반역적인 의도에서 나온 것이라고 주장함으로써 여론의 지지를 얻으려고 한다.

전국소총협회는 총기를 규제하려는 그 어떤 시도도 행정부 독재의 전주곡이라고 믿는 수많은 미국인들을 대변한다. 준군사주의적 보수주의자들은 연방수사국(FBI)이나 주류담배무기국(BATF; Bureau of Alcohol, Tobacco, and Firearms)과 같은 정부기관들은 비밀경찰과 다를 게 없다고 여긴다. 그래서 그런 법집행 기관들에 대항하기 위해 그들은 스스로 무장해야 한다는 생각을 갖고 있다. 그들이 그런 어떤 시나리오에서는 흑인과 유태인이 미국인들을 무장해제시키고 노예화하려는 정부의 노력을 뒷받침하고 있다고 간주한다. 어떤 사람들은 유엔을 이런 음모의 주된 혐의자로 지목한다. 그리고 일부는 유엔 소속의 은밀한 헬리콥터 편대가 자기 집을 24시간 감시하고 있다고 주장하기도 한다.

역설적인 것은, 준군사주의적 보수주의자들의 애국적 허장성세에도 불구하고 그들은 알 카에다 못지않은 테러리스트가 될 수 있다는 점이다. 9.11 테러 이전에 미국에서 벌어진 가장 파괴적인 테러행위는 168명의 목숨을 앗아간 1995년 4월의 오클라호마시 연방건물 폭파사건이었다. 공격을 감행한 범인은 불만에 기득 찬 우익 군사조직 멤버였다. 그의 목적은 연방수사국과 주류담배무기국이 2년 전 같은 날에 텍사스 와코(Waco)에 있던 자칭 다윗파 복음교회를 습격한데 대해 보복을 하겠다는 것이었다. 연방수사국은 불법 무기소지 혐의로 이 사교집단을 습격했다. 그런데 습격과정에서 사교집단이 은신해 있던 건물에 불이 붙는 바람에 발생한 화재로 여성과 아이들 76명이 죽었다. 이것은 용납될 수 없는 사건이었지만, 조사 결과 습격과정에서 잘못은 없었다는 결론이 내려졌다. 결국 단 한명의 연방 조사요원도 파면되거나 징계되지 않았다. 범인인 티모시 맥베인은 이런 정부의 처리에 불만을 품고 오클라호마시 폭파사건을 일으켰던 것이다.

준군사주의적 보수주의자들은 스스로 반정부적이라고 생각하지 않는다. 그들은 자신들이야말로 헌법을 수호하려는 사람들이라고 자부한다. 그러나 헌법에 대한 그들의 해석은 완전히 부정적이다. 그들은 정부가 세금을 거두거나 사회적 문제를 다룰 권한을 인정하지 않는다. 심지어 어떤 준군사주의 집단은 관습법만 적용되는 대체 사법시스템을 도입하자고 주장한다. 관습법에 대한 그들의 해석은 떠돌이 총잡이가 지배하는 동네 법정이나 사적 재판과 다를 게 없다. 일부 변경지역에서 활동하는 준군사주의 집단은 자신이 조직한 민병대에 특별 사법권한을 부여해야 한다고 주장한다. 이들의 행동은 지방행정관이나 연방기구들에 대한 협박이다. 그리고 그 결과는 정부에 대한 불신을 미국 사회에 널리 퍼지게 하는 것이다. 그리고 이렇게 부추겨진 불신은 승리주의자들의 이익에 안성맞춤으로 도움이 된다.

넘치는 피해망상증

준군사주의적 우익 세력이 퍼뜨리는 것과 같은 반정부 시나리오는 미국에서 부차적인 현상이 아니다. 1963년 케네디 암살 이래 미국은 음모론의 온상이 됐다. 이는 미국 사회가 자기 자신에 대한 확신을 잃어간다는 확실한 표시다. 인터넷 웹사이트나 채팅룸에서 포르노와 도박 다음으로 즐겨 다루어지는 주제는 음모론이다. 지난 수십 년 동안 정부가 얼마나 많은 은밀한 행위를 해왔는지를 미국인들이 알게 됨에 따라 음모론 피해망상증은 아예 정치분석의 표준적 개념 중 하나가 됐다.

냉전과 더불어 극단적인 의심이 거의 일상화됐다. 주로 비밀작전의 형태로 정부가 벌인 많은 일들이 그런 의심의 확산을 뒷받침했다. 존 케네디와 그의 동생 로버트 케네디, 마틴 루터 킹, 마릴린 먼로를 실제로 죽인 자는 누구인가? 이런 식의 돌고 도는 질문과 풀이는 우리 시대 습관의 일부분이 됐다. 자칭 음모론 전문가들도 생겼고, 그들이 만드는 불신과 배신의 기기묘묘한 시나리오들은 거의 예술의 경지에 이르렀다. 그들은 지난 수십 년간의 모든 정치적 죽음과 스캔들에 대해 격렬한 추측의 연결을 만들어낸다. 9.11 테러와 승리주의자들은 그런 시나리오에 항상 들어가는 요소다. 인터넷을 검색해 보면 이런 식의 추측을 얼마든지 만날 수 있다. 세계무역센터를 무너뜨린 자는 중앙정보국일지도 모르고, 이스라엘 정보기관이나 부시 대통령일지도 모른다는 것이다.

이런 추측의 넝쿨 속에는 누가 누구를 알고, 또 그 누가 누구를 안다는 식의 모호한 연결망이 들어있으며, 그런 연결망을 구성하는 인적 관계들이 간혹 사실로 밝혀지기도 한다. 그런 연결망 속에서는 승리주의자들이 흔히 발견된다. 예를 들어 레이건과 시니어 부시, 그리고 부시 행정부에서 기본정책을 민든 보좌진의 과거를 추적해 보자. 그러면 그들의 경력은 승리주의자들의 핵심 조직으로 1997년에 만들어진 '새로운 미국의 세기를 위한 프로젝트(PNAC)'에서 만난다. 이 조직은 이라크를 주된 대상으로 해서 중동에서 군사적 단호함을 과시하는 정책을 추진해야 한다는 주장을 공개적으로 내세웠다. 우리가 명심할 것은 그들은 자신들이 추구하는 급진적 정책을 만들어내기 위해 '제2의 진주만'이 필요할 수도 있다고 생각한 사람들이라는 점이다.

한 유럽 신문이 '미국의 세계 지배를 위한 비밀 청사진'이라는 1998년도 PNAC의 문서를 보도한 적이 있다. PNAC는 잘 알려진 조직이므로, 실제로 청사진이 있었더라도 비밀은 아니었을 것이다. 이 조직의 회원들은 대부분 워싱턴의 고위 관료들이고, 그들의 의견을 밝히는 문서는 모든 사람에게 공개된다. 따라서 그것을 음모집단의 행위라고 말할 수는 없다. 오늘날 미국에는 도처에 의심이 팽배해 있기 때문에 비밀이 존재할 여지도 별로 없다. 상상할 수 있는 모든 은밀한 행위들이 거론됐다. 그러나 오늘날 미국 정치에서 벌어지고 있는 음모만큼 놀라운 게 있을까? 부시 행정부에는 많은 승리주의자들이 분포돼 있다. 그들은 서로를 안다. 그들 중 많은 사람들이 같은 학교를 다녔고, 일부는 같은 선생에게 배우기도 했다. 그들은 같은 조직에 속하는 경우가 많고, 같은 위원회에 속하기도 한다. 그들은 당연히 식사도 종종 같이 할 것이다. 그들은 정부 안에서 허드렛일을 맡아 하는 '정치적 청소부' 다. 그들 중 많은 사람들이 레이건 행정부 이래 권력 주위를 맴돌고 다녔다. 그들은 서로 일자리를 알아봐 주고, 정책문서를 작성하고, 서로 혜택을 주고받을 기회를 가졌다. 그들은 의심할 여지없이 열심히 관료정치에 참여했다. 오랜 적에게는 보복을 하고, 그들 나름의 동맹을 강화해 왔다. 관료조직에서 공식적이든 개인적이든 사람들이 이런 일에 몰두하는 것은 분명히 잘못된 일이다.

어쨌든 승리주의자들과 워싱턴의 정책 입안자들 사이에 진행되는 대부분의 일들은 언론에 보도된다. 우리는 그들 모두의 이름을 다 알지 못할 수도 있다. 그러나 한 무리의 은밀한 실력자들 뒤에는 돈과 영광의 게임에 참여할 기회를 노리는 또 한 무리의 은밀한 실력자들이 있을 수 있다. 우리가 승리주의자들의 목적과 동기를 모두 알아낼 수 있다면, 이미 그들에게 내려진 나쁜 평가들 외에 또 얼마나 많은 나쁜 평가가 추가될까? 반전 운동의 관점에서 우리는 부시 행정부와 그의 앞잡이들이 석유산업의 이익을 옹호하려는 데 대해 비난을 퍼부었다. 우리는 부시의 추종자들 가운데 많은 사람들이 사기업이나 외국 정부에서 일자리를 얻거나 보수를 받고 있음을 안다. 권력에 대한 그들의 열망은 언론 지상을 통해 명백하게 확인된다. 나는 승리주의자들이 세계 전체는 아니더라도 최소한 중동의 지도는 다시 그린다는 계획에 집착하고 있다는 확신을 갖고 이 책을 쓴다. 만약 성공한다면 그들은 두둑한 보상을 받게 될 것이다. 공유된 이해관계라는 간단한 사회학적 개념만으로도 승리주의자들이 휘두르는 영향력을 설명하기에 충분하다.

　　나는 승리주의자들이 내보이려고 애쓰는 지적 자격증명은 지극히 기만적이라고 생각한다. 좌익 비평가들은 스트라우스의 제자인 시카고대학 졸업생들 가운데 많은 사람들이 정부, 특히 부시 행정부에서 일하고 있다는 사실을 중시한다. 이미 1973년에 죽은 스트라우스가 아직도 승리주의 음모의 중심에 있는 걸까? 자세히 살펴보면 꼭 그런 것만은 아닌 듯하다. 스트라우스의 개인적 정치성향은 보수적이었지만, 그의 학문적 성과는 정치와는 별로 관계가 없다. 그는 귀족에 의해 지배되는 농촌적인 사회를 갈망했다. 스트라우스의 명성은 그가 주요 철학자들, 특히 플라톤, 니체, 스피노자에 대해 박식한 해석을 한 데서 형성됐다. 어떤 이들은 플라톤에 대한 그의 학문적 통찰을 높게 평가한다. 그런가 하면 어떤 이들은 플라톤에게서 그가 새로이 발견한 것이 '비전의 숨겨진 의미'라는 주장을 터무니없다고 생각한다. 스트라우스의 지적인 사명은 고대의 지혜를 구해내어 현대성에 대한 신랄한 비평으로 재구성하는 것이었다. 그는 개인적으로 알던 몇 학생들과 관련해서는 성공했을지도 모른다. 그러나 그의 말들은 학문의 먼지로 두껍게 덮여 있다. 그의 섬세한 학문이 급속히 다국적기업의 지배 아래 떨어지고 있는 도시 산업사회의 정치와 어디에서 그렇게 민감하게 연결된다는 것일까?

승리주의자들은 부자들의 욕구를 충족시켜주면서 인생을 살아가는 사람들이다. 그들은 돈이 모든 것을 정당화시켜준다고 가르치거나 사회적 야망으로 가득 찬 가정들의 자녀다. 그들은 부자가 사회의 정당한 지도자라고 믿는다. 다위니즘의 원칙을 신봉하는 그들은 하층계급은 입증된 실패자들이므로 경멸돼야 하고, 정치적 참여도 제한돼야 한다고 생각한다. 그러나 그들은 경제적 어려움을 경험해본 적이 없다. 나는 그들이 단 하루도 가난한 사람이나 백인이 아닌 사람과 보낸 적이 없을 거라고 생각한다. 가난한 사람들은 좋은 술을 마실 수가 없다. 그러나 그들은 최고의 식당에서 최고의 음식과 술을 먹지 않는다는 것은 참을 수 없는 고난이라고 생각할 사람들이다. 그들의 정치와 관련해 미리 알아둬야 할 것들은 바로 이런 것들이다. 그런 사람들이 서로 만나 불만을 나누고 그들의 운명을 개선하기 위한 계획을 세운다고 할 때, 그들이 하려는 일은 그저 단순한 허영심으로도 충분히 설명될 수 있다. 다시 말해 "같은 날개를 가진 새는 같이 모인다"는 말 외에 그 어떤 음모론도 들이댈 필요가 없다는 것이다.

승리주의자들 덕분에 미국 정치의 운명이 조금이라도 나아질까? 나는 아주 부정적인 의견을 갖고 있다. 승리주의자들이 은밀한 비밀 속에서 움직이는 한 줌의 광신자들이라면, 그들을 노출시킨 다음 사람들로 하여금 그들을 불신하도록 하기란 쉬운 일일 것이다. 그러나 그들의 생각은 이미 언론을 통해 대중에게 너무나 잘 알려져 있다. 이런 측면에서 나는 미국 대중의 도덕적 경계심에 대해 우려를 금할 수 없다. 이라크 전쟁을 비난하는 칼럼니스트나 풍자만화가, 텔레비전 비평가 등 미국에는 아직 용감한 전쟁 반대론자들의 목소리가 존재한다. 승리주의자들이 워싱턴의 권력을 어떻게 수중에 넣게 되었는지를 상세하게 보도한 다큐멘터리들도 있었다. 애국자법(Patriot Act) 아래서 자행된 기본권 위반을 다룬 시리즈가 미국에서 가장 존경받는 비상업적 방송인 피비에스(PBS; Public Broadcasting System)의 뉴스시간에 방송됐다. 그러나 이런 심각한 비판들조차 강력한 반대운동으로 이어질 만큼 대중에게 강력히 부각되지 못했다. 아직도 많은 미국인들은 승리주의자들이 원하는 것에 동조하거나, 그것을 대수롭지 않게 여기고 있는 것 같다. 미국 시민들 차원의 무관심 또는 암묵적 동의는 고위층의 음모보다 더 걱정되는 것이다.

4장

근 본 주 의 자 들

우리는 지금 예언과 정확하게 일치하는 일들이 동시적으로 일어나고 있음을 보고 있다. 이스라엘은 팔레스타인 땅으로 돌아와 국가를 재건했다. 예루살렘은 이스라엘의 지배 아래 있다. 러시아는 거대한 북방세력으로 등장해 이스라엘을 적이라고 선언했다. 팔레스타인을 해방시키려는 아랍 국가들의 움직임은 이집트의 지도력 아래 모이고 있다. 검은 아프리카 국가들은 아랍 국가들에 대한 동정심을 보이는 수준을 넘어 해방의 대의 아래 동맹화하고 있다.

모든 일들이 일어나고 있다. 신이 이 모든 것들을 실현시키고 있다. 신이 세상을 창조한 이래 인류에 가장 큰 영향을 주게 될 '새로운 세대의 준비'에 나선 것일지도 모른다. '새로운 세대'의 한 부분이 될 준비가 돼 있는가?

_____헬 린제이, 《대위성 지구의 종말(The Late, Great Planet Earth)》, 1970, 근본주의자들의 베스트셀러

"우리 미국 국민은 전지전능한 신의 존재와 성품, 성서의 신성한 권위, 궁극적인 규칙으로서의 신의 법, 예수, 메시아, 성자, 성인 모두를 인식하면서 보다 완전한 연합을 만들고, 정의를 세우고, 안정을 지키고, 복지를 제공하고, 우리와 우리 자손을 위한 자유의 축복을 지키기 위해 미국 헌법을 만듭니다."

_____기독교도가 요구하는 미국 헌법의 전문 수정안

선벨트의 부상

예부터 정치판은 기이한 동료관계를 만든다고 알려져 왔다. 그러나 지금 미국 정치의 우익들만큼 기이한 동료관계를 형성하는 경우는 지금껏 없었다. 지금 미국 정치판에서는 세상이 육일 만에 만들어졌고, 요나가 고래 뱃속에서 사흘을 지내고 다시 살아났다고 정말로 믿는 '저주와 형벌의 설교자'들과 욕심 많고 변덕스러운 기업 지도자들이 매우 가까운 관계를 형성하고 있다. 따지고 보면 이들만큼 서로 안 어울리는 결합은 없다. 코포라도들은 욕심스럽게 투자이익 등 커다란 이익의 기회를 찾으면서 세속적인 일에 매몰돼 있지만, 다른 한편에서는 점점 더 많은 수의 고지식한 복음주의자들이 마치 세계 종말의 날이 내일이라도 올 것처럼 전쟁터로 갈 채비를 한다. 어떻게 이런 동떨어진 인생관이 정치적 동맹을 맺을 수 있을까? 그 대답은 미국 선벨트의 역사에서 찾아볼 수 있다.

미국의 선거정치와 관련해 20세기 후반에 일어난 가장 중요한 변화는 새로운 권력기반으로서 선벨트가 급부상했다는 점이다. 선벨트는 버지니아에서 로스앤젤레스까지 대륙을 가로질러 이어진 곳으로, 미국에서 항상 해가 빛난다고 하는 지역이다. 선벨트는 두 개의 다소 이질적인 지역으로 구성돼 있다. 텍사스를 기준으로 해서 그 동쪽은 과거 '깊숙한 남부(the deep south)'로 알려진 지역이다. 반대편 서쪽으로는 애리조나, 뉴멕시코, 네바다, 남부 캘리포니아가 위치해 있다. 20세기 내내 선벨트 남부지역은 사람이 그다지 많이 살지 않는 저개발의 비도시 지역이었다. 이곳은 링컨 대통령 시절에는 딕시(Dixie)라고 불렸던 남부연합 지역이다. 이 지역은 노예제도를 유지하기 위해 싸웠던 곳이고, 전쟁 패배의 후유증으로 깊은 빈곤의 나락으로 빠진 곳이기도 하다. 1865년 이후 약 100년간 깊숙한 남부 인구의 다수는 제3세계와 비슷한 환경 속에서 살던 소작농들로서 '쓰레기 백인(white trash)'이라고 불리기도 했다.

그런가 하면 선벨트의 서쪽 끝은 주로 은퇴자 촌이나 휴양지여서 나이 들고 보수적인 사람들이 주로 찾는 곳이다. 이곳 역시 지리적 또는 기후적 이유로 사람들이 많지 않은 곳이었다. 이 메마른 미국 서부지역은 1930년대에 거대한 댐이나 상수도 건설 프로젝트가 추진되기 전에는 주민 수나 산업 성장에 한계가 있었다. 그러나 용수 공급이 가능해지자 애리조나주의 투손과 피닉스, 네바다주의 라스베이거스, 뉴멕시코주의 앨버쿼크, 캘리포니아주의 로스앤젤레스-샌디에이고 연접지대와 같은 대도시들이 사막에서 꽃을 피웠다. 선벨트 서부 지역에서 상대적으로 가볍고 유흥적이고 덜 산업화된 과거의 흔적이 라스베이거스의 카지노와 할리우드의 영화 및 텔레비전 산업에 남아 있다. 선벨트 서부는 로키산맥을 따라 확장되면서 복음주의의 남부와 연결된다. 유타주, 애리조나주, 콜로라도주, 뉴멕시코주의 전역과 아이다호 및 오레곤의 일부 지역에서는 모르몬교(말일성도교회)가 상당한 정치적 영향력을 갖고 있다. 모르몬교도는 근본주의자들과 동일한 '가정의 가치'를 내세운다. 이곳은 공화당의 강력한 지지기반이 되는 지역이라는 뜻에서 '견고한 산악지대'라고 불린다.

2차대전 직후 주로 군산복합체와 연결된 새로운 투자 유입에 힘입어 선벨트는 번영하기 시작했다. 존슨, 닉슨, 카터, 레이건, 부시로 이어진 선벨트 출신 대통령들은 정부자금을 이 지역에 쏟아 부었다. 비지니아주, 조지아주, 플로리다주, 텍사스주에는 항공우주산업이나 방위산업과 관련된 투자가 이어졌다. 이 지역은 냉전의 정책목표에 기반을 둔 군사 프로그램과 기지들의 주된 무대였고, 그와 더불어 냉전에 수반되는 정치적 가치들도 깊숙이 침윤됐다. 시간이 지나면서 방위산업 외에 북부 도시에서 대기업들이 이전해 왔다. 북부 도시지역의 강력한 노조를 피해서 새로 번성하는 남부의 도시들로 이전해 온 것이다. 무기를 생산하고 노조를 기피하는 제조업 공장들이 들어서면서 이 지역은 뚜렷한 보수적인 문화를 갖게 됐다. 게다가 북부 대도시 출신으로 민주당 소속인 진보적 자유주의자들이 인종적 정의를 구현한다는 원칙 아래 법과 선거제도의 광범위한 개혁을 추진함에 따라 인종차별 정책의 전통이 뿌리 깊은 남부지역의 보수적 성향은 더욱 짙어졌다. 이런 과정에서 남부 주민들은 우선 민주당을 떠나 옛날식의 남부연합주의자가 됐다가, 결국은 공화당원으로 변했다. 이 같은 변화를 공화당조차 처음에는 알아차리지 못했다. 어쨌든 선벨트와 정치적 동맹관계를 맺게 되면서 공화당은 점점 더 우경화의 길을 걷게 됐다.

1961년에 퇴임한 아이젠하워 대통령은 마지막 온건파 공화당 출신 대통령이었다. 이후 우경화의 길을 밟은 공화당은 1964년 선거에서 극우익인 배리 골드워터를 대통령 후보로 지명했다. 후보 지명전에서 골드워터는 그보다 좀더 진보적이며 주로 동부해안 출신이었던 공화당의 기존 주류와 힘겨운 싸움을 벌였다. 후보 지명전에서 애리조나주 상원의원 출신인 골드워터의 경쟁 상대는 뉴욕주 지사인 넬슨 록펠러였다. 공화당의 근거지인 동부 출신의 록펠러를 상대로 싸우는 것은 고전 그 자체였다. 사람들은 미국적 부의 상징으로 전설적인 가문 출신인 록펠러가 공화당의 후보 지명을 얻는 데 별다른 어려움이 없을 것으로 생각했다. 그러나 골드워터는 이 백만장자 상대방에 대해 "공화당의 이념과 거리가 먼 진보적 자유주의 침입자"라고 공격하는 데 주력했다. 그의 생각은 옳았다. 록펠러는 복지국가를 인정했고, 그것이 시장경제의 조정추 역할을 한다고 생각하는 공화당원이었다. 그는 대도시 대기업의 세련된 세계주의적 가치를 갖고 있었다. 록펠러에 대한 공화당 내 반대세력은 현대적인 문화 스타일을 거부하고 전통적인 가족생활, 여성의 열등한 지위, 종교적 경건함, 가진 자에 대한 존경 등을 앞세우는 미국인들이 여전히 폭넓게 존재함을 보여주는 증거였다.

결정적인 순간이었다. 선벨트는 그때까지 동부의 대도시, 은행가, 아이비리그 출신의 동창생들로부터 공화당의 주도권을 넘겨받았다. 그 후의 선거에서 공화당 대통령 후보는 텍사스주와 남부 캘리포니아주를 중심으로 한 선벨트 본거지 출신이 독점했다. 동부의 예일대 출신 귀족이었던 시니어 부시도 석유회사에서 일할 때의 연고관계를 이용해 마치 자신이 텍사스 출신인 양 행세했다. 이런 변화는 민주당에서도 마찬가지로 나타났다. 20세기에 선출된 미국 민주당 대통령들 가운데 선벨트 이외 지역 출신은 1960년에 당선된 케네디가 마지막이었다. 그것도 공화당의 닉슨 후보에 대해 아주 근소한 차이의 승리였다.

옛날의 남부는 급격히 변했다. 인구가 증가하고 부유해졌다. 이 지역은 자신의 문화를 보존했고, 그것으로 미국의 다른 지역 사람들을 매혹시키기도 했다. 컨트리 앤드 웨스턴(country-and-western)이나 블루 그래스(blue-grass) 음악이 그 대표적인 예다. 1960~1970년대 엘비스 프레슬리의 인기는 선벨트의 부상을 대변하는 하나의 상징이었다. 프레슬리는 남부 흑인음악의 백인 개정판이었다. 남부의 문화가 부상했듯이 남부의 종교도 부상했다. 버지니아주에서 텍사스주에 이르는 선벨트 남부는 구시대 종교에 충실한 복음주의자들과 근본주의 신도들로 가득 찬, 그들로서는 자랑스럽고 호전적인 '바이블 벨트'가 됐다. 그들은 다윈의 진화론 및 대도시의 진보적 자유주의자들이 지닌 부도덕함과 기꺼이 싸우고자 했다. 오래전부터 복음주의 기독교는 현대적 가치에 반대하는 주요 세력들 가운데 하나였다. 교리에 따라 거부해야 하는 것만 아니라면 그들은 최신의 통신기술과 조직을 받아들였다. 그들은 텔레비전과 라디오에서 강력한 대중매체 네트워크를 만들었다. 그들의 선교방법은 어떤 사기업에 비해도 더 정교했다. 교회들은 최신 마케팅 기술을 채택했고, 작은 방송왕국도 만들었다. 그들은 교인들을 위해 놀이공원과 무료 휴양시설도 만들었다. 신도 수가 늘어남에 따라 투표 동원력을 스스로 인식하게 됨에 따라 복음주의 교회들은 점차 정치적 색채를 더해갔다. 그들은 선거운동에 적극적으로 참여하고, 그들에게 가장 의미가 있는 문제를 위해 싸우기 시작했다. 그 과정에서 그들은 정치인들이 의존할 만한 대규모 유권자 집단이 됐다. 그들은 낙태, 여성의 권리, 동성애자의 권익 등에 반대하는 후보자들에게 앞장서서 지지를 보냈다.

미국 남부의 정치에서 종교적 성격이 더욱 강해짐에 따라 남부와 진보적 자유주의자들, 나아가 민주당과의 관계가 급속히 나빠졌다. 과거에 남부는 민주당의 견고한 지지기반이었다. 남부는 루스벨트 대통령의 뉴딜정책에 가장 확실한 동맹자였다. 그런데 1980년 레이건이 보수주의를 내걸고 거의 모든 남부 주들을 석권했다. 그의 승리는 전직 조지아 주지사이며 진정한 남부의 아들이자 타고난 기독교도인 지미 카터를 상대로 거둔 것이었다는 점에서 더욱 눈길을 끌었다. 카터는 온건주의자였지만 남부의 동료들에게는 지나치게 진보적으로 보였다. 그는 철저한 인종 평등주의자였으며, 마약에 대해서도 관대해 마리화나를 합법화하려는 생각까지 갖고 있었다. 선벨트의 유권자들이 원하던 것은 진보적 자유주의의 관용적 태도와 관련된 모든 도덕적 느슨함을 없애는 것이었다. 그들은 종교를 이야기하고 선량한 기독교적 도덕을 온 나라에 말해줄 대통령을 원했다. 레이건의 연예계 경력은 도덕과 거리가 멀었지만, 그는 선벨트 유권자들이 원하는 것을 자신이 하겠다고 약속했다. 사실 대통령이 된 뒤에 레이건은 스스로 약속한 문화적, 도덕적 가치를 거의 실천하지 않았다. 그러나 어쨌든 선거전에서 그는 놀라운 정치적 수완으로 남부를 석권했다. 선벨트, 특히 남부의 주들은 견고한 공화당 지지로 돌아섰고, 이후 미국 보수주의의 주춧돌이 됐다.

레이건 대통령 시절 이후 공화당은 주도면밀하게 복음주의 유권자들을 공략했다. 복음주의 교회는 공화당의 정치적 기반이 됐다. 복음주의 교회는 공화당에 엄청난 자금과 자원봉사 인력을 제공하면서 적극적으로 선거에 참여했다. 복음주의 교회의 지원으로 공화당은 선거에서 승리했고, 그 결과 승리주의자들의 의제에도 영향을 주었다. 종교적인 공동체에 수년 동안 비위를 맞추고서도 그들의 세계관에 구속되지 않을 수 있는 사람은 아무도 없다. 어떤 단계에 이르면 도덕적 절대주의와 신앙적 순수함은 약해진다. 그 결과 더욱 더 종교적 신념을 고백하는 듯한 종류의 보수주의가 탄생한다. 선벨트로 말미암아 미국 정치는 점점 더 종교적이 되고 더욱 더 광신적이 되고 있다.

세계는 미국의 패권주의가 호전적인 종교적 유권자 집단에 크게 의존하고 있다는 사실을 깨달아야 한다. 테러와의 전쟁을 이끌고 있는 미국은 더 이상 2차대전과 냉전시대에 위대한 동맹을 이끌던 미국이 아니다. 유연하고 국제적인 전망을 가진 진보적 자유주의자들은 이제 더 이상 미국의 정치를 책임지는 위치에 있지 않다. 가까운 장래에 미국의 모든 보수적 정치인들, 특히 대통령들은 세계를 절대 악과 절대 선의 싸움이라고 보는 마니교의 이원적 사고와 같은 종교적 신념 아래 움직일 것이 분명하다. 만약 대통령이 그런 신념에 찬동하지 않는다면 많은 수의 의원들이 나설 것이다. 미국 근본주의자들의 뜻대로 된다면 미국의 모든 학교에서 기독교식 기도가 강요될 것이고, 모든 공공건물에 십계명이 내걸릴 것이다. 학교에서 진화론을 가르치는 것은 금지될 것이다. 6천 년 전의 시대를 그린 성경의 창세기보다도 우주가 훨씬 더 오래됐다는 사실을 밝혀낸 현대 천문학을 가르치는 것도 역시 금지될 것이다. 미국의 법원들은 성, 결혼, 가족의 문제를 다루는 데 성경의 원칙을 적용할 것이다. 교리는 다르지만 이런 식의 교회와 국가의 통합은 이슬람 근본주의의 율법인 샤리아가 요구하는 것과 같다. 또한 이스라엘에서 그 어느 때보다 막강한 영향력을 갖고 있는 정통파 유태인들이 볼 때 유대교 율법인 토라가 요구하는 것과도 같다.

기독교, 유대교, 이슬람교를 막론하고 광신은 똑같다. 우리는 근본주의 도그마에 찬동하는 세력이 세계를 분파적 폭력의 늪에 빠뜨리는 시대에 살고 있다. 18세기 계몽주의로부터 우리가 물려받은 폭넓고 관용적이고 현세적인 인본주의는 모든 곳에서 급격히 사라지고 있다. 이런 추세는 미국에서 가장 두드러진다. 다원적 정치원리가 그 언제보다 필요한 때에 세계의 유일한 슈퍼파워인 미국은 가장 덜 관용적이고 가장 덜 다원적인 세력의 영향력 아래 떨어졌다.

최후의 심판

복음주의 교회가 처음으로 정치에 심각하게 관여한 것은 19세기의 '위대한 절제운동' 의 일환이었다. 당시 보수적인 개신교 교회들은 거대한 도덕적 십자군의 주된 조직적 기반이었다. 그 대표적인 성과는 1차대전 뒤 미국에서 시행된 금주법이다. 믿기 힘들겠지만 1920년부터 1933년까지 14년 동안 미국에서는 맥주든 포도주든 위스키든 술을 만들고 팔고 운반하는 것이 불법이었다. 이는 대다수 미국인들이 술 마시기를 포기했기 때문이 아니라, 소수의 호전적인 청교도적 활동가들이 그들의 도덕적 코드를 미국 전체에 강제할 만큼 충분한 힘을 가졌기 때문이다. 금주법은 주류 밀매업자들의 주머니만 불려

주는 등 폐해를 낳는 측면이 더 많다는 점이 인정돼 결국 폐지됐지만, 조직범죄가 미국 경제의 항구적인 부분이 되도록 하는 계기로 작용했다. 그 뒤 복음주의 세력은 주로 남부의 여러 지방정부 차원에서 활발하게 정치적 참여를 했다. 그들은 학교에서 진화론을 가르치지 못하도록 하고 성, 결혼, 가정생활에서 청교도적 가치를 내세웠다. 2차 대전 후 한동안 미국에서는 도시화와 국제화의 진전에 따라 교회의 영향력이 급속히 줄어드는 것으로 보였다.

전쟁은 흔히 대중의 도덕수준을 저하시킨다. 미국도 예외가 아니었다. 1960년대에 기성 가치관과 관습에 저항한 젊은이들의 대항문화와, 그들의 쾌락주의적 생활태도는 과거에 존재했던 강한 종교적, 도덕적 코드의 종말을 뜻하는 듯했다. 여성의 해방이나 동성애자의 권리를 주장하는 운동이 급속하게 사회적 관행을 변화시켰다. 1970년대 말에 이르면 결혼을 하지 않고 동거하는 부부와 십대의 섹스가 널리 퍼졌고, 영화는 알몸과 신성모독으로 가득 찼다. 카터 대통령은 마리화나의 합법화에 찬성하는 발언을 했다. 변화의 힘은 가장 진보적인 종교를 제외하고는 모든 것을 휩쓸어버릴 것처럼 보였다.

그러나 그것은 중대한 착각이었다. 사실은 또 다른 형태의 종말론적 복음주의가 미국인들의 생활 속에서 힘을 키워가고 있었다. 이 종말론적 복음주의는 전천년설(Premillennialism) 또는 섭리주의(Dispensationalism)로 불렸다. 19세기 말 주변적인 종파로 시작될 당시의 섭리주의는 기독교인들에게조차 터무니없게 여겨진 교리에 기반을 두고 있었다. 섭리주의 기독교는 19세기 중반 영국의 목사였던 존 넬슨 다비(John Nelson Darby)에 의해 창시됐다. 섭리주의 기독교도들은 성경이 최후의 심판일에 대한 정확한 예언적 초읽기를 담고 있다고 믿는다. 그 초읽기의 절정은 현대 유대인의 운명에서 볼 수 있다는 것이다. 그들에 따르면 예수가 재림한다는 예언이 이루어지기 전에 유대인들은 그들의 옛 고향으로 돌아가야 한다. 이런 교리가 바로 다비 목사의 메시지를 전천년적(premillennial)이라고 그들이 말하는 이유다. 심판의 날 이전에는 엄청나게 느슨하고 불확정적인 역사가 전개되고, 우리는 아직도 그런 시기를 살고 있으며, 결국은 신이 그것을 결말낼 것이라고 한다.

다비의 가르침은 활동적인 미국 기업가들에 의해 받아들여졌고, 시오니즘에 자신의 삶과 재산을 다 바친 전도사 윌리엄 블랙스톤(William E. Blackstone)에게 전해졌다. 그의 추종자들은 비록 소수였지만 대단히 열정적이었다. 유대인이 고향 땅을 회복하면 성경의 다니엘서, 에즈겔서, 계시록에 나오는 묵시록의 마지막 단계가 시작된다고 그들은 확신했다. 그 때가 되면 유대인들은 예루살렘의 모리아 산에 세 번째 성당을 다시 짓는다는 것이다. 그 자리는 지금 이슬람의 '바위사원(Dome of the Rock)'이 서있는 바로 그 곳이다. 그 이후의 구체적인 시간표는 복음주의자들 사이에서도 서로 다르지만, 먼저 반기독교 움직임이 나타나 어리석은 사람들을 속이고 오도할 것이라고 한다. 그런 다음에 아마겟돈, 즉 최후의 대결전이 벌어진다. 결국 예수가 예루살렘에 나타나 최후의 심판을 한다. 그때 구원받는 사람들은 순간적으로 천국으로 불려가고, 예수가 진실한 구세주임을 받아들이지 않는 사람들은 영원한 저주를 받는다. 이 순간을 '휴거'라고 부른다.

이런 가르침에 부응해 영국과 미국의 섭리주의 기독교인들은 팔레스타인에 유대인을 다시 정착시키기 위해 노동과 기도와 돈을 바치기 시작했다. 그들은 기독교인 시오니스트가 됐다. 1917년 밸푸어 선언으로 유대인 국가 설립이 약속되자 섭리주의를 믿는 복음주의자들은 예언에 대한 그들의 생각이 옳다고 더욱 확신하게 됐다. 그들은 매일의 모든 일에서 예언이 실현되고 있다고 믿는다. 1949년 이스라엘이 세워지고, 이스라엘이 주변 아랍국가와의 전쟁(1956, 1967년)에서 이기고 난 후 그들은 믿음은 더욱 굳어졌다. 이스라엘이 전쟁에서 이기는 것은 예언자 에즈겔이 보증한다. 섭리주의자들의 견해로는 근동에서 나날이 벌어지고 있는 모든 것들이 신의 말 그대로다. 지금 언제라도 최후의 날이 올 수 있다. 따라서 바위사원은 부수어져야 하고, 이슬람 세계에는 엄청난 피바람을 일으킬 전쟁이 올 것이다. 그러나 그것은 신의 섭리 그대로라는 것이다.

왜 근대 역사의 마지막 단계에서, 그리고 모든 사회가 과학기술에 둘러싸인 이때 이런 종류의 터무니없는 신앙에 주목을 헤야 하는지 독자들은 궁금해 할 것이다. 그 이유는 세계 유일의 초강대국에 사는 사람들 가운데 47%, 즉 거의 절반이 여론조사에서 자신을 거듭난 기독교도라고 생각하고 있기 때문이다. 그들은 신이 엿새 만에 세상을 만들었다고 믿는다. 그들은 진화론을 악마의 거짓이라고 생각한다. 그들은 예수가 다시 나타나, 구원받을 자와 저주받을 자를 가르는 심판을 할 것이라고 믿는다.

미국의 기독교도들이 모두 다 엄격한 섭리주의자인 것은 아니다. 그러나 섭리주의자들은 미국에서 가장 정치적으로 잘 조직화된 세력이다. 그리고 그들은 점점 더 많은 사람들로 하여금 자신들의 성서 해석이 정확하다고 믿게 만들고, 그들을 섭리주의로 개종시킨다. 이에 따라 전천년설의 가르침에 기반을 둔 책들이 놀라운 속도로 팔려 나갔다. 핼 린제이가 1970년에 펴낸 섭리주의 교리 설명서인 《대위성 지구의 종말(The Late Great Planet Earth)》이라는 책은 당시 최대의 베스트셀러였다. 휴거의 순간에 구원받지 못하는 인간들의 이야기를 다룬 섭리주의 소설 시리즈로 1990년대에 출간된 《남겨진 사람(Left Behind)》은 8500만 부나 팔렸다. 섭리주의 목사들은 정치인들과 이야기할 때 자신들이 4천만~7천만 명의 신도 유권자들을 좌지우지한다고 주장한다. 레이건은 이들에게 표를 구한 최초의 공화당 지도자였다. 그는 최후의 심판일이 가깝다는 사실을 믿는다고 확언함으로써 그들의 환심을 샀다.

레이건의 후계자인 시니어 부시는 이상하게도 복음주의자들에게 영합하려는 노력을 별로 하지 않았다. 그는 본토 텍사스인처럼 보이려는 노력을 기울였지만, 북동부 해안 지방의 매너와 도덕의 잔재가 엿보였다. 시니어 부시는 복음주의자들을 편하게 생각하지 않았고, 복음주의자들 역시 그를 편하게 생각하지 않았다. 그의 아들 부시는 자기 아버지가 보였던 주저함을 전혀 보이지 않았다. 일생을 텍사스의 사업가로 보낸 부시는 남부의 복음주의자들에게서 편안함을 느꼈다. 지능이 좀 모자란 남성적 스타일인 그들과 부시는 잘 어울렸다. 백악관에서 부시는 매주 조찬기도회를 열었고, 헌법이 금지한 종교적 서약까지 했다. 그는 아침에 일어나면 한 시간 이상 복음주의 설교집을 읽고 하루를 시작한다. 그가 좋아하는 목사 중에 오스월드 체임버스(Oswald Chambers)가 있다. 19세기 말에 영국에서 태어난 체임버스는 1차대전 때 영국군 군목으로 참전해 섭리주의 설교를 한 침례교 목사다. 전쟁 때 그는 옛 오스만제국의 땅과 예루살렘을 점령한 호주 군대에 섭리주의 교리를 전파하기 위해 팔레스타인으로 가기도

했다. 부시가 체임버스 목사의 장황한 설교에서 배운 것은 예를 들어 이런 것이다. "신이 말씀하실 때 그 말씀에 대해 단 일초라도 논쟁하려고 하면 당신은 끝이다. 즉시 무모해져라. 그에게 당신의 모든 것을 던지고, 완전한 무제한의 태도로 모든 것을 걸어라. 당신의 모든 것을 걸게 되면 신의 목소리가 더욱 뚜렷하게 들릴 것이다." 이런 종교적 충동과 펜타곤의 군사력이 합쳐진다면 우리가 걱정해야 할 일이 반드시 벌어질 것이다.

부시가 복음주의의 추종자들에게 연방 세금 중 가능한 많은 부분을 '신앙에 기반을 둔 프로그램'에 투입하겠다고 약속한 것은 전혀 놀라운 일이 아니다. 이런 프로그램은 주로 복음주의 교회가 운영하는, 가난하고 지친 자들을 위한 사회적 서비스다. 그러나 문제는 그것이 필연적으로 사람들을 개종시키기 위해 사용된다는 데 있다. 이런 행위는 교회와 국가의 분리를 정한 헌법의 원칙을 위반하는 것이다. 그러나 복음주의자들은 그런 헌법적 원칙을 거부한다. 그들은 오히려 헌법을 고치기 위해 '기독교 국가'의 헌법 수정안을 만들었다. 그 문구는 이렇게 시작된다. "미국은 기독교 국가다. 의회는 모든 기독교 종교활동의 자유로운 행사를 저해하는 어떠한 법률도 만들 수 없다."

섭리주의적 복음주의는 외교문제에 관심을 갖는 최초의 기독교 종파다. 그들은 세계 인구문제에 관한 정책에 지대한 관심을 보인다. 섭리주의자들은 예컨대 낙태를 허용할 지도 모르는 구호활동이나 가족계획 프로그램에 대한 지원에 반대한다. 후세인 몰락 이후 이라크의 의료서비스 체제를 재건하기 위해 투입된 의사들은 이라크로 떠나기 전에 낙태에 반대한다는 의견을 밝혀야 했다. 섭리주의자들은 공격적인 대외정책을 촉진하기 위한 로비 조직을 최초로 만들었다. '이스라엘에 관한 전국 기독교 지도자 연합회(National Christian Leadership Conference on Israel)'가 바로 그것이다. 이 조직의 정책은 단순하다. 리쿠드당과 같은 이스라엘의 강경파를 적극 지지한다는 것이다. "이스라엘에 돈과 무기를 보내라. 비용이 얼마나 들든지 간에 이스라엘은 승리해야 한다." 19세기 기독교도들, 특히 복음주의자들은 가장 적극적인 반유대인적인 미국인들이었다. 그들에게 유대인은 2천 년 전 예수를 메시아로 받아들일 기회가 주어졌지만 그 기회를 스스로 차버린 족속이다. 지금 섭리주의 교리의 한복판에는 유대인 문제가 자리 잡고 있다.

수많은 복음주의자들이 이스라엘 내부의 비타협적인 그룹들을 지지하는 데만 관심을 가진 '단일관심 유권자'가 됐다. 그리고 그러한 그룹들은 미국에서 복음주의의 지지를 부추겼다. 이것이 바로 '근본주의자 카드'라는 말의 의미이며, 이 카드는 과감하게 활용돼 왔다. 강경책을 고집하던 이스라엘의 베냐민 네타냐후 총리는 1998년 미국의 지원을 요청하러 워싱턴을 방문했을 때 빌 클린턴 대통령을 무시하고 제리 폴웰 목사가 연 환영회에 먼저 참석했다. 네타냐후는 환영회에 운집한 복음주의자들로부터 열렬한 환영을 받는 가운데 클린턴 대통령을 거의 협박하는 수준의 연설을 했다. 폴웰 목사는 20만 명의 목사들을 선거에 동원할 수 있다고 공언하는 종교그룹의 지도자다. 그는 이 자리에서 팔레스타인과의 타협을 바라는 후보는 그게 누구든 복음주의 유권자들에 의해 응징될 것이라고 공공연히 경고했다.

승리주의자들 중에는 유대인들도 있지만 그들은 종교적 집단이 아니다. 그럼에도 그들은 이스라엘 내부의 강경파들을 지원함으로써 중동의 불안정한 정세를 해결하려고 한다. 바로 이 점에서 그들은 근본주의자들과 연결된다. 그들의 희망은 이라크에 주둔하는 강력한 미군의 위세로 이란을 비롯한 아랍 국가들을 위협해 그들로 하여금 이스라엘과 강화를 맺도록 하고, 이를 통해 팔레스타인 민병대에 대한 아랍 국가들의 지원을 차단하겠다는 것이다. 부시 대통령 자신이 복음주의의 신도이기도 하지만, 부시의 승리주의 참모진은 그들이 중동에서 펼치는 극단적인 정책에 대한 지지세력으로 복음주의자들을 바라본다. 그리고 이런 동맹의 방향은 그들이 이라크 등 중동지역 유전들에 대한 지배력을 확보하려는 의도와 완벽하게 맞아 떨어진다. 맹신적 신도들과 강경한 정치 조작자들 사이에 형성된, 전혀 그럴 듯하지 않은 이 동맹관계에서는 과연 어느 쪽이 더 기회주의적인 것일까?

부시 대통령의 개인사는 정치인이 어떻게 종교적 광신에 휩쓸리게 되는지를 보여주는 좋은 예다. 젊은 시절 알코올 중독에 거의 가까이 갔던 부시는 강한 종교적 절제를 통해 중독에서 벗어날 수 있었다. 이런 치료효과를 확인한 그는 복음주의 교회의 가르침이면 무엇이든 믿겠다고 결심했다. 복음주의의 가르침에는 종말의 날이 임박했다는 것과, 예수의 재림을 위해서는 이스라엘이 필요하다는 것이 포함된다. 이런 복음주의의 가르침이 부시의 외교정책을 뒷받침하는 가장 주된 기반이 아니냐는 의문을 누구도 제기하지 못하고 있다. 미국의 언론들도 너무나도 소심한 나머지 이런 의문을 제기하지 못한다. 부시 행정부의 외교정책은 세계 석유시장을 지배하려고 한다든지, 군사비를 늘이기 위해 새로운 명분을 찾는다든지, 전 세계에 대해 자기 힘을 뽐낸다든지 하는 모습을 띠고 있다. 그러나 이런 외교정책 태도를 보면서 갖게 되는 의문들을 해소하려면 종교적 광신이라는 요소를 추가로 고려해야만 한다. 부시는 현실을 아마겟돈과 연관시키는 비유를 미국의 외교정책 안에 포함시켰다. 그는 국제관계에 대한 해법을 성경 속에서 찾는 광신적 정치집단에 우호적인 시선을 보내고 있다. 믿기 힘든 일이겠지만, 미국의 외교정책을 신이 인정해줄지, 에스겔서가 그 정당성을 입증해줄지를 확인해보는 기독교 신도들의 집회가 미국에서는 매주 일요일마다 열리고 있다.

앞으로 복음주의 정치활동에 약간의 애로는 있을지 모르지만, 공화당 우익은 부시와 같은 종류의 정치 지도자를 끊임없이 만들어낼 것이라고 나는 확신한다. 그 이유는 부시와 같은 사람이 대통령이 되기를 원하는 거대한 세력이 미국에 존재하기 때문이다. 부시는 새로운 정치적 신앙심이 만들어낸, 특출할 것 없는 지도자의 한 사람으로 미국 역사에 기록될 것이다. 만약 세계가 미국의 국제적 목표와 관련해 우선적으로 경각심을 가져야 할 대상이 있다면 그것은 이런 종류의 사람이 또다시 미국의 대통령이 되는 것이다.

미래의 역사가들이 2차 걸프전을 돌이켜 본다면, 세계에서 가장 큰 변화가 그렇게 능력 없고 도덕적으로도 의심스러운 사람에 의해 일어난 데 대해 놀랄 것이다. 부시는 1920년대의 워런 하딩(Warren Harding)* 이후 가장 천박하고 편협한 사고를 하는 대통령인 게 분명하다. 그는 백악관에 들어가기 전에는 여행을 해본 적도 없고 책도 별로 읽지 않았다. 사실 그에게 독서장애가 있다는 이야기도 들린다. 그

---

* 미국의 29대 대통령. 재임기간은 1921~1923년.

는 학교에서 경영학을 공부했지만, 이 저지능 분야에서도 그다지 탁월하지 않았다. 대학 시절에 그가 가장 뛰어난 능력을 보인 분야는 노는 일과 미식축구 응원이었다. 그는 그리 뛰어나지 않은 기업인이었고, 한때 프로야구팀인 텍사스 레인저스를 소유했던 경력 정도가 눈에 띈다. 석유회사 경영자로 일할 때 그는 비용을 절감해 이익을 좀더 많이 낸 적은 있다. 이때의 회사 구조조정 작업을 비롯한 부시의 사업 경력들은 불법적인 것은 아니었지만, 대통령이 된 뒤 그의 행동을 정당화하는 데 의문을 제기하게 한다. 부시의 주요 독서목록은 주로 연설문과 단순한 종교적 소책자들로 이루어져 있다. 부시가 텍사스 주지사로 일하던 시절에 그의 사고에 근거가 된 것은 바로 이런 자료들이었다. 이런 자료들에 지식을 의존하는 그는 스스로 우주의 악과 싸우도록 신에 의해 선택된 대리인이라고 확신한다. 이렇게 단순한 사람이 어디서 과대망상적인 자기 확신을 얻을 수 있겠는가? 그것은 당연히 신과의 결합이다. 우리는 부시에게서 역사상 가장 강력한 군사력을 가진 나라의 정치적 최고위직까지 오른 자의 자기 과시와 오만의 사례를 본다.

공화당 내에서 증가해온 완고하고 배타적인 복음주의 세력은 20세기 대부분의 기간에 걸쳐 사람들이 상상할 수 있었던 것보다 더 오른쪽으로 미국의 정치를 몰아가고 있다. 종교적 보수주의자들로부터 압력을 받으며 공화당은 건전한 상식과 과학을 무시하는 몰염치한 정책들을 잇달아 발표하고 있다. 지구의 온난화 등 긴급한 환경문제들에 대해서도 공화당은 환경재앙이 닥치기 전에 최후의 심판일이 올 것이라는 복음주의자들과 의견을 똑같이 갖고 있다. 종말론적 기독교도들은 세계가 결국 휴거에 휘말릴 것이라고 본다. 그런 그들이 지구의 운명을 걱정할 것이라고 기대하는 것은 어불성설이다. 줄기세포 연구와 같은 생명공학에 대해서도 공화당은 그것이 신의 법칙에 반하는 부자연한 것이라고 반대한다. 유전학의 연구 중 어떤 것들은 물론 윤리적인 염려를 해야 할 근거가 있을 수도 있다. 그러나 성경을 편협하게 문자 그대로 해석해 생명공학 등에 대한 논의에 끌어들인다면, 우리의 쟁점을 명확하게 하는 데 아무런 도움도 되지 않는다.

종교적 극단주의자들이 국내문제는 물론 국제문제에서도 승리주의자들과 연결되는데, 그 연결의 방식은 하도 기괴해서 그것을 진지한 것으로 받아들이기조차 어려울 지경이다. '다시 태어난 미국인'들은 떼를 지어 성경의 여정을 따라 예루살렘으로 여행한다. 예루살렘 여행에서 그들은 하늘이 무너지고, 저주받을 자들이 심판을 받을 때 예수가 정확히 어디에 있을 것인지를 알아보려고 한다. 그들에게는 '휴거에 휩쓸려 간 자들이 천국에 도착할 때 옷을 그대로 입고 있는 상태일 것인가, 아니면 알몸이 된 상태일 것인가?'가 토론할 가치가 있는 질문이 된다. 복음주의 집단은 워싱턴에 있는 동맹자들의 협조를 얻어 선교사들을 이라크에 파견해서 이슬람교도들을 개종시키려 한다. 그들은 이슬람은 악마의 종교가 아니라면 거짓에 불과하다고 선교한다. 어떤 점에서 복음주의 정치는 초현실적인 것이 될 수도 있다.

붉은 암소의 이야기를 기억해 보자. 구약성서 중 민수기에 따르면 성전에 가까이 가고자 하는 자는 누구나 몸에 다른 색 털은 하나도 없는 붉은 암소를 태우고 남은 재로 자신의 몸을 깨끗이 해야 한다. 붉은 암소의 신성한 재는 기원후 70년 로마군이 예루살렘의 성전을 파괴했을 때 역사에서 사라졌다고 한다. 이제 현대 유대인은 성지로 돌아와 옛 땅을 회복했으나 세 번째 성전은 아직 세워지지 않았다. 세 번째 성전이 아직 세워지지 않은 한 가지 이유는 그 성전이 세워져야 할 장소에 이슬람의 성지인 바위사원이 서 있다는 것이다. 그러나 새로운 성전을 세우기 위해 언제라도 바위사원을 무너뜨릴 사람들이 이스라엘에는 얼마든지 있다. 그러나 그렇게 하려는 사람은 신성해야 하고, 그렇다면 신성한 재를 만들기 위해 붉은 암소를 찾아야 한다는 문제가 생긴다. 이 때문에 붉은 암소를 찾기 위해 눈을 밝히는 이스라엘 사람들이 많다. 그러나 미국의 일부 복음주의자들은 붉은 암소를 찾는 일을 좀더 신속히 이뤄내고자 한다. 그래서 텍사스수의 신앙심에 불타는 일부 축산농가에서는 완벽한 붉은 암소를 만들어내기 위한 종자실험까지 하고 있다.

요르단강 서안 시구에 이스라엘 정착촌이 존재하고 이라크 석유를 둘러싼 다툼이 벌어지는 한편으로 예수의 재림이니 휴거니 하는 말들이 오가는 현상은 미국의 외교정책이 얼마나 '현실 정치와 완전한 미신의 혼합' 이 돼버렸는가를 보여주는 증거다.

다원주의와의 전쟁

1972년 연구실에서 만난 한 젊은 여성은 내가 알게 된 최초의 예수 중독자였다. 20대 초반인 그녀는 맑은 눈을 가졌고, 표정이 단호했으며, 1960년대 히피식의 검소한 옷을 입고 있었다. '신에게 가는 유일한 길' 이라는 의미로 〈원(One)〉이라는 제호를 가진 버클리의 한 잡지에게재될 인터뷰 기사를 작성하려고 내게 면담을 요청했던 것이다. 그러나 그녀는 듣기보다는 말하려고 온 듯했다. 그녀는 자신도 그 조직화에 힘을 보탠 기독교 공동체에 대해 말하고 싶어 했다. 나는 그녀가 하는 말을 정중하게 다 들었지만, 그런 나의 태도는 은근히 거부한다는 뜻이었다. 당시는 종교에 흥미가 있는 사람들도 고리타분하면서도 엄격한 십자가의 종교가 아니라 불교의 선이나 힌두교, 수피교 등 동방의 종교로 이끌리던 때였다.

나는 곧 그녀가 마음속에 어떤 목적을 품고 나를 찾아왔음을 알아챘다. 그녀의 목적대로라면 나는 그녀와 같은 맨발의 사도들이 진정한 대항문화를 대표한다고 인정해야 했다. 내가 그렇게 인정했노라고 그녀가 자신의 기사에 쓰도록 용인해야 하나? 내가 대항문화라는 신조어를 지어낸 것은 당시 젊은층의 항거가 일반적인 정치의 수준을 넘어서는 쟁점들과 관련돼 있음을 지적하기 위한 것이었다.

그녀가 옹호하는 기독교적 포퓰리즘, 즉 '당신이 가진 모든 것을 가난한 자들에게 주고 나를 따르라' 는 사고방식이 주류 미국인들의 물질주의에 대해 대항적이라는 점은 나로서도 인정할 수 있었다. 그러나 우리 둘 사이의 대화에서는 짜증나는 주제 하나가 계속 불거졌다. 그것은 '유일(One)' 이라는 말로 표현됐고, 이 표현은 그녀가 하는 모든 말에서 울려 나왔다. 그녀가 하늘을 향해 치켜든 하나의 손가락, 그것은 예수 중독자의 전형적인 행동이었다. 손가락 하나를 하늘을 향해 치켜든다는 것은 하나의 방법, 하나의 진리, 하나의 구원방법을 뜻했다. 그러한 배타성은 개방성과 모험정신, 그리고 사례로 확인하려는 실험정신, 이국적인 것이나 금지된 것에의 매료 등 당시의 저항적 젊은이들에게서 볼 수 있었던 가장 매력적인 특성들과는 정반대였다. 나는 그녀의 유대-기독교적인 광적 신앙이 엄격한 정통주의에서 나왔다는 점을 알아챘다. 나는 그런 것들을 어린 시절 내내 물리도록 경험했다. 내가 다닌 시카고의 성 베로니카 학교에서 종교는 손바닥을 맞는 위협 속에 기계적으로 암기한 교리문답을 의미했다. 내가 그녀의 퇴행적인 구시대적 종교관에 대해 오래 이야기할 이유는 없었다.

그녀와 인터뷰를 한 지 두 달 뒤에 시사잡지 〈타임〉이 '예수의 사람들'이라는 제목의 커버스토리를 실었다. '예수의 사람들'이 미국 전역의 학교들에서 가장 두드러지게 증가하는 추세라는 것이었다. 당시는 복음주의 세력이 번창하던 때였고, 이는 정치적으로 잠재력을 가진 상황변화의 초기 징조였다.

그로부터 10여 년 뒤에 '도덕적 다수(Moral Majority)'라는 구호를 내세운 일종의 종교적인 운동이 레이건의 대통령 당선에 중요한 역할을 했다. 다시 그로부터 20여 년이 더 지나 21세기가 막 시작된 지금 미국은 역사상 가장 공공연하게 종교적인 성격을 지닌 대통령을 백악관에 갖고 있다. '다시 태어난 텍사스인'인 부시는 회의를 기도로 시작하고, 언론과의 회견에서 '악'이라는 용어를 가장 많이 사용하고, 항상 "신이여 미국을 축복해 주소서"라는 말로 연설을 마무리한다. 부시는 국내정책에서 그의 보수적 지지층이 원하던 모든 것들, 즉 신앙에 기반을 둔 사회정책, 낙태에 대한 제한, 학교에서의 기도 등을 선사해주었을 뿐 아니라 외교에서도 국가 간의 문제에 신의 섭리라는 개념을 앞세움으로써 그들의 환심을 샀다.

대통령의 복음주의적 기독교 신앙에도 헌법이 보장하는 '종교의 자유'가 적용돼야 하는 것 아니냐고 반문할 사람들도 있을 것이다. 물론이다. 그러나 행정부 최고위직에 있는 대통령의 성경 숭배적 행동에는 한계가 있어야 한다. 매카시즘의 시절에 우익들은 만약 공산주의자들이 시민의 자유를 악용해 권력을 잡으면 그들은 곧바로 자유의 권리를 말살할 것이라고 주장했다. 그러나 나는 오히려 호전적인 근본주의자들이 정권을 잡으면 종교의 자유가 침해될 것이라고 걱정한다. 그들은 "미국을 정복하기 위한 신앙적 의무"*를 스스로 짊어지고 있다고 외치는 사람들이다.

미국의 정치에 종교적 우익의 영향력이 점점 더 커지는 것과 관련해 더욱 우려되는 점이 있다. 1972년에 내가 만난 예수 중독증 학생을 다시 떠올려 본다. 그녀는 명랑하고 정중했지만, 자신의 생각과 다른 생각을 만나면 고집불통으로 변했다. 왜 그랬을까? 그녀의 눈에는 인본주의자나 진보적 자유주의자인 체하는 내가 마치 저주받은 영혼인 것처럼 보였을 것이다. 우리가 이야기를 나누는 동안 그녀는 나의 세속주의에 감염되지 않으려고 자기방어를 단단히 했다.

그때 내가 화를 냈을까? 아니었다. 나는 그녀가 하고자 하는 게 뭔지를 알아차렸다. 카톨릭 학교를 다니던 어린 시절에는 나도 그녀와 똑같은 태도로 사람들을 대했다. 나의 티 없이 순진한 관점에서 볼 때 내가 만난 많은 사람들이 분명 저주받을 것 같았다. 부모님이 미사에 빠졌거나 금요일인 데도 고기를 먹은 날에는 그들이 지옥에 떨어질 것이라는 두려운 생각에 나는 밤에 침대 속에서 흐느꼈던 적도 있다. 나는 스스로 신에 의해 선택된 사람이라는 생각을 갖고 있었고, 내가 좋아하지 않거나 나와 생각이 다른 사람을 만나면 독선적인 안

---

* 이것은 낙태 반대운동가인 랜달 로버트슨(Randall Robertson)이 한 말이다.

도감을 느끼곤 했다. 결국 그때의 나는 우주에서 선택받은 소수의 배타적 집단에 속해 있었다.

　나는 영광의 길로 갈 운명이고, 너는 저주를 받아 영원한 멸망으로 갈 것이라는 확신보다 더 타인과의 관계를 왜곡하는 것은 없다. 자기 신념에 충실할수록 왜곡은 더욱 커진다. 그런 생각을 품은 자들이 보다 세련된 방법을 찾을 수도 있겠지만, 어쨌든 나와 너의 차이가 천국과 지옥의 차이와 같다는 믿음은 사람들 사이에 무엇보다 큰 간격을 만든다. 지금 우리는 점점 더 흔해지는 종교적 극단의 유형들에 대해 이야기하고 있음을 명심하자. 위대한 유일신에 대한 극단적인 경배는 다양성과의 전면적인 전쟁으로 발전하기 쉽다. 이것이 바로 시민의 자유 차원이 아니라 문화적 생활의 질이라는 측면에서 내가 갖게 되는 가장 큰 걱정이다.

　내가 다원주의라는 말을 사용할 때 그것은 추상적인 법률적 원칙을 의미하는 게 아니다. 다원주의란 인간의 다양성으로부터 우리가 누리게 되는 즉시적인 기쁨, 그리고 인생에서 다른 길 또는 내가 가기를 바랄 수도 있었을 길을 걸어간 다른 사람을 만났을 때 우리가 경험하는 즐거운 놀라움을 의미한다. 활기찬 다양성은 월트 휘트먼 (Walt Whitman)이 "민주주의는 우리 자신의 노래를 부르는 것"라고 정의했을 때 그가 마음속에 가지고 있었던 생각 바로 그것이다. 그는 미국이란 과거로부터 물려받은 수많은 주제들의 거대한 즉흥 재즈 연주라고 보았다. 그래서 그는 "나는 미국이 노래하는 것을 듣는다. 그 다양한 찬가를 듣는다"고 노래했다. 샌프란시스코의 시인 로버트 던컨(Robert Duncan)은 휘트먼의 민주주의적 이상을 멋지게 다시 표현했다. "우리는 모든 오래된 것, 여성, 무산계급, 외국인, 동물, 식물,

무의식적인 것, 우리가 모르는 것, 범죄자, 실패자, 버려진 사람과 방랑자, 그리고 배제된 질서도 포함하여 모두가 참여하는 향연 속에 살고 있다."

진정한 휘트먼식 민주주의는 단순히 우리에게 우리 자신의 노래를 부르도록 허용하는 데 그치지 않고, 더 나아가 우리에게 그렇게 하도록 격려한다. 진정한 민주주의는 다양성, 독창성, 실험정신을 갈망한다. 그런 의미에서 민주주의는 목적이 아니라 수단이다. 민주주의는 훌륭한 재즈 밴드와 같이 우리 모두가 스스로 변화하고 참여하는 것이다.

재즈와 예수가 어울릴 수 있을까? 이 문제는 기독교도들 스스로가 결정해야 할 문제다. 모든 종교는 그 종교를 믿는 사람들이 만들어 가는 것이다. 다원주의를 악마의 작품이라고 여기는 사람들로 인해 민주주의는 손상되고 문화는 빈곤해지고 있다. 이런 점은 미국에서 점점 더 커지는 종교적 우익들이 정치적으로 성공하는 대가로 우리가 지불해야 하는 최대의 비용이다. 우리는 민주주의의 실존적 뿌리와의 직접적인 관계를 잃어가고 있다. 그리고 그런 것이 바로 신을 찬양하는 길이라고 수많은 미국인들이 굳게 믿고 있다.

그 결과는 단순히 우리의 문화가 황폐해진다는 데 그치지 않는다. 다원주의와의 전쟁은 외교문제에까지 파급된다. 미국의 정책은 불행하게도 스스로 제국주의의 길로 가고 있다. 그러나 더욱 나쁜 것은, 자신들 외에는 모든 인류가 다 저주받은 자들이라고 보는 고집스러운 성경 지상주의자들의 수중에 그 제국의 운명이 맡겨져 있다는 점이다.

5장

기   죽   은

진   보   적

자 유 주 의 자 들

자칭 진보적 자유주의자들이 만든 정책의 도덕적 진공 상태에서 아이들을 키우려 애쓰는 부모들을 진보적 자유주의자들 스스로가 가엾게 여겨야 할 때다. 진보적 자유주의자들은 우리의 세금을 정부가 적절하게 쓰고 있다고 믿어 달라고 요구한다. 이제 사람들은 그런 사기행각에 지쳤다. 오늘날 보수주의자들은 세금을 내는 국민들에게 가치를 되살려 주고자 한다. 그리고 우리는 가난한 사람들이 각자 자신의 삶을 개선할 기회를 주고자 한다. 이것은 돈을 뿌려서 문제를 해결해서 권력을 유지하고자 하는 진보적 자유주의자들이 보이는 거짓 연민이 아니라 진정한 연민이다.

_____**러시 림보**, 라디오에 출연하는 대표적인 보수주의 논평가, 1992

나는 정부를 없애자고 하지 않는다. 나는 단지 정부의 규모를 욕실에 갖고 가서 욕조에 집어넣을 수 있을 정도로 줄이고자 한다.

_____**그로버 노퀴스트**, 조세개혁 단체의 대표, 보수주의 단체 조직가

세계의 아치 벙커들이여, 궐기하라!

미국에서 승리주의자들에 맞서는 주요 반대세력은 민주당의 진보적 자유주의 진영이다. 그러나 진보적 자유주의자들은 지난 20여 년 동안 심각한 어려움에 빠져 있었다. 어떤 사람들은 진보적 자유주의는 레이건 때 이미 사망선고를 받았다고 주장한다. 앞에서 살펴보았듯이 미국 진보적 자유주의의 불운은 미국인들이 보여주는 투표 행태의 인구학적 변화가 낳은 결과다. 선벨트는 미국 정치를 급격하게 우향우하게 만들었다. 2차대전 직후에는 민주당의 확실한 지지계층인 대도시의 조직된 노동자들이 미국의 중심이었으나, 지금의 미국은 교외지역에 사는 중산층이 중심을 이루는 나라가 됐다. 루스벨트 대통령의 뉴딜정책 이래 진보적 자유주의자들이 유권자 집단들 가운데 가장 믿고 의지해온 노동자 계급은 대기업들의 세력 강화에 밀려 점점 더 위축됐다. 진보적 자유주의자들을 곤경에 빠뜨린 가장 큰 요인은 미국 노동계급의 가치와 심리가 변했다는 점이다. 노동계급 유권자들마저 보수화된 것이다. '레이건을 지지하는 블루칼라 유권자들'의 등장만큼 미국 진보진영의 사기를 떨어뜨린 것은 없다.

미국 대중문화에서 한 가지 교훈을 찾아보자. 1970년대 내내 미국에서 가장 인기 있는 텔레비전 프로그램은 '올 인 더 패밀리(All in the Family)'라는 시트콤이었다. 영국에서 인기 속에 방영됐던 '죽음이 우리를 갈라놓기까지(Till Death Us Do Part)'라는 프로그램을 개작한 이 홈코미디 시리즈의 주인공은 도저히 영웅이 될 수 없어 보이는 남자였다. 그는 무식하고 큰 소리로 떠드는 보수적 화물노동자로, 이름은 아치 벙커(Archie Bunker)였다. 아치는 반흑인, 반히스패닉, 반노동조합, 반동성애, 반여성, 반정부 등 당시의 모든 우익의 관점과 가치를 신봉하는 인물로 그려졌다. 매주 텔레비전에서는 그의 고루함이, 반항의 1960년대를 상징하는 그의 아이들이 지닌 진보적 급진주의와 코믹하게 대조됐다. 아치 벙커는 지적이고, 책을 많이 읽고, 대학 교육을 받은 중산층 미국인들이 경멸하는 모든 것들의 표상이었다. 진보적 자유주의자들이 놀림감으로 삼기에 안성맞춤이기도 했다.

그러나 미국의 진보적 자유주의자들은 현실 세계에 얼마나 많은 아치 벙커들이 살고 있는지, 그들이 얼마나 아치 벙커와 같은 생각을 하며, 건방지고 잘난 체하는 아이들로부터 아치 벙커들이 얼마나 큰 충격을 받고 분개하는지를 미처 생각하지 못했다. 미국 정부가 열심히 일하는 백인 노동자들을 희생시키고 있다고 보고, 그런 정부의 태도에 분노를 퍼붓는 아치 벙커의 모습은 많은 미국 가정들 사이에 폭넓은 공감을 불러일으켰다. 마침내 레이건이 싸울 준비를 마친 아치 벙커들의 대변인으로 나서자 그들의 분노는 현실에서 표출됐다. 정부를 후려치고, 소수인종을 경멸하고, 국기를 흔들고, 세금을 줄이라고 하고, 어려움에 빠진 백인들을 추켜세우는 극우익 후보들, 특히 카우보이처럼 보이는 후보들에게 진심에서 표를 던진 유권자들은 다름 아닌 노동계급이었다. 레이건은 노동조합을 공격했음에도 아치 벙커와 같은 노동계급 유권자들의 표를 많이 얻었다. 항공관제사 노조는 선거에서 레이건을 적극적으로 지지했으나, 대통령에 취임한 레이건이 맨 처음 한 일은 파업 중이던 항공관제사들을 비노조원으로 대체시키는 것이었다. 이런 정치적 배신에도 불구하고 레이건의 인기는 전혀 훼손되지 않았다.

수많은 아치 벙커들이 현실에 등장한 것은 미국의 진보적 자유주의 지도자들에게 충격을 주었다. 레이건은 도대체 어떻게 해서 그렇게 많은 진통적 민주당 지지층의 표를 긁어갈 수 있었는가? 20년이 지난 지금도 많은 진보적 자유주의자들이 아직도 이 질문에 대해 솔직한 대답을 찾기를 기피하고 있다고 나는 생각한다. 레이건은 미국 사회의 수면 밑에서 끓어오르고 있던 불만과 불안정의 심리를 잘 이용했다. 레이건은 미국인들의 생활에 대기업들이 끼치는 압도적인 영향에 대해서는 전혀 언급하지 않았다. 대신 그는 진보적 자유주의 프로그램들은 엘리트 지식인과 학자들에 의해 지배되고 실생활과는 동떨어진 상태에서 노동자들을 괴롭히는 '큰 정부'의 다른 표현일 뿐이라고 공격했다. 그에게 1960~1970년대의 사회적 저항운동은 선량하고 애국적인 주류 미국인들의 가치에 대한 공격이었다. 그리고 그런 운동의 중심에는 공산주의자일지도 모르고 마약 거래자일지도 모르는 히피족과 대학의 부랑자들이 있는 것으로 간주됐다.

레이건은 형사 사법제도에 대해 진보적 자유주의자들이 추진했던 개혁의 약점에도 편승했다. 1960~1970년대에 진보적이었던 대법원과 법조인들은 범법자, 특히 소수인종 범법자의 법률적 권익을 크게 신장시켰다. 그런 개혁에 찬성한 사람들은 대다수의 중산층 백인들이 동의하지 않는다는 점을 생각하지 못했던 것 같다. 리처드 닉슨이 성공적이었던 그의 선거전략을 설명하면서 이 문제를 이렇게 정리했다. "대다수 미국인들은 젊지 않고, 가난하지 않고, 흑인이 아니다." 레이건은 한 걸음 더 나아갔다. 그는 진보적 자유주의자들이 사법제도에서 범죄자의 편에 섰다고 비난했다. 진보적 자유주의자들은 범죄에 대해 너무 관대하다고 레이건은 주장했다. 진보적 자유주의자들은 전체 범죄자들 중에서 흑인이 불균형적으로 높은 비율을 차지하고 있으므로 흑인을 중심으로 형사 사법제도를 개혁한다는 것은 당연한 일이라고 생각했다. 그러나 레이건은 이와 반대로 '피해자의 권리'를 강조했다. 그는 미국 도시들에서 날로 증가하는 범죄에 엄격한 법집행으로 대응하는 것을 목표로 하는 정책을 발표했다. 특히 그의 부인인 낸시야말로 오늘날 미국의 교도소들이 마약 범죄자들로 가득 차게 된 데 대한 책임이 있다. 새로운 마약법으로 인해 소량의 마리화나를 운반했다는 죄목으로 감옥에 갇히는 사람들이 크게 늘어났다. 이 법은 레이건이 선거유세에서 주요 주제로 내세운 '가족의 가치'의 출발점이었다.

진보적 자유주의자들은 레이건의 능력을 과소평가했다. 레이건은 지적인 능력은 볼품없었지만 자신의 재능을 스스로 잘 아는 노련한 배우였다. 그는 카메라를 어떻게 대하고, 어떻게 말해야 하는지를 잘 알고 있었다. 그는 머리를 가장 이상적인 카메라 앵글에 맞게 치켜

세우고는 매력적으로 웃었으며, 말을 시작하기 전에는 대본에 쓰여 있는 대로 수줍은 미소를 지었다. 레이건이 배우로서 연기한 주된 배역은 잘생기고 누구의 마음에도 쏙 드는, 그러나 상처를 쉽게 입는 민감한 젊은이였다. 그는 몇 년간에 걸쳐 이런 자신의 이미지를 완벽하게 다듬었다. 그 결과 누구도 그를 나쁘게 생각할 수 없었다. 만약 그가 지적으로 민첩하지 못했다고 한다면, 많은 미국인들 역시 그랬다. 그가 모든 것을 알기를 기대하는 것은 불공평하다. 그러니 대통령에게 시간을 좀 주자. 레이건은 유약하게 보여서 동정심을 불러일으켰다. 어려운 문제로 그를 난처하게 만드는 것은 잔인한 일인 것처럼 간주됐다. 그는 카메라를 속이는 방법을 잘 아는, 진실로 '위대한 의사전달자'였다.

　　레이건은 언론을 대하는 태도가 완벽했다. 진보적 자유주의자들은 그런 사실을 받아들이지 않았지만, 공화당원들은 실제 모습이 어떻든 간에 텔레비전을 통해 그럴 듯하게 보이는 것이 얼마나 중요한지를 배웠다. 이전의 어떤 대통령에 비해서도 레이건은 대중으로부터 중요한 양보를 많이 받아냈다. 그는 정책의 시시콜콜한 내용을 잘 알고 논쟁하는 것은 대통령의 임무가 아니라고 강조했다. 대통령의 일은 큰 비전을 제시하는 것이다. 그런 비전을 멋진 구호나 수사로 포장하고, 고상한 용어로 칭찬하거나 비난하고, 대범하게 선언하고, 우아하게 미소를 짓거나 인상을 찡그리고 난 뒤 작별인사를 하면 되는 것이다. 한 마디로 대통령은 대본에 나오는 대로 방송 카메라 앞에서 글을 읽고, 진지하게 보이기만 하면 된다. 레이건은 임기 말까지 줄곧 인기를 누렸다. 하지만 그러는 동안에 미국의 대중이 했던 일은 대통령처럼 보이긴 하지만 사실은 얼간이인 자를 대통령으로 뽑아도 된다는 허가증을 정치인들에게 내준 것뿐이다.

레이건이 퇴임한 뒤 몇 년 만에 세상에 알려진, 연민의 정을 불러 일으키는, 그러나 매우 의미심장한 뒷이야기가 하나 있다. 의회가 이란-콘트라 스캔들에 대해 증언을 듣기 위해 레이건을 불렀다.* 나를 포함한 적지 않은 사람들이 보기에 이란-콘트라 스캔들은 미국 역사상 합헌 정부에 최대의 치명타를 가한 것이었다. 그것은 백악관 지하에서 정부가 은밀한 공작을 벌이고, 그런 은밀한 공작을 위해 미국 정부가 이란에 무기를 팔아 불법적인 자금을 조성한 사건이었다. 이 사건에 연루된 사람들은 그렇게 조성한 돈을 니카라과의 공산주의 정부를 전복시키기 위한 비밀전쟁 비용으로 사용했다. 이미 의회가 그런 식의 해외원조를 명시적으로 금지해 놓은 상황에서 벌어진 일이었다. 그들은 니카라과 반공산주의 세력을 무장시키고, 그들에게 보급품을 보내기 위해 부유한 공화당 지지자들로부터 기부를 받기도 했다. 그들은 대통령이라는 레이건의 지위를 이용해 의회에 그 내용을 알리지도 않고 돈을 조성했다. 이는 미국 헌법을 정면으로 위반하는 행위였다. 이란-콘트라 스캔들에 대해 좀더 상세히 설명하라는 요구를 받은 레이건은 머리를 설레설레 흔들면서 어리둥절하다는 표정을 지었다. 그리고는 그 일과 관련한 어떤 점이 불법인지를 자기는 정말로 모르겠다고 주장했다. 그는 정말로 진실을 말하는 것처럼 보였다! 레이건의 지지자들은 이란-콘트라 스캔들을 이유로 레이건을 비난하려고 하지 않았다.

---

*이란 - 콘트라 스캔들은 1986년 미국 국가안전보장회의가 레바논에 억류돼 있는 미국인 인질을 구해 낼 목적으로 비밀리에 이란에 무기를 판매하고 그 대금의 일부를 니카라과의 콘트라(반군)에 지원한 사건이다.

"미국은 근본적으로 보수적인 나라"라고 레이건류의 보수주의자들은 주장했다. 그리고 레이건의 인기가 높아져 가면서 놀랍게도 당시의 진보적 자유주의자들도 그런 그들의 주장을 액면 그대로 받아들였다. 진보적 자유주의자들은 레이건이 필승의 정치공식을 찾았다고 생각하면서 자포자기했고, 레이건의 가장 터무니없는 정책 앞에서도 꼬리를 내리기 시작했다. 보수주의자들은 국가가 필요로 하는 모든 새로운 아이디어들을 갖고 있는 것처럼 보이기 시작했다. 공급측면 경제학, 가족의 가치, 타협하지 않는 법 집행, 사회적 서비스의 민영화, 규제의 폐지나 완화, 시장경제의 확대 등 모든 보수적 아이디어들이 정책으로 실행됐다. 보수주의 우익들은 진보적 자유주의 성격의 사회적 프로그램이 많은 돈을 낭비했지만 제대로 작동하지도 않는다고 비난했다. 인종관계, 빈곤, 사회보장, 건강보험, 교육 등 많은 것들이 작동하지 않는다는 것이었다. 그들은 진보적 자유주의자들을 '헐벗은 황제'라고 비하했고, 많은 진보적 자유주의자들이 스스로 이런 비난을 받아들였다. 승리주의자들의 등장은 모든 전선에서 진보적 자유주의자들이 이렇게 퇴각했다는 점과 깊은 관련이 있다.

승리주의자들의 지배체제가 태동한 시점은 레이건 대통령 임기 초반이었다. 레이건의 추종자들과 승리주의자들은 국내정책에서 점점 더 강고한 기반을 다지게 되자 군사화된 외교정책을 개척하기 위한 노력에 나서기 시작했다. 1980년대 중반 무렵에 한 문건이 레이건 행정부 안에서 회람됐다. 이 문건은 미국 정부가 소련에 대해 보다 더 위협적인 태도를 취해야 한다고 주장하면서, 새로운 형태의 공격적 외교정책을 옹호하는 내용을 담고 있었다. 이 문건은 승리주의 정책의 기본 토대가 됐으며, 부시 대통령에 와서 결실을 맺었다.

백인들의 대변자

승리주의자들은 레이건의 '도덕적 선명성'을 찬양한다. 그러나 레이건의 정책들 가운데는 도덕적으로 중요한 문제에서 의도적으로 모호하게 남겨진 부분이 있다. 그것은 바로 레이건의 위장된 인종주의다. 레이건은 미국 도시에 범람하던 흑인 범죄에 대한 백인의 공포를 이용했다. 그는 백인이 흑인과 흑인의 편에 선 오만한 백인 정치가에 의해 들볶여왔다는 일반 백인들의 아치 벙커식 확신에 동의하면서 엄격한 법 집행을 요구했다. 레이건이 선거에서 가장 효과적으로 이용한 이미지는, 열심히 일하는 백인 납세자로부터 정부가 주는 혜택을 긁어가는 '검은 복지 여왕'이었다. 그의 후계자인 시니어 부시도 1988년 대통령 선거전에서 비슷한 책략을 사용했다.

시니어 부시의 텔레비전 선거광고는 민주당 후보였던 듀카키스 매사추세츠 주지사에 의해 사면을 받은 윌리 호턴이라는 이름의 험상궂은 흑인 범죄자를 비추었다. 호턴은 감옥을 나온 직후에 백인 여성을 강간했다. 호턴을 내세운 선거광고가 전달한 메시지는 증오심과 공포심이었고, 이는 레이건식 공화당의 전형적인 정치선전이었다. 그 메시지는 이런 것이다. "진보적 자유주의자들은 선량한 우리 백인보다 흑인 강간범을 더 좋아한다. 진보적 자유주의자들은 우리의 총을 빼앗아, 흑인들이 더욱 손쉽게 우리에게 강도짓을 하거나 살인을 하도록 한다."

레이건식 공화당원들은 인종문제의 피해자인 흑인들을 비난하고 백인들을 대변하는 교묘한 방법을 찾아냈다. 레이건은 1960년대에 청년 저항운동 세력의 핵심 관심사였던 인종적 정의를 실현할 것을 목표로 한 정책들에 대해 공격의 화살을 겨누었다. 그는 교육과 고용에서 소수인종에게 혜택을 주는 소수인종 우대정책을 반백인주의라고 규정하고, 이에 대해 단호하게 반대했다. 그는 백인 아이들을 멀리 떨어진 흑인 거주지역 학교로 보내 학급당 인종균형을 맞추려는 정책에도 반대했다. 레이건은 이런 정책은 백인의 이익을 해치는 과도한 것이라고 생각하는 백인 대중의 정서에 호소했다. 그는 "정부는 해결책이 아니라 오히려 문제 그 자체"라는 주장의 호소력과 설득력을 높이는 데 그런 사례들을 이용했다.

진보적 자유주의자들은 레이건의 호소가 얼마나 효과적으로 미국 노동자들과 교외에 거주하는 중산층 유권자들에게 작용했는지를 제대로 평가하지 못했다. 레이건이 퇴임할 때까지 보수주의자들은 진보적 자유주의자들을 '인종적 평등의 실현을 꿈꾸는 악당들'로 비난했다. 그들에게 '인종적 평등' 이란 미국 정부가 흑인들을 위해 이미 너무 많은 일을 했다고 생각하는 다수 백인 시민들을 배반하는 것을 의미했다. 아마 사람들은 많은 희생을 요구하는 문제에 대해서는 관심을 잃어가는 '윤리적 피로현상'을 겪고 있었던 것으로 보인다. 사실 1980년대에는 인종적 정의가 도덕적 대의로서는 명백하게 호소력을 잃어가고 있었다. 미국의 많은 사람들이 과거 노예제도의 막중한 죄를 씻으려면 아무리 많은 노력을 기울여도 모자란다는 비판을 반복해서 듣는 데 지쳐 버렸다. 반면 백인에 비해 흑인에게 혜택을 더 많이 주는 '역 인종차별'은 눈앞의 문제였다. 교육받은 흑인 중산층 전문가 계층이 등장한 것은, 이제 인종주의는 과거의 유물이 됐다는 생각을 입증해주는 듯했다. 공화당은 보수적인 흑인 공화당원들을 주요 지지계층의 사례로 중점적으로 부각시켰다. 시니어 부시 대통령은 흑인이자 역사상 가장 수구적인 법관이었던 클라렌스 토머스를 대법원 판사로 임명하기도 했다.

그러나 진보적 자유주의자들은 미국에는 명백히 드러나지 않는 인종주의 사례들이 아직도 많다는 사실과, 그런 인종주의가 젊은 흑인들을 범죄의 나락으로 떨어뜨린다는 사실을 유권자들에게 분명히 보여주는 데 실패했다. 미국 전역의 많은 흑인 거주지들에서 사소한 마약전쟁으로 인해 매년 수천 명이 목숨을 잃고 있었지만, 이런 살육은 사회적인 문제가 아니라 희생자들의 개인적 실패의 문제로 간주됐다.

레이건은 인종문제에서도 진보적 자유주의자들의 아픈 곳을 찔렀다. 20세기에 들어 2차대전이 끝날 때까지 미국의 주요 정당들은 인종문제에 대해 신뢰할 만한 업적을 내세울 수 없었다. 노예제를 없앤 에이브러햄 링컨은 공화당 소속이었지만, 그 후 공화당은 인종문제를 무시해 버리는 태도를 취했다. 남북전쟁 직후 공화당은 북부의 대도시와 대기업 중심의 정당이었고 '깊숙한 남부'에서는 미미한 조직만을 유지했을 뿐이다. 남부의 여러 주에서는 여전히 민주당이 백인 우월주의를 대변하는 정당이었다. 이런 판도는 루스벨트 대통령 시절까지 유지됐다. 민주당은 과감한 혁신을 추진했지만 인종차별, 사적 제재, 흑인 시민권 등의 문제를 공론화하지 않았다. 루스벨트는 뉴딜정책을 추진하기 위해 남부 출신 민주당 의원들에게 너무나 많이 의존했다.

미국의 진보적 자유주의(Liberalism)가 형성되는 과정에서 역사상 가장 중요한 두 가지 운동을 꼽으라면 19세기 후반의 '포퓰리즘 운동'과 '진보주의(Progressive) 운동'을 들 수 있다. 두 운동 모두 인종문제에 대해서는 모호한 태도를 보였다. 진보주의자는 용기 있는 개혁가였지만, 그들 역시 고집스러운 엘리트이긴 매한가지였다. 그들은 주로 백인, 앵글로색슨, 프로테스탄트, 고등교육을 받은 자였다. 또 그들 중 다수는 소규모 도시 출신이었다. 그들은 소수인종을 '방탕과 타락, 그리고 범죄의 온상'이 되는 자들이며 '도시의 수치'라고 여겼다. 진보주의의 위대한 영웅인 우드로 윌슨 역시 동부와 남부 유럽 출신 이민자들을 깔보는 발언을 할 정도였다. 윌슨은 워싱턴에서 흑인에 대한 차별적 격리조치를 실시하기도 했다. 진보주의 역시 인종차별의 어두운 유산을 가지고 있었던 것이다.

포퓰리스트들은 주로 19세기 말 산업화의 진전으로 정치적 영향력에 위협을 받던 북부의 농민들이었다. 그러나 분노에 가득 찬 그들의 '부자 때려잡기' 운동은 참담하게 실패했다. 기업집단의 힘과 대도시 유권자 세력은 그들이 넘기에는 너무나 높은 벽이었다. 영웅적인 패배자의 역할을 맡은 북서부 출신 포퓰리스트들은 남부의 흑인들에게 아주 비우호적이었다. 그럼에도 많은 남부의 농민들은 흑인 농민들과 같이 행동하려하지 않았고, 이 때문에 포퓰리즘 운동에도 동참하기를 거부했다. 뉴딜정책 추진자들은 이 정책의 정치적 기반인 '견고한 남부'를 잃게 될지도 모른다는 불안감에서 인종문제를 전면에 내세우려 하지 않았다. 이런 수치스러운 역사로 인해 인종문제는 2차대전이 끝난 뒤까지 민주당에게는 손톱 밑의 가시로 남았다. 2차대전 이후 민주당은 흑인 시민권과 투표권의 입법을 실행하는 도박을 감행했고, 그 결과는 남부의 민주당 지지기반이 몰락하는 것으로 나타났다. 미국 남부는 인종적 정의의 문제에 대해 아무런 정책도 갖고 있지 않았던 공화당으로 서서히 옮겨갔다.

오늘날 인종문제에 대한 공화, 민주 두 정당의 차이는 그 어느 때보다 크다. 진보적 자유주의자들 덕분에 민주당은 인종적 소수파를 강력히 지원하는 태도를 유지하고 있다. 민주당은 미국 역사상 어느 주요 정당보다 가난한 사람들과 노동계층을 옹호하는 다문화적 정당의 모습을 띠고 있다. 그러나 흑인과 스페인 계통 유권자들의 투표 참가율이 낮다는 점이 민주당으로서는 고민스러운 부분이다. 반면 공화당과 공화당을 주도하는 승리주의자들은 미국 국민을 분열시키는 주제로 인종문제를 이용하려고 한다. 이런 승리주의자들의 전술은 지금까지 매우 효과적이었다. 남부의 가난한 백인, 특히 남자들은 흑인들과 정치적으로 연합하는 것이 그들에게 이익이 됨에도 흑인 유권자들과 힘을 합치려 하지 않는다. 이에 비해 큰 정부에 반대하는 공화당의 주장은 곧잘 성내는 백인들에게 아주 호소력이 있다. 왜냐하면 백인들은 민주당이 흑인들에게 소득을 이전시키기 위해 정부가 거둔 세금을 이용한다고 생각하고 있기 때문이다. 레이건 시절 이후 공화당이 세금으로 뒷받침되는 모든 정책에 반대한다고 주장해온 것도 같은 이유에서다.

미국에서 보수주의자들은 '계급투쟁' 이라는 용어는 용납될 수 없는 무례한 말이며, 미국의 정치 지형에서는 이미 사라진 마르크스주의의 유산일 뿐이라고 낙인찍는 데 성공했다. 대개의 미국인들은 부자와 가난한 자가 상반된 이해관계에 놓여있다고 생각하는 것은 나쁜 태도라고 여긴다. 그 덕분에 미국 정치가 크게 분열되지 않았다고 생각하는 사람도 있을지 모른다. 그러나 그런 분열보다 더 터무니없는 분열이 미국 정치에 나타났다. 보수주의자들은 자신들이 진보적 자유주의자들과 큰 강을 사이에 두고 있다고 주장한다. 그들은 자신들과 진보적 자유주의자들과의 차이는, 그들 자신이 자유라고 규정하는 것들과 '가증스러운 것들'의 차이라고 말한다. 그들이 말하는 '가증스러운 것들'은 노예제, 예종의 상태, 독재체제, 빅브라더 정부 등 아주 극단적인 것들이다. 그런데 그들이 이런 표현들을 동원해 가며 자유에 대한 거대한 위협이라고 말하는 것들은 구체적으로 어떤 것들을 가리키나? 은퇴한 노인들을 돕고, 아이들을 돌보고, 학교를 짓고, 우편제도를 개선하기 위해 세금을 올리는 것이 그들이 말하는 거대한 위협인가? 이런 정책들이 과연 미국인들의 자유에 실제로 위협이 되는 것일까? 이런 정책들은 비용이 많이 들거나 비효율적일 수는 있지만, 그런 것들을 전체주의적 위협이라고 말할 수는 없다. 보수주의자들은 가장 유연하고 온건한 자유주의조차도 급진적이고, 파괴적이고, 비애국적이라는 뜻을 함축해 '좌익'이라고 부른다.

진보직 자유주의자들과 보수주의자들을 분열시키는 가장 뜨거운 감정적 대립은 어느 지점에서 생겨나는 것일까? 그것은 바로 공정함, 부의 재분배, 정부의 역할 등에 관련된 모든 논쟁의 배후에 잠재돼 있으면서 자꾸만 겉으로 불거지곤 하는 인종문제에서다.

인종주의의 세 번째 국면

제도화된 인종차별은 승리주의자들이 득세하는 과정에서 핵심적인 역할을 한 '더러운 비밀'이다. 400년 전 아프리카에서 첫 번째 노예선이 미국에 도착한 이래 인종문제는 미국의 고질병이었다. 미국 인종문제의 첫 번째 국면은 노예제였고, 두 번째는 미국판 아파르트헤

이트였던 짐 크로(Jim Crow) 법으로 상징되는 노골적인 흑인 차별주의였다. 지난 20년간에 걸친 보수주의의 작용으로 인해 미국의 인종 문제는 이제 '홀리기'와 '사악함'이라는 두 가지 요소를 동시에 갖는 세 번째 국면으로 접어들었다. 이 세 번째 국면은 1980년대 레이건 시절에 시작됐다. '홀리기'란 흑인들 중에 고소득을 올리는 운동선수나 대중적 슈퍼스타들이 생겨난 것과 관련되고, '사악함'이란 절대 다수의 흑인들은 결코 슈퍼스타가 될 수 없으며 70% 이상의 흑인 아이들이 빈곤선 이하의 가정에서 자란다는 사실과 관련된다. 인종주의의 세 번째 국면은 심각한 사회문제인 인종문제에 대한 보수주의자들의 독특한 해법이다. 재능이 있는 극소수의 흑인들로 하여금 큰 성공을 거둘 수 있도록 함으로써 그렇지 못하고 뒤처진 흑인들이 스스로를 탓하도록 만드는 것이다. 미국 사회에서 뒤처진다는 것은 사느냐 죽느냐는 문제다. 미국의 백인들은 평균 수명이 70대 중반에 이르는 데 비해 흑인 남자들의 평균 수명은 59살에 지나지 않는다. 나는 이런 상황이 미국 사회를 지배하는 인종적 다위니즘을 보여준다고 말하고 싶다.

남북전쟁 이전에 남부의 백인들은 흑인 노예들에 대해 '천성적으로 아이 같고 미개한 족속'이며 '천성이 노예가 되도록 돼있는 자들'이라고 믿었다. 흑인 차별주의 시절에는 '단순한 사고만 할 줄 알기 때문에 조롱당하면서도 그저 행복해 하는 종족'으로 흑인들을 묘사하는 순회극단 쇼가 백인들 사이에서 인기를 끌었다. 이제 인종차별의 세 번째 국면이 되자 흑인 선수들이 거의 모든 프로 스포츠를 지배하게 됐다. 농구, 미식축구, 야구 등에서는 오히려 백인이 소수인종이다. 점점 더 많은 흑인들이 영화와 텔레비전에 출연하게 되자 많은 미국인들이 인종주의는 이제 더 이상 존재하지 않는다고 착각한다. 사실 힘들게 사는 가난한 백인들이 골퍼인 타이거 우드와 배우인 던젤 워싱턴의 빛나는 성공을 보면서, 미국은 흑인을 우대하는 인종역차별의 사회라고 푸념하며 불공평하다고 분노할 정도다. 그러나 미국인의 일상생활 속에는 흑인의 참정권을 빼앗고, 그렇게 함으로써 가난한 사람들과 불리한 처지에 있는 사람들의 이익을 돌보는 진보적 정책들을 말살하고자 하는 우익 진영의 공격이 깔려 있다. 미국의 감옥제도는 바로 이런 우익 진영의 공격 중에서 가장 두드러진 것이다.

미국은 죄수 인구는 200만 명 이상으로 세계에서 러시아에 이어 두 번째이며, 전체 인구 중 재소자의 비율은 단연 세계 1위다.* 재소자 중 흑인의 비율은 65%로, 반세기 전인 1950년의 35%에 비해 크게 높아졌다. 교도소에 수감돼있는 흑인 남자의 수는 흑인 남자 대학생 수보다 많다. 흑인 재소자 수의 급증은 1980년대에 레이건 행정부에 의해 시작된 엄격한 법 집행 캠페인의 직접적인 결과다. 이 캠페인의 목적은 범죄, 특히 마약 소지를 철저히 단속하는 것이었다. 법원은 특히 젊은 흑인 남자 범죄자들에게 보다 엄격한 판결을 내렸고, 이에 따라 1985년부터 1991년까지 흑인 재소자 수는 450% 이상 증가했다. 그들 가운데 많은 이들은 사소한 마약 관련 범행으로 장기의 수감 선고를 받았다. 클린턴 대통령은 다소 모호한 태도였지만, 어쨌든 공화당과 비슷한 입장을 취했다. 클린턴은 '범죄에 단호하다'는 모습을

---

* 미국 법무부 형사통계국에 따르면 미국의 재소자 수는 2003년 6월 말 현재 전년대비 2.9% 증가한 207만 8,570명으로, 남성 75명 중 1명꼴로 수감 또는 구금 상태에 있다. 이는 주민 10만 명당 715명으로 멕시코의 169명, 캐나다의 116명, 영국의 143명, 러시아의 584명보다 훨씬 높은 숫자다. 특히 20대 흑인 중 12%가 구금 상태이며, 이는 같은 연령대 히스패닉의 3.7%와 백인의 1.6%보다 높은 비율이

보이기 위해서인지 법원에 엄격한 판결을 요청하는 데 동참했다.

미국에서 감옥에 가는 것은 정치적인 권리에 큰 후유증을 남긴다. 미국의 48개 주에서는 투옥된 범죄자에게 투표권을 주지 않는다. 37개 주에서는 가석방으로 출소 중인 자도 투표권이 없다. 14개 주는 전과자들에 대해 영구적으로 투표권을 제한하며, 그들은 공직에 출마할 수도 없다. 이런 이유에서 모두 440만 명에 이르는 미국인들이 공민권에 제한을 받고 있다. 그들 중 대부분은 흑인이다. 특히 남부를 중심으로 한 일부 주에서는 흑인 남자들 가운데 30~40%가 수감기록으로 인해 투표권을 박탈당한 상태다. 2000년 대통령 선거 당시 플로리다주에서는 흑인 네 사람 중 한 사람은 투표권이 없었다. 그렇지 않았다면 2000년 선거에서 앨 고어가 플로리다주에서 승리했을 것이고, 결국은 대통령이 됐을 것이다.* 플로리다주가 도입한 범죄인 공민권 제한을 위한 전산 시스템도 최근 논쟁거리가 되고 있다. 이 제도를 도입한 주에서는 유권자가 투표장에 도착하면 선거관리 요원이 컴퓨터 데이터베이스로 미국 전역의 전과기록을 점검한다. 2000년 선거 때도 수천 명의 흑인들이 투표장에서 전과기록을 이유로 투표를 하지 못했다. 이 제도는 주로 흑인 유권자들의 전과기록을 알아보기 위해 사용되고 있다. 게다가 이 전산 시스템은 오류를 일으키는 경우가 많으며, 어쩌면 그런 오류들 가운데 일부는 누군가의 고의 때문이었는지도 모른다. 많은 수의 흑인들이 전과자가 아님에도 전과자로 잘못 판정받아, 결국 투표를 하지 못했다. 이런 유권자들의 대부분

---

* 2000년 대통령 선거에서 부시는 플로리다주에서 537표차로 승리했다. 부시는 플로리다주 선거인단 중 25표를 차지했고, 결국 부시는 고어에 비해 전국적으로 33만표를 뒤지고도 선거인단 수에서 4표 앞서 대통령에 당선됐다.

은 흑인이었고, 투표를 할 수 있었다면 아마도 그들은 민주당을 지지했을 것이다. 그러나 이 범죄인 공민권 제한 시스템은 많은 호응을 얻고 있으며, 몇 개주가 추가로 이것을 채택하려고 하고 있다.

혹인 재소자가 늘어나는 것은 또 하나의 좋은 사업거리가 된다. 미국은 지난 20년 동안 일종의 '감옥 붐' 현상을 보였다. 재소자 수가 늘어나면 더 많은 감옥이 필요해진다. 새로 설치되는 감옥 가운데 점점 더 많은 수의 감옥이 연방정부의 보조를 받는 민간 기업의 형태로 운영된다. 민간 감옥의 목적은 이익 추구다. 죄수들은 저임금 노동력의 중요한 원천이 된다. 연방이나 주 교도소를 짓도록 장소를 제공하면 그 지역사회는 번영의 기회를 갖게 된다. 죄수들은 투표를 할 수 없지만, 인구 통계에는 잡힌다. 죄수 인구는 도로, 공원, 상수도 등 죄수들 자신은 이용할 기회조차 없는 여러 가지 문화시설들을 짓는 데 필요한 연방정부의 보조금을 더 많이 받을 수 있게 해준다. 게다가 감옥이 있는 지역사회는 그 감옥을 운영하기 위한 관리인력 고용을 위한 특별 연방 보조금을 받는다.

미국의 교도관 노동조합은 정치운동에 많은 돈을 기부하는 강력한 로비단체다. 교도관들은 미국에서 가장 높은 보수를 받는 공적 피고용자다. 미국 형사사법계에서는 이를 가리켜 '범산(犯産)복합체'라고 부르기도 한다. 군산복합체와 마찬가지로 범산복합체는 많은 이권을 갖게 되며, 재소자 수가 늘어날수록 그들이 누리는 혜택의 규모가 커진다. 보수주의자들의 입장에서는 범죄행위로 인해 투표권을 빼앗기는 흑인의 수가 많아지면 일거양득의 효과를 얻게 되는 셈이다.

미국 국민들은 두려움에 젖어 산다. 무엇보다도 거리의 범죄가 가장 두렵다. 나도 마찬가지임을 고백한다. 내가 사는 곳에도 결코 걸어서는 다니지 않는 구역이 있다. 내가 사는 마을과 붙어있는 오클랜드는 미국에서 '살인사건의 수도'로 불린다. 그곳에서는 매년 수백 명이 총에 맞아 쓰러진다. 죽는 사람들은 대부분 젊은 흑인이다. 그들은 주로 지역 마약조직들끼리 벌이는 영역싸움에서 희생된다. 미국은 폭력의 나라다. 물론 범죄는 심각한 사회문제다. 그러나 나는 더 많은 교도소를 짓는다고 해서 우리가 범죄로부터 더 안전해진다고 생각하지 않는다. 범죄자들이 형기를 채우고 거리로 돌아오면 감옥에 가기 전과 똑같이 불결하고 부도덕한 환경을 만나게 된다.

보수주의자들은 누구도 범죄자가 되도록 태어나지는 않았다고 주장한다. 유죄 판결을 받고 감옥에 가는 사람은 자신을 탓할 수밖에 없다는 것이다. 그러나 미국 재소자들의 인종구성이 어느 한 쪽으로 편중돼 있다는 사실은 무언가 심각한 사회적인 문제가 있음을 말해 주는 것이 아닐까? 여기에는 분명히 부정의, 가난, 편견과 관련된 사회적인 문제가 깔려 있다. 범죄자를 교도소에 가두는 것이 최선의 해법일까? 범죄자들의 공민권을 빼앗는다고 해서 그들의 시민의식이 높아지지는 않는다. 교도소를 짓고 죄수를 가두는 데 쓰는 돈은 마약 관련 교육과 치료, 사회적 재활 프로그램, 직업교육 등에 사용했어야 할 돈으로 지출된다. 그런데 보수주의자들은 이런 것들이 바로 '큰 정부' 프로그램이라고 비난하고, 세금을 그런 곳에 사용하는 데 대해 반대한다. 보수주의자들의 이런 태도가 얼마나 우스꽝스러운 역설인지는 범산복합체의 비용에서 적나라하게 드러난다. 한 사람을 1년 간 가둬두는 데 드는 비용은 매년 2만 5천~4만 달러에 이른다. 만약 이 돈을 실의에 빠진 사람들을 위해 지출한다면 우리는 가난과 그 부작용을 좀더 잘 해결할 수 있지 않을까?

미국을 점점 더 오른쪽으로 변화시키는 요인들이 많다. 나는 2차 대전 때 미국으로 망명한 유럽 출신 학자들과 지식인들이 젊은 세대의 승리주의자들에게 끼친 영향에 대해 앞에서 설명했다. 그러나 보수주의자들이 진보진영을 밀쳐내는 데 더 크게 기여한 요인은 바로 '숨겨진 인종문제'다. 인종문제라는 쟁점은 지금도 미국인들의 정신 깊은 곳에 살아있다. 보수주의 유권자들이 지지하는 정당에 인종주의가 숨겨져 있다는 사실을 인정하지 않으려고 하는 태도만큼 그들의 정직성과 지성을 의심케 하는 것은 없다.

6장

미 국

민 주 주 의 의

퇴 화

위대한 거짓말쟁이이자 새침데기가 되는 게 필요하다. 인간은 너무나 단순하고 당장 필요한 것에 너무나 쉽게 집착한다. 그래서 속이려고 하는 자는 항상 속고자 하는 자를 만나게 된다.

_____**니콜로 마키아벨리**, 《군주론》

대중의 조직화된 습관과 의견에 대한 의식적이고 지능적인 조작이 민주주의 사회에서 중요한 요소가 되고 있다. 그동안 주목되지 않은 이런 사회적 메커니즘을 조작하는 자들이 미국의 진정한 지배권력인, 보이지 않는 정부를 구성한다. … 우리는 거의 들어보지도 못한 사람들에 의해 통치되면서 우리의 정신이 길들여지고, 취향이 형성되고, 이념이 제시된다. 이것은 우리의 민주사회가 조직돼 있는 방식의 논리적 결과다. 우리가 원활하게 작동하는 사회를 이루며 살아가고자 한다면 이런 사회조직 방식에 협조해야만 한다. … 정치든 경제든 일생생활의 거의 모든 활동에서 우리의 사회적 행동과 도덕적 사고는 상대적으로 적은 수의 사람에 의해 지배되고 있다. … 그들은 대중의 정신과 사회적 습관을 잘 알고 있다. 대중의 정신을 통제하는 줄을 잡아당기는 사람들은 바로 그들이다.

_____**에드워드 버네이스**, 대중홍보(PR)의 선구자, 《선전(Propaganda)》, 1928

공상의 정치

21세기 미국 국민은 역사상 그 어느 때보다 높은 교육수준에 이르렀다. 미국 유권자의 절반 이상이 대학 졸업장을 갖고 있다. 이 비율이 1960년에는 25% 이하였다. 미국 대학들은 전문직에 취업하기 위해 준비하는 학생들로 북적이고 있다. 모든 고도산업 경제는 그런 숙련된 노동력을 필요로 한다. 그러나 미국에서는 은행 상담원, 보험 사정인, 하급 관리직 등 과거에는 고졸 학력으로도 충분했던 화이트칼라 일자리들이 지금은 대학 졸업자로 채워지고 있다. 미국은 교육된 노동력 없이는 절대로 유지될 수 없는 고도기술 경제의 중심지다. 이런 사회적 사실들로 미루어 지금의 미국 유권자들은 역사상 그 어느 때보다 명민할 것이라고 기대하는 사람도 있을 것이다. 선거는 과거나 지금이나 신중한 지적 토론과정을 거친다. 그렇다면 선거에서 이긴 사람들은 높은 지성을 가진 논리정연한 사람이어야 할 것이다. 30년

전에 한 세대의 젊은이들이 대학 졸업장과 함께 이상적인 사회에 대한 지식을 가지고 세상에 쏟아져 나왔다. 그때 많은 사람들은 야만적인 사기와 부정직함과 같은 과거의 유물은 정치무대로부터 급속히 사라지고 계몽된 사회가 멀지 않았다고 생각했다.

그런데 현실에서는 악당과 바보들이 민중을 갈취하는 악순환이 이어지고, 민주주의는 심각한 퇴조의 길로 가고 있다. 미국의 선거는 날이 갈수록 더 천박해지고 있다. 마치 선거가 일반 대중에게서 최악의 것들을 끌어내기 위해 고안된 것처럼 보이기도 한다. 선거전은 미디어에 매몰돼 버렸고, 마치 시장에서 팔리는 상품처럼 상업적 이익 추구자들의 수중에 들어갔다. 1960년대 등장한, 교육수준 높은 미국인들은 그동안 정신적, 육체적으로 피곤한 일 중독자가 돼버렸다. 그들은 자기 경력을 관리하고, 투자 포트폴리오에 신경 쓰고, 부동산에서 투자이익을 노리고, 편안한 노후를 계획하느라 하루 종일 바쁘다. 그들의 X세대 자녀들은 인간의 문화가 온통 사각의 인터넷 화면 안에 들어있다고 믿는 세대다. 그들은 일자리를 걱정하고 있고, 쉽게 화를 내는 냉소주의 집단이 돼었다. 그들에게는 산뜻한 웹사이트의 그래픽 디자인이 위대한 고전백선에 들어가는 그 어떤 책보다 더 많은 자기 시간을 투입하고 관심을 가질 가치가 있다. 그 결과 정치, 광고, 오락 사이에 존재하던 위태롭던 구분선이 마침내 지워졌다. 우리는 이제 더 높은 문맹의 영역에 들어섰다. 이 새로운 문맹은 전자적 속물주의의 한 형태로 볼 수 있으며, 상업적 또는 정치적으로 쉽게 이용될 수 있다.

이런 현상은 20세기 초에 미국에서 시작된 불길한 경향의 절정이다. 1920년 대통령 선거 때 별 볼일 없고 개인적 특징도 없는 오하이오 출신의 공화당 상원의원인 워런 하딩이 선거역사상 최초로 홍보회사를 고용했다. 그 홍보회사는 펩소덴트 치약 광고로 유명한 기업이었다. 이 회사는 하딩에게서 오직 한 가지 성격만 부각시키자고 했다. 그것은 '대통령 같아 보이는 것'이었다. 잘생기고 흰머리가 희끗희끗하며 네모난 턱을 가진 하딩은 그 배역에 안성맞춤이었다. 그는 마치 할리우드에서 대통령 역에 캐스팅된 듯했다. 하지만 그의 당당한 외모 뒤에는 그가 미국 역사상 그 어떤 공직자보다 멍청한 인물이라는 사실이 감춰져 있었다. 자신도 인정했듯이, 그는 당시의 중요한 이슈들에 대해 아무것도 이해하지 못했다. 그는 술주정뱅이였고, 바람둥이였으며, 도박 중독자이기도 했다. '오하이오의 갱'이라고 불리게 되는, 그의 정치 동료들은 순전한 악당들이었고, 결국 각종의 부패혐의로 다들 감옥으로 갔다. 그들의 부패행위들 가운데 일부는 내통령의 코앞에서 버젓이 저질러지기도 했다. 그러나 포장과 홍보 덕분에 하딩은 선거에서 이겼다. 그의 승리는 다음 대통령 선거 주자였던 캘빈 쿨리지에게도 자극이 됐다. 역사상 가장 무미건조한 후보였던 쿨리지는 선거전에서 최상의 전문가를 고용했다. 그는 바로 에드워드 버네이스(Edward Bernays)였다.

호주 출신인 버네이스는 대중홍보(PR; Public Relations)의 창시자로 불린다. 그는 20세기 광고산업에서 가장 위대한 인물 중 하나임에 틀림없다. 그러나 더욱 중요한 것은, 광고가 경제에 미치는 영향뿐 아니라 선전(propaganda)이 정치에 미치는 영향도 최초로 인식한 사람이 바로 그라는 점이다. 그는 홍보와 정부의 정책이 수렴할 것으로 예상했고, 이는 민주주의를 작동하게 할 최상의 희망적 요소라고 낙관했다. 그는 민주사회의 미래는 정치 지도자에 의한 '동의 창출'에 의존한다고 믿었다. 그래서 그는 자신과 같이 대중의 취미와 선택을 조작하는 전문가들이 새로운 지배계층이 될 것이라고 생각했다. 그는 동의를 만들어내는 데는 복잡한 심리적 수단들이 이용돼야 한다고 지적했다. 그는 "만약 집단심리의 메커니즘과 동기를 이해할 수 있다면 우리는 대중이 알지 못하는 사이에 그들을 우리의 의지에 맞춰 통제하거나 조직화할 수 있다"고 말했다. 버네이스는 2차대전 중에 정부 관료가 되고자 했으나, 불행하게도 루스벨트가 이런 그의 희망을 받아들이지 않았다. 그렇지만 버네이스는 토머스 제퍼슨이나 제임스 매디슨 대통령보다도 민주주의의 앞날을 더 잘 이해했는지 모른다.

하딩과 쿨리지 이후 점점 더 많은 후보자들이 선거전에서 홍보 전문가를 고용해 텔레비전이나 라디오 홍보물을 만들었다. 20세기 후반에 이르면 선거는 모든 측면에서 마케팅 활동이 돼버렸다. 선거는 이제 공상과 잠재의식 상의 설득작업이 돼버렸다.

민주주의는 정치학자들이 생각하는 것보다 훨씬 더 많은 것을 보통 시민들에게 요구한다. 민주주의는 시민들에게 지적인 투표를 할 만큼의 박식함이나 전문적인 지식을 요구하지 않지만, 그들이 어느 정도의 기본교육을 받고 상식을 갖추기를 요구한다. 또한 민주주의는 유권자들에게 몇 가지 근본적인 개인적 특성을 요구한다. 여기서 개인적 특성이란 유권자 각자가 자신의 정체성에 대해 확실히 알고, 자신이 무엇을 진정으로 원하는지를 분명히 이해하는 것을 포함한다. 그리고 정체성이란 계급, 인종, 성, 민족이라는 측면에서 자신이 남들과 같은 점은 무엇이고 다른 점은 무엇인지, 그리고 개인으로서 자신의 특수하고 자율적인 자질이 무엇인지를 아는 것이다. 따라서 정체성은 사회 속에서 각자가 자신의 권리와 책임이 무엇인지를 확실히 아는 것을 뜻한다. 이런 것들은 학교에서 배워지는 것이 아니다. 사람들을 관찰해보면 이런 것들은 그들 안에 이미 존재하고 있다. 그 정체성이 침해되거나 욕구가 충족되지 못할 때 느끼는 고통은 음식을 빼앗겼을 때 느끼는 배고픔과 마찬가지로 통렬하다.

그러나 사람들의 정체성을 조작하고 그들에게 잘못된 욕구를 갖게 하는 산업이 있다. 그것은 고도로 발달된 소비경제와 분리 불가능한 광고산업이다. 광고는 심리적 도구를 이용해 사람들의 정체성을 마음대로 조작한다. 광고는 유혹적인 이미지를 제공한다. 사람들은 광고가 보여주는 남자나 여자와 비슷하게 보이려고 하고, 그렇게 행동하거나 살아가려고 한다. 광고는 상품을 팔고자 하는 상인에게 그 상품에 대한 욕구를 만들어준다. 광고는 사람들의 약점을 찾아내고 파고들이 그들로 하여금 무엇인가를 갈망하고 구매하도록 유도한다. 광고는 이윤을 얻기 위한 전문적인 속임수다. 그러나 그 기법은 시장에서 상품을 파는 데 국한되지 않는다. 같은 기법이 정치인들의 프로그램과 정책, 그리고 정치인이 자신을 파는 데도 이용된다. 투표라는 것 역시 쇼핑 못지않은 상거래 아닌가?

오늘날 미국에서 선거 입후보자들은 처음부터 끝까지 짜여진 각본대로 움직인다. 그들은 텔레비전에서 멋있게 보여야 하고, 그때그때 상황에 맞는 단어와 문장을 선택해야 한다. 연습을 충분히 한 뒤 토론에 나가 미리 준비된 핵심을 명쾌하게 설명하고, 상대방의 발언에 대해 연습한 대로 멋지게 반박하는 겉모습은 그 안에 들어있는 내용보다 더 중요하다. 정치적 연설문을 준비할 때는 한 단어, 한 문장마다 유권자들이 그것을 좋아할지 싫어할지를 표본 추출된 유권자들을 상대로 사전에 점검한다. 부시 대통령은 이런 사전점검 요원들로 부터 '엄마, 아빠' 라고 말하지 말고 그 대신 '부모님' 이라고 말하라는 조언을 받았다. 대외정책이나 군사작전의 이름도 '사막의 폭풍' 이니 '이라크의 자유' 니 하는 식으로 붙여진다. 이런 것들은 언론이 어떻게 받아들일지에 대한 고려 끝에 결정된 것이다. 마케팅 전문가들 가운데 이른바 '음절 전문가' 들은 어떤 음절이 특정 상품이나 발언에 더 나은 어감을 주는지를 검토한다. 영어의 알파벳 중 케이(K)는 딱딱하고 사무적인 느낌을 주고, 엠(M)은 듣는 사람을 편안하게 하고 긴장을 풀도록 유도한다고 한다.

정치사상가들 가운데서 민주주의가 이런 전문적 속임수가 되리라고 예상한 사람은 아무도 없었다. 그러나 정책을 파는 것은 비누, 옷, 자동차와 같은 상품을 파는 것과 언제나 유사했다. 정책 팔기와 상품 팔기가 하나의 전문 직업으로 완전히 합쳐지는 것은 이제 시간상의 문제일 뿐이다. 그리고 '위대한 의사소통자' 인 레이건 대통령만큼 사람들을 공상정치의 동화나라로 이끈 사람이 있을까?

레이건의 공상정치는 대통령 선거와 함께 시작됐다. 1980년 미국 대통령 선거에는 공화당 후보, 민주당 후보, 무소속 후보 등 세 명이 경합했다. 최종집계 결과 레이건은 전체 유권자의 절반이 약간 넘는 사람들이 참가한 투표에서 승리했다. 그의 득표수는 전체 유권자의 28%에 지나지 않았다. 투표를 하지 않은 비참가자들의 수보다 적은 표를 얻는 데 그쳤던 것이다. 이 선거는 미국 선거 역사의 전환점이었다. 한 분석가가 지적했듯이, 1980년 선거 이후에는 "선거 불참이 우리 시대의 가장 큰 대중운동이 됐다." 그러나 레이건과 공화당은 이에 전혀 개의치 않았다. 레이건은 대통령에 당선된 뒤에는 전직 배우답게 마치 자신이 압도적인 다수의 지지로 선출된 양 행세했다. 레이건은 당시의 선거 결과는 1930년대 뉴딜정책 이후 도입된 사회적 정책과 관련 법규를 다시 완전히 몰아내라는 소명을 자기에게 부여한 것이라고 해석했다. 그리고 그의 연설문 작가는 레이건이 하고자 하는 일을 뒷받침하기 위해 그의 연설문에서 루스벨트를 인용하기도 했다. 레이건의 행동은 사기임에 분명했지만, 그렇다고 해서 엄청난 그의 인기가 식지는 않았다. 언론들은 그를 도저히 비판될 수 없는 사람으로 치부했다. 그는 대다수 미국인들의 마음에 깊숙하게 파고들어, 그가 아무리 어리석고 무식한 언동을 하더라도 언론에서 그런 언동에 대해 흠을 잡아봐야 아무 소용이 없었던 것이다.

레이건의 임기는 미국의 정치에 공상이 침투하는, 불길한 조류가 시작된 시기였다. 사람들은 정치가 영화처럼 전개되기를 바랐다. 어떤 때는 레이건의 행동 자체가 망상의 경계를 넘나들었다. 노르망디 상륙작전 40주년 기념식에 참석한 레이건은 마치 자신이 그 위대한 작전에 직접 참가한 전쟁영웅이나 되는 것처럼 행동했다. 물론 사실은 그렇지 않았다. 레이건은 배우 시절에 병사 역으로 여러 영화에 출연한 적은 있었지만, 실제로는 그런 적이 없었고 해외근무 경험조차 없었다. 그의 사기극에 대해 주류 언론들은 당황스러울 정도로 의문을 제기하지 않았다. 아마도 모두가 그렇게 하는 것은 예의바르지 못한 태도라고 여기는 듯했다.

1980년대 중반에 레이건은 천문학적 비용이 드는 전략방위구상(SDI)을 추진했다. 군산복합체로부터 봉급을 받는 사람들을 제외하고는 당시 대부분의 과학자와 기술자들은 전략방위구상에서 개발하려는 무기는 결코 만들어질 수 없다는 콘센서스를 형성하고 있었다.

그렇지만 레이건은 컴퓨터 모의계산 결과를 보여주면서 전략방위구상의 실현은 확실히 가능하다고 주장했다. 그러나 이 모의계산은 공상과학 영화의 특수효과에나 맞는 수준이었다. 전략방위구상은 그 미래적 성격을 강조하려는 의도에서 '별들의 전쟁' 이라는 번드레한 이름으로 불려졌다. 이때 대중은 공상을 좋아한다는 사실이 다시 한번 입증됐다. 문제는 이 공상에 1조 달러 이상의 돈이 들어간다는 점이었다. 만약 레이건의 임기 중에 소련이 붕괴하지만 않았다면, 미국 정부는 전략방위구상을 틀림없이 실행에 옮겼을 것이다.

1984년에 레이건은 카리브 연안의 작은 섬나라 그레나다에 대한 공격을 시작했다. 침공의 근거는 쿠바 군인들이 미국 학생들을 포로로 잡고 있다는 것이었다. 이는 사실이 아니었지만, 레이건은 마치 그것이 사실인 양 행동했다. 그가 이런 연기를 하도록 엄청난 새 영화세트가 마련됐다. 백악관의 첨단 전쟁상황실에는 텔레비전 스크린, 지도, 최고의 통신장비 등이 갖춰졌다. 군의 최고사령관으로서 레이건은 불경스러운 공산주의 적들로부터 미국을 지키기 위해 해병대를 그레나다로 진격시키는 작전을 지휘했다. 이 작전이 일으킨 먼지가 가라앉고 보니 그레나다에 쿠바 군대는 전혀 없었다. 비행장 활주로를 건설하는 쿠바인 노동자들만 얼마간 있을 뿐이었다. 그 이상의 위험요소는 전혀 없었다. 그레나다는 공상의 전쟁이었다. 그러나 미국의 대중은 이 작전이 위대한 승리라는 정부의 설명을 그대로 받아들였다.

그레나다 침공과 비슷한 소규모 전쟁의 사례는 많다. 시니어 부시 대통령은 고집불통이던 파나마의 독재자 마누엘 노리에가를 급습했고, 클린턴 대통령은 소말리아와 발칸에서 미군에는 전혀 피해가 없는 공습작전을 승인했다. 그리고 2003년 4월 바그다드를 점령한 지 불과 며칠 뒤 부시 대통령은 레이건도 깜짝 놀랄 만한 카메라 연출을 시도했다. 이라크 전쟁의 승리를 선언하기 위해 그는 바다에 정박 중인 항공모함으로 날아갔다. 군사작전이라고는 직접 본 적도 없는 부시는 마치 자신이 직접 비행기를 조종해 항공모함에 착륙한 것처럼 행동했다. 그는 헬멧을 쓴 채 비행기 조종석에 앉아 있다가 '임무는 완성됐다'라고 쓰인 깃발 아래 내려섰다. 배를 가득 채운 병사들은 큰 소리로 환호했고, 이어 합주대가 연주를 시작했다. 최고사령관은 "이라크에서 주된 전투는 끝났다"고 선언했다. 그는 나중에 이렇게 밀한 데 대해 후회를 하게 되지만, 어쨌든 그닐 배 위에서는 김동직인 연주가 계속 이어졌다.

그것은 순전한 공상의 순간이었다. 부시는 비행기를 조종하지 않았다. 그는 딘지 부조종사 자리에 앉아 있었다. 그리고 그가 내린 항공모함은 해안에서 불과 몇 킬로미터밖에 떨어지지 않은 가까운 곳에 정박해 있었다. 부시의 홍보팀은 항공모함에서 찍어 텔레비전에 방영될 화면에 샌디에이고시의 전경이 나오지 않도록 배의 방향을 돌리도록 했다. 이와 같은 사기적인 넌센스가 선거에서 이기고 정책을 파는 데 도움이 될까? 유감스럽게도 이 질문에 대한 나의 답변은 "그렇다"일 수밖에 없다.

선거전을 치르는 홍보장이들은 유권자들을 현혹하는 기술을 완벽하게 구사한다. 만약 목표가 가능한 많은 유권자들을 끌어들이는 것이라면 상대방의 표를 늘리는 어떤 것도 해서는 안 된다. 만약 유권자들이 가능한 적게 투표장에 나오게 하는 게 목표라면 어떻게 해야 할까? 투표율을 떨어뜨리는 방법은 간단하다. 선거가 혐오스럽고 비열하며, 무엇보다 하찮은 일로 여겨지게 하면 된다. 이를 가리켜 '네거티브 전략'이라고 부른다. 네거티브 선거전에서는 선거쟁점을 부각하거나 논쟁을 일으키지 않아야 한다. 대신 상대방과 관련된 각종 스캔들이나 범죄의혹을 잔뜩 제기해 상대방 지지자들에게 유포해야 한다. 이런 일은 그러나 자멸적인 결과를 초래할 수도 있다. 모든 후보자들이 이런 전략을 쓰면 투표율이 훨씬 더 크게 하락한다. 미국의 정치에서는 이런 일이 자주 일어난다. 그 결과 투표 기권자가 갈수록 늘어난다.

사려 깊고 분별 있는 미국인들도 많다. 그러나 그들은 미국 정치에 결정적인 영향력을 행사할 만큼 충분히 많지는 않다. 어느 선거에서든 권력을 쥔 정당은 어떤 깃발을 내세워 흔들어대고, 증오의 희생양을 제공하곤 한다. 공산주의자, 테러리스트, 사회복지 급여를 받는 엄마, 이민자, 동성애자, 여성해방론자 등이 희생양으로 이용된다. 이런 조작이 시도될 때는 미국 헌법을 실제로 읽어 보았거나 4명 이상의 역대 대통령 이름을 기억할 정도로 미국 역사를 알고, 세계지도에서 중국이 어디 있는지 손가락을 갖다 댈 수 있을 정도로 국제적 상식을 가진 사람보다 지식이 적은 사람들이 수적으로 분위기를 압도하게 된다.

미국 유권자들의 대부분이 얼마나 무식한지는 아무리 과장해도 지나치지 않다. 해가 갈수록 권위 있는 잡지와 신문의 수는 줄어든다. 살아남은 잡지와 신문들은 수만 명이 불과한 독자들에 의존한다. 하찮은 사건, 유명인, 개인적 허영에 전적으로 몰두하는 쓰레기 언론들이 대중매체 시장을 지배한다. 미국인들에게 세계에 관한 정보를 가장 많이 전달해주는 매체는 텔레비전이다. 그러나 텔레비전이 뉴스 등을 통해 전달하는 정보의 대부분은 스캔들, 자극적 범죄, 하찮은 일상사, 끊임없는 상업광고 등이다. 35살 이하의 미국인들은 거의 대부분 어떤 종류의 뉴스도 보지 않는다. 그러나 전형적인 뉴스 프로그램도 삼류 영화에나 맞을 만하게 흥미 위주이고, 외설적이거나 폭력적인 이야기로 가득하다. 자동차 추격, 총격, 마약조직 습격, 화재, 강도, 강간 등의 이야기가 목격자 인터뷰와 함께 자세히 소개된다. 사건을 분석하거나 논평하는 해설자나 평론가들은 대중매체에서 기피 대상이다.

이라크 전쟁은 주요 방송국들이 '총출동 프로그램'으로 다루었다. 민완 기자들이 군대의 초청으로 전장으로 가는 부대에 배속됐다. 그 결과 방송 보도는 긴박하고 흥미진진하게 돌아가는 군사작전에만 초점이 맞추어졌다. 방송국들은 이라크 전쟁에 대한 관점을 제대로 제시하지 못했고, 전쟁정치에 대해 비판적인 보도도 하지 못했다. 그나마 조금이라도 비판적 시각을 전달하려고 했던 대형 방송사들은 나은 편이었다. 하지만 대부분의 미국인들은 루퍼트 머독의 〈폭스TV〉에서 전쟁뉴스를 주로 듣는다. 〈폭스TV〉는 18~35살 남자들을 주된 타깃으로 삼는 방송이다. 이 방송의 프로그램은 대부분 쓰레기보다 나을 게 없다. 9.11 테러나 걸프전과 같은 큰 사건이 터지면 〈폭스TV〉는 24시간 집중방송 체제로 전환한다. 그러나 그 보도 내용은 액션, 사람 이야기, 애국주의에 집중된다. 그래서 〈폭스TV〉에서는 주로 애국적인 행동이나 전투장면이 나온다. 〈폭스TV〉는 화면을 이미지의 어지러운 혼합으로 가득 채우는 방식을 애용한다. 화면을 두 개 또는 세 개로 나누고, 화면 아래쪽에는 주요기사 목록이 지나가게 하고, 각각의 쪼가리 화면들이 시청자의 시선을 경쟁적으로 끌어당기도록 하는 방식으로 편집한다. 이런 식의 화면 편집은 시청자들이 집중할 수 있는 한계를 초과해버려 분석적인 생각을 하기는커녕 계속 집중하는 것조차 불가능하게 한다. 그래서인지 〈폭스TV〉에서 흘러나오는 언어는 경박하고 거칠며, 극도로 호전적이다.

　이런 환경에서 현실 인식을 제대로 하지 못한 사람들이 매일매일은 어떻게 살아가는 것일까? 미국인들은 하나의 망상으로 다른 망상을 대체하고, 망상이 주는 자기 위안으로 정신적 혼란을 덮어버린다. 미국인들이 위안으로 삼는 최대의 망상은 행운에 대한 기대다. 19세기의 작가 호레이쇼 앨저(Horatio Alger)는 어린이를 위해 300권 이상의 책을 썼다. 그가 쓴 책들은 모두 같은 주제를 담고 있다. 길거리를 떠돌던 배고픈 개구쟁이가 스스로 노력해서 부자가 된다는 것이다. 앨저가 미국인들의 마음속에 심어주려고 노력한 미국의 정체성은 아직 유지되고 있다. 그것은 바로 이런 것이다. "미국은 기회의 나라다. 미국에서는 스스로 발전하려는 노력이 항상 보상을 받는다." 여러 세대에 걸쳐 미국인들은 열심히 일했고, 인내심을 갖고 기다리면 언젠가는 인정을 받고 보상을 받는다고 배웠다. 많은 미국인들은 망상에 빠져서 아직도 스스로에게 같은 이야기를 되뇌고 있다. 사실 그들은 스스로 이미 부자라고 믿고 있는지도 모른다. 2001년 어떤 시사주간지에서 "당신은 1%의 부자에 속한다고 생각합니까?" 라는 설문으로 여론조사를 실시한 적이 있다. 그때 거의 20%의 미국인들이 "그렇다"고 대답했고, 다른 20%의 사람들은 "가까운 장래에 그렇게 될 것" 이라고 대답했다. 이 조사 결과에 따르면 미국 인구 중 40%, 즉 1억 명 이상이 스스로 고귀한 신분에 속한다고 생각하고 있다.

　이런 설문조사 결과는 왜 그렇게 많은 미국인들이 부시 행정부가 추진하는 대대적인 세금삭감에 찬성하는가를 설명해 준다. 많은 미국인들은 백만장자들에게만 부과되는 상속세를 폐지하는 데도 찬성한다. 정부가 추진하는 세금삭감이 인구의 1%에게만 혜택을 주는 일이라고 전문 분석가들이 경고해도, 상당히 많은 수의 미국인들은 그들 자신도 바로 그 1%에 속한다고 믿는다. 그래서 많은 미국인들이 부자들에게만 부과되는 사실상의 상속세인 부동산세를 철폐하는 데도 찬성하는 것이다.

사람들이 높은 세금을 내기를 거부하는 주들에서는 학교 건설 등 사회적 프로젝트에 필요한 자금을 모으기 위해 복권을 발행하고 있다. 많은 미국인들은 복권 중독일 정도로 복권을 많이 산다. 복권을 정기적으로 사는 사람들은 복권이라는 것이 없을 경우 세금으로 냈을 돈보다 더 많은 돈을 내고 있다. 너도나도 언젠가는 수백만 달러에 당첨될 것이라는 희망으로 인해 복권의 인기는 날로 더 높아지고 있다. 텔레비전은 복권에 당첨된 사람들이 웃으며 즐거워하는 모습을 보여준다. 인기 정상에 올라 한 번에 수백만 달러씩 버는 영화배우, 가수, 운동선수들도 대중에게 일확천금의 꿈을 부추긴다. 최근 관중의 박수와 찬사를 받으려고 애쓰는 아마추어 연예인들을 등장시킨 텔레비전 쇼가 인기를 끌고 있다. 사람들은 쇼를 보면서 자신이 좋아하게 된 가수, 음악가, 코미디언에게 투표한다. 시청자 투표에서 승리한 출연자는 방송국과 전속계약을 맺는다. 이런 쇼는 벼락 성공의 윤리를 대중에게 주입하는 데 일조한다. 이런 쇼를 방영하는 방송국에 전화를 걸어 좋아하는 연예인에게 투표를 하는 사람들은 자신의 그런 행위가 의미 있는 민주주의의 실천이라고 생각할지도 모른다. 이런 것들은 마치 "기회는 그것을 쟁취할 추진력과 재능을 갖춘 모든 미국인들에게 열려 있다"고 주장하는 듯하다. 그 의미는 명백하다. 실패자만이 사회적 프로그램을 필요로 한다는 것이다. 성공을 하지 못하면 그것은 스스로의 탓이다.

해가 갈수록 미국의 정치인들과 정당들은 선거비용이 점점 더 늘어나는 현실에 곤혹스러워한다. 주지사나 상원의원 선거는 수천만 달러가 드는 경주가 됐다. 대통령 후보는 수억 달러가 필요하다. 돈은 어디에 사용될까? 주로 언론광고에 뿌려진다. 언론은 후보자들로 하여금 상업 광고주들과 경쟁을 하게 해서 많은 돈을 쓰도록 한다. 언론 사의 입장에서 선거전은 엄청난 이익을 거둘 수 있는 좋은 장사 기회 다. 이런 점에 주목하는 사람들은 별로 없지만, 따지고 보면 분통 터 지는 관행이다. 전파는 원래 대중의 재산이며, 대중의 이익을 위해 사 용돼야 한다. 따라서 선거기간 중에는 모든 후보자들에게 전파가 무 료로 제공돼야 한다. 그러나 미국에서는 전파가 이렇게 사용될 가능 성은 사라진지 오래다. 선거가 다가오면 언론은 후보자들의 출마선 언과 홍보방송에서 큰 돈을 벌어들이려고 작정한다. 후보자간 토론 은 언론이 몹시 싫어하는 프로그램이다. 그런 프로그램은 돈이 되지 않기 때문이다.

홍보에 드는 비용이 늘어나면서 후보자들은 더욱 더 가진 자들, 즉 기업들에 신세를 지게 된다. 미국 기업들 가운데 다수는 두 정당 모두에 기부를 하되 민주당보다는 공화당에 좀더 많은 돈을 기부한 다. 그들은 그 대가로 다음 정권과 좋은 관계를 맺고 정부에 대한 영 향력을 확보하려고 한다. 홍보비 지출규모가 커지면서 후보자들은 홍보에 정통한 이미지 조작 전문가에 더욱 의존하게 된다. 레이건의 홍보전략이 성공한 이래 선거광고는 카메라 각도 조정과 음성편집

기술이 적용되는 사기극이 돼버렸다. 상행위와 마찬가지로 선거전의 목표도 대중의 주목을 끌고 그들의 행동을 유발할 스위치를 켜는 것이다. 경우에 따라서는 대중의 회의주의적 태도를 교묘하게 이용하는 네거티브 술책도 동원된다.

　　모든 광고가 다 그렇듯이 이제 정치광고도 거의 모든 게 날조된 것이며, 그것을 바라보는 대중을 조작한다는 사실을 대중도 스스로 인식하고 있다는 가정에서 시작한다. 싸움은 바로 이 지점에서 시작된다. 대중은 광고가 진실이나 고귀함과는 거리가 먼 뻔한 거짓말을 하고 있다는 사실을 알고 있으면서도 그런 광고를 보면서 이끌려 들어가고 마침내는 설득을 당한다. 누가 누구를 속이는 것인가는 말하기 어렵다. 그러나 분명한 한 가지 사실은, 냉소주의가 정치의 한 측면이 됐다는 점이다. 그 결과 선거 때마다 기만과 가식에 휘둘리는 대중은 점점 더 선거에 무관심해지고 있다.

공상 속에 길 잃은 나라

생명력 있는 민주주의를 뒷받침하는 것으로 지성 이상의 것이 없다. 그러나 우리 시대의 지성은 공상의 세계라는 스스로가 만든 괴물에 직면해 있다. 오락과 이윤을 위해 미국 사람들은 스스로를 공상의 세계로 옮겨가고 있다. 공상의 세계는 모든 것이 꾸며지고 더해지고 잘리고 편집되고 수정되고 비틀어지고 업그레이드되고 개선될 수 있는 전자적 환경이다. 누구도 사진, 텔레비전 화면, 영화의 장면이 진짜라고 확신할 수 없게 됐다. 모든 것이 카메라 속이나 편집실에서 재구성된 것일 수 있다. 모든 것이 꾸며질 수 있다면 어떤 것이 꾸며진 게 아니라고 누가 이야기할 수 있겠는가? 또는 꾸며진 게 오히려 더 낫고 신나고 즉각적인 만족을 줄 수 있는 것은 아닐까?

언론은 자신의 지적인 조악함에 대해 청중이 상관하지 않는다는 이유로 스스로를 정당화한다. 작가로서 나는 종종 라디오나 텔레비전 방송 인터뷰에 나간다. 방송국에서 내가 만나는 언론인들은 대개 청중에 비친 모습보다는 훨씬 더 총명하다. 화면에서, 그리고 지면에서 그들은 우리에게 너무 큰 부담을 주지 않으려고 유의하면서 이야기한다. 그들에게 대중은 공상의 세계에서 뒹굴기를 더 좋아한다고 말한다. 1970년대 중반에 극작가 패디 차예프스키는 그의 영화작품 〈네트워크〉에서 앞으로 뉴스는 취재되기보다는 만들어지고 과장되는 것이 될 것이며, 언론은 그런 일들이 항다반사로 벌어지는 무분별한 춤판이 될 것이라고 예언했다. 언론인들은 광대와 배우에 의해 대체될 것이다. 청중은 그들이 원하는 것만 듣게 되고, 뉴스 프로그램은 시청률을 높일 수 있는 것이라면 무엇이든 내보낼 것이다. 데이비드 마멧은 영화 〈꼬리가 개를 흔든다(Wag the Dog)〉에서 차예프스키의 예언이 어떻게 현실화되는지를 신랄하게 묘사했다. 마멧은 곤란에 빠진 대통령이 성적으로 부정한 자신의 행위에 대한 대중의 관심을 다른 데로 돌리기 위해 할리우드의 감독을 고용해 텔레비전에서 전쟁을 일으키는 내용을 그렸다. 그의 책략은 성공한다. 대중은 전쟁을 실제 상황으로 받아들인다. 영화에서 한 등장인물은 되풀이해서 이렇게 말한다. "그것은 사실임에 틀림없어. 텔레비전에 나왔단 말이야." 이 영화가 나올 당시 클린턴 대통령은 발칸을 공습하라고 명령했다. 아마도 그때 그는 자신의 섹스 스캔들에 대한 대중의 관심을 다른 데로 돌리려는 의도를 갖고 있었을 것이다. 이처럼 인생은 예술을 모방하곤 한다.

언론 전문가들의 말은 옳은가? 아마도 사람들은 뉴스보다는 시시한 시뮬레이션이나 유명인의 신변잡기를 더 좋아할 것이다. 전자매체들이 우리의 정신에 향기를 불어넣는 그 무엇을 과연 갖고 있을지 실로 의심스럽다. 언젠가 나는 쇼 프로그램인 '투데이'에 출연하러 방송국에 갔을 때 수백 명의 사람들이 이상스런 모자에 우스꽝스러운 깃발을 들고 카메라 뒤쪽 방청석에 앉아있는 모습을 본 적이 있다. 사람들은 광고가 나가기 전의 짧은 시간에 얼굴이 카메라에 잡히도록 하기 위해 온갖 광대 같은 몸놀림을 한다. 사람들은 티끌만한 순간이라도 스스로 유명인이 되기를 간절하게 원한다. 그들은 마치 "나를 공상의 세계로 좀더 옮겨주세요"라고 절규하는 것 같다.

이런 분위기는 현재 미국에서 가장 대중적이고 성공적인 방송 프로그램인 '진실 쇼(reality show)'로 이어진다. 진실 쇼는 원래 유럽에서 시작됐다. 그것은 아마추어 출연자를 뽑아서 그의 일상적인 행위를 관중으로 하여금 그대로 엿볼 수 있도록 하는 것이다. 관중은 출연한 사람의 가장 은밀하거나 바보 같은 행위를 가공되지 않은 그대로 볼 수 있다. 이런 프로그램의 가장 큰 매력은 멋진 젊은이들의 육체적 사랑놀음을 엿볼 수 있다는 데 있다. 이것은 절대로 건전한 오락이 아니다. 더욱 나쁜 것은 그것이 '진실'이라는 말의 뜻을 흐린다는 것이다. 대부분의 쇼는 기술적으로 편집되고 조심스럽게 의도된 것이다. 그들의 자발성은 거짓이다. 그들의 진실성은 고안된 것이다. 이상하게도 관중은 이런 사실들을 알고 있음에도 거짓말을 그냥 즐긴다. 누가 누구를 속이는 것인지 다시 한 번 생각해보자. 최근의 여론조사에 따르면 젊은이들은 그날그날의 근심을 잊기 위해 텔레비전을 본다고 한다. 그들은 근심을 잊기 위해 진실 쇼를 본다는 것이다.

정치는 진실 쇼의 특성을 이용해야 한다. 정치 후보자들은 소형 카메라를 들고 설치는 저돌적인 기자들에게 24시간 둘러싸여 있다. 그들은 깨어있는 모든 시간 동안 촬영된다. 사소한 실수나 어색한 행동이 텔레비전에 그대로 나온다. 이것은 진실 쇼의 본 모습이다. 이런 환경에서 정치적 성공은 24시간 내내 카메라의 공격을 참아내는 인내심과, 멋있고 민첩하고 매력적으로 보이려는 노력에 달려있다고 말할 수 있다. 만약 그렇게 할 수 없는 후보자라면 화면 편집을 요구해야 할 것이다.

일상생활의 압박을 벗어나고 싶은 사람들에게 인터넷은 신이 준 선물과 같다. 대화방이나 경매 사이트와 같은 인터넷 웹사이트에서는 수백만의 사람들에게 중독성이 있는 것을 얼마든지 찾아 볼 수 있다. 역할게임(Role-playing game)은 특히 유혹적이다. 멋있는 존재와 환상적인 장면들로 가득 찬 역할게임은 거의 무한정 시간을 빼앗는다. 이런 게임의 대부분은 아이들을 위해 만들어진 것이지만, 상당수의 성인들도 끌어들이고 있다. 이런 게임에 빠진 사람들은 인터넷 속에서 모험적인 인생을 찾을 수 있으며, 그것은 '자신으로부터 탈출할 기회'라고 주장한다. 그들이 탈출해서 가는 곳은 공상의 세계다. 미국 군대가 먼 이국의 전쟁터에서 적과 죽이고 죽는 전투를 벌이는 동안 수많은 미국 시민들은 먼 은하의 숨겨진 보물, 마법의 도구, 우주의 영광을 찾아 나서고, 악당들을 뒤쫓고 있다.

간혹 공상은 실제 생활로 이어져 중대한 결과를 낳는다. 미국인들이 레저용 자동차인 SUV(Sports Utility Vehicle)를 얼마나 좋아하는

지 생각해 보자. SUV는 이제까지 만들어진 자동차 중 최악의 '기름 먹는 하마' 다. 부시 행정부는 취임 초기에 미국이 수입 석유에 대한 의존에서 벗어나도록 하겠다고 약속하고, 국내외 유전 개발계획을 세웠다. 그런데 같은 시기에 미국 자동차 메이커들은 SUV 제품을 광고하기 시작했다. SUV는 트럭 차체로 된 사륜구동 자동차로, 리터당 연비가 4킬로미터 정도에 불과하다. SUV는 사막, 산악, 습지 등 거친 지역을 여행하는 것을 주된 목적으로 해서 설계된 것이지만, 이런 용도로 그것을 사용하는 미국인은 거의 없다. 대부분의 SUV는 여성들이 시장에 장보러 가거나 아이를 학교에 데려다 주기 위해 사용한다. SUV는 가격도 비싸고 유지비도 많이 드는 자동차이지만, 미국인들은 이런 차를 가장 대중적인 차로 둔갑시켰다.

SUV가 운전자에게 매력적인 이유는 뭘까? SUV는 힘과 강인함의 환싱을 준다. 군사용 차량의 느낌을 주기도 한다. 어떤 자동차 전문가는 좀더 크게 개조하고, 차 지붕에 포탑 모형을 설치할 것을 권고하기도 했다. 그리고 이런 권고는 현실화됐다. 가장 크고 무거운 차종인 제너럴 모터스의 허머(Hummer)는 이라크 주둔 미군이 사용하는 군사용 차량인 험비(HumVee)를 본떠서 만들어진 것이다. 하지만 SUV는 그다지 안전하지 않다. 사고가 나면 곧잘 뒤집어지기 때문이다. 그러나 어쨌든 상관없다. 환상이 모든 것을 해결해줄 것이다. 고속도로나 도심의 도로에서 미국 운전자들은 크기와 무게로 다른 차에 으름장을 놓는 자기 환상으로 즐거워한다. 이것이야말로 SUV 광고에서 강조하는 점이다. 광야를 달리고, 강을 건너고, 로키산맥을 넘어 차를 몬다는 이미지로 작은 차들에게 겁을 줘서 그들로 하여금 길을 양보하도록 하는 것이다.

캐나다의 언론학자인 마셜 맥루한은 언론은 '사람의 외적 연장'
이라고 불렀다. 그런데 무엇이 연장된다는 것일까. 어리석음? 탐욕?
허영심? 절망?

현대 사회에서 언론은 커다란 역설이다. 전 세계 수십억 사람들
이 언론을 통해 걸러진 것들만 경험하게 된다면 사람들 사이의 직접
적이고 실제적인 접촉이 줄어들게 된다. 그러나 생계유지를 위해 돈
을 벌고, 건강을 유지하고, 아이들을 키우고, 존엄성과 건전성을 보전
하는 것과 같이 사람들의 기본적 이익을 지키는 문제에 대해서는 실
제의 문제에 대한 분별 있는 판단을 대체할 수 있는 것이 없다.

터미네이터의 등장

앞서 나는 미국에서 레이건 대통령 임기 때만큼 망상적인 사고가 극
단으로 치달은 적이 없다고 말했다. 참으로 무능력했던 사람에 대해
미국 대중이 보여준 변덕스럽고 헛된 희망은 그들의 어리석음에 경보
음을 울리는 것이었다. 그러나 이보다 더 극단적인 사례가 캘리포니
아주에서 나타났다. 2003년 가을 미국에서 가장 넓고, 주민들의 교육
수준이 높으며, 인종적으로 가장 다양한 주에서 주지사 소환선거가
실시돼 아널드 슈워제네거가 새 주지사로 뽑혔다. 이것은 미국에서
민주적 절차의 모든 것이 잘못돼 가고 있음을 웅변하는 사건이었다.

주민소환 선거는 20세기 초의 중요한 개혁조처였다. 이것은 당
시 진보적 운동의 지도자들이 '투표함 민주주의' 라고 부르던 직접민
주주의를 실천하려는 노력의 일환이었다. 주민소환 제도는 선출된

공무원을 임기가 끝나기 전에 유권자의 힘으로 교체할 수 있도록 해준다. 2003년까지는 캘리포니아주에서 주민소환을 통해 주지사가 바뀐 적이 없었다. 그러나 그 해에 여러 가지 요인들로 인해 재정위기가 발생했고, 이로 말미암아 불과 한 해 전에 당선됐던 민주당 소속 주지사가 소환됐다. 캘리포니아주 재정위기의 주된 원인은 1990년대에 이 주를 부유하게 만들어준 닷컴 붐의 몰락이었다. 수백 개 인터넷 회사들이 파산함에 따라 캘리포니아의 조세기반이 흔들렸고, 이에 따라 재원이 부족해지기 시작했다. 재원의 부족은 캘리포니아주만의 문제는 아니었다. 다른 여러 주들도 비슷한 재원 부족에 시달렸다. 그러니 하이테크 산업의 불황은 실리콘밸리가 있는 캘리포니아주에 가장 큰 타격을 가했다.

닷컴 몰락만이 캘리포니아 재정위기에 원인이 된 것은 아니었다. 그에 못지않게 심각한 이유는 2001년 캘리포니아주에 닥친 에너지 위기였다. 앞서 언급한 바와 같이 당시 에너지 위기의 주범은 소수의 에너지회사들이었다. 그들은 에너지 시장에서 규제철폐 운동을 주도했고, 공급 부족을 의도적으로 유도해 전기와 천연가스 가격을 천정부지로 치솟게 했다. 당시 캘리포니아 주지사는 가격조작이 일어나는 것을 감지하고, 연방 정부의 규제기관에 시장개입을 강력히 요구했다. 그러나 부시 행정부는 자유시장 원칙에 위배된다는 이유로 캘리포니아주의 요구를 받아들이기를 거부했다. 게다가 체니 부통령은 캘리포니아주를 약탈한 에너지 회사들과 같은 편이었다.

닷컴 붕괴와 에너지 위기의 결과로 주정부의 재정적자는 위험할 정도로 증가했다. 재정적자를 메우는 최선의 방법은 세율 인상이었다. 그러나 미국에서 가장 완고한 보수주의 정치인들이 지배하는 캘리포니아 주의회는 세금인상을 거부했다. 대신 그들은 캘리포니아주 재정 붕괴의 책임을 주지사에게 덮어씌웠다. 공화당 출신 연방 하원 의원인 백만장자가 돈을 대서 주지사 소환 청원절차를 밟기 위해 필요한 100만 명 서명운동이 시작됐다. 만약 슈워제네거가 주지사 선거에 나설 뜻을 내비치지 않았더라면 소환 청원은 결국 무산됐을 것이다.

보디빌더 출신이며 액션 배우인 슈워제네거는 지성의 기준에서 보면 후보자로 적절하지 않았다. 그는 정치경험도 없고 주요한 문제에 대해 공개적으로 자기 의견을 밝힌 적도 없다. 그러나 슈워제네거는 몇 년 동안 주지사 또는 상원의원 선거에 출마할 것이라고 밝혀왔다. 그가 주지사 선거에 뛰어들자 대중의 반응은 압도적으로 환영 일색이었다. 그의 선거운동 주제는 대중에게 권력을 돌려준다는 얄팍한 감언이설이었지만, 그는 주 전역에서 흥분한 군중의 환호를 받았다. 그는 정치인들이 모든 것을 망가뜨려 놓았다고 비난했지만, 그런 엉망진창을 자신이 어떻게 깨끗하게 정리할 것인지에 대해서는 한마디도 이야기한 적이 없다. 그것은 일종의 포퓰리즘이었다. 대부분의 문제에 대해 그는 애매한 입장을 취했고, 어떠한 공약도 내세우지 않았다. 의견을 보다 명백히 해달라는 요청에 대해 그는 늘 문제를 연구할 사람들의 머리를 빌리겠다고 답변했다. 그는 다른 후보자들과 토론하기를 거부했고, 기자회견도 조심스럽게 회피했다.

대신 슈워제네거는 대중에 직접 다가서는 새로운 방법을 찾았다. 그는 자신을 열렬히 환영하는 텔레비전 토크쇼에 출연했다. 그때 그는 '분노한 정치적 아웃사이더' 라는 자신의 대중적 이미지를 과시하면서 후보로 나서겠다고 선언했다. 그 자리에서도 그는 심각한 정치문제는 회피하고, 대신 가벼운 유머와 간단한 토론, 그리고 영화 뒷이야기만 했다. 그는 쇼핑몰에서 사람들을 끌어 모아 연설을 하기도 했다. 그런 곳에 모인 사람들은 일반적인 정치행사에는 얼굴도 비치지 않은 사람들이었고, 대부분은 투표장에도 가지 않는 사람들이었다. 그는 젊은 영화 팬들에게 특히 인기를 모았다. 슈워제네거가 캘리포니아 주지사 선거 출마를 통해 미국의 민주주의에 기여한 것이 있다면, 그것은 특이한 선거운동으로 그동안 정치에 관심이 없었던 사람들을 투표장으로 이끌어냈다는 점 아닐까?

슈워제네거의 두루뭉술한 회피전략은 그에게 불리하게 작용하지 않았다. 유권자들은 그의 지적 수준에는 관심이 없었다. 어떤 이슈에 대해 그가 아느냐 모르느냐는 유권자들의 관심사항이 아니었다. 슈워제네거는 재정이나 입법에 대해 거의 무지했던 게 분명했다. 그러나 아무런 상관도 없었다. 사람들은 단지 그와 같이 있기를 원했고, 그의 유명세를 나누고자 했다. 선거기간 중 그가 보디빌더로 활동하던 시절과 배우로 영화촬영을 할 때의 성 추문 문제가 제기됐다. 실제로 몇몇 여성들이 그에게 추행을 당했다고 주장하고 나섰다. 슈워제네거는 그런 사실이 있다고 순순히 인정했다. 그런데 여성들을 포함한 지지자들은 그런 행동은 영화 스타에게는 있음직한 일이라고 생각하고 성 추문 문제를 제쳐놓았다. 그의 바람기나 난잡한 성생활은 그가 풍기는 남성다운 이미지의 한 부분이었고, 오히려 그것이 유권자들에게 호소력을 발휘했다. 쉬운 선거운동을 마치고 그는 압도적인 지지를 얻어 당선됐다.

혜성과 같이 나타난 슈워제네거의 정치적 성공 비결은 무엇일까? 다름 아닌 '스타 파워' 다. 슈워제네거의 참모진은 그의 영화 속

이미지를 앞세웠다. 슈워제네거 스스로 자랑스러워했듯이, 그는 '터미네이터'다. 뿐만 아니라 그는 '헤라클레스'이기도 했고, '코만도'이기도 했고, '야만인 코난'이기도 했고, '마지막 액션 영웅'이기도 했다. 선거운동 기간 내내 그는 자신이 연기했던 영화 속 주인공 흉내를 내고, 끊임없이 영화 속 대사를 인용했다. 그의 이미지는 무적의 슈퍼맨이며, 힘센 사나이였다. 그는 모든 반대편을 없애버리고 스스로가 법이 되는 아웃사이더였다. 그의 지지자들은 그가 캘리포니아주의 수도인 새크라멘토로 가서 모든 정치인들을 굴복시키기를 바랐을지도 모른다. 하지만 무엇에 대한 굴복인가? 슈워제네거는 주지사가 되면 무엇을 할지 공약한 적이 없다. 그는 단지 "모든 엉망진창들을 청소할 것"이라고만 말한 터미네이터였다. 그러나 그에게는 스타 파워라는 초강력 무기가 있었고, 사실 그에게 필요한 것은 그게 다였다.

슈워제네거가 정적들에 대한 위협수단으로 사용하고 있는 것도 바로 스타 파워다. 정적들이 그의 리더십을 인정하기를 거부하거나 그의 우선적인 정책과제들을 존중하기를 거부하면 그는 대중에게 직접 갈 것이다. 그것은 결국 슈워제네거가 주민발안제와 같은 직접민주제를 사용한다는 것이다. 주민발안제는 주민소환제와 마찬가지로 진보주의 개혁운동의 성과다. 주민발안에 대해 유권자들은 직접 결정을 한다. 주민투표에서 통과되면 그것은 모든 기존의 입법을 압도하는 법이 된다. 그의 입장에서 대중에게 직접 가는 길은 스타 파워를 이용해 정적들을 몰아내고 빈 자리들을 자기 편 사람으로 채우는 수단이 될 수도 있다.

겉으로 보기에 이런 그의 전략은 아주 민주적인 것처럼 보인다. 주민소환제나 주민발안제는 애초에 정당의 거물들과 그들을 지원하는 기업공동체의 횡포를 제한하는 직접민주주의 제도였다. 정부에 대한 돈의 지배를 깨뜨리는 것이 직접민주제 개혁의 목적이었다. 그러나 슈워제네거의 경우에는 이런 정치제도들이 심하게 왜곡 사용되고 있다. 그의 직접민주제는 스타 파워와 결합한 타락한 민주주의로 변질되고 말았다. 슈워제네거는 이미 미국에서 가장 돈이 많은 부유 집단에 속한다. 그는 자기 돈을 써서 정치를 할 것이라고 약속했지만, 그 말을 내뱉은 입에 침이 마르기도 전에 기업가와 부동산업자의 후원금을 받았다. 그는 결국 있는 자의 이익을 대변할 것이다. 캘리포니아 재정위기에 대한 그의 해결책은 의료, 교육, 노년층과 장애자 보호에 지출되는 예산을 싹둑 잘라버리는 것이다. 동시에 그는 부자에 대해 세금을 올리는 것은 거부한다. 이는 전형적인 우익의 정책이다. 다만 그의 스타 파워가 이런 진실을 가리고 있다.

레이건이 그랬듯이 슈워제네거도 그가 맡았던 영화 속 이미지로 유권자들을 호도한다. 커다란 스크린에서 그는 적들을 때려 눕혔다. 사람들은 그가 현실에서도 그와 같은 일을 해줄 것을 기대한다. 얼마나 신나는 일인가? 영화에서처럼 하자! 그에 대한 미국 대중의 공상적 사고가 어디까지 갈지 모르겠다. 그가 주지사에 당선되자 하원의 공화당원들 사이에서 "외국에서 태어난 미국 시민권자가 대통령이 되지 못하게 하는 미국 헌법 조항을 개정하자"는 이야기가 나왔다.* 레이건이 캘리포니아 주지사에서 대통령이 됐다면, 슈퍼 액션 스타인 슈워제네거에게 똑같은 일이 일어나지 말아야 할 이유가 없다.

---

* 미국 헌법 2조 1절 5항에는 "출생에 의한 미국 시민이 아닌 자 또는 본 헌법 제정 시에 미국 시민이 아닌 자는 대통령으로 선임될 자격이 없다"는 규정이 들어있다. 슈워제네거는 오스트리아 출생으로, 미국으로 이민해 1988년 미국 시민권을 얻었다.

슈워제네거의 성공이 명백히 보여주듯이 미국에서 유명인에 대한 맹목적 추앙은 병적인 수준에까지 이르렀다. '널리 잘 알려졌기 때문에 사람들이 잘 아는 사람'이라는 뜻의 '유명인'에 대한 대중매체의 수요는 너무나 크다. 텔레비전 쇼와 잡지는 특급 유명인을 섭외하려고 기를 쓰고 경쟁하고 있고, 출연료는 천정부지로 치솟고 있다. 일상생활에서 대중매체의 역할이 점점 더 커지는 것은 다른 나라에서도 마찬가지다. 그러나 미국의 '유명인 병'은 특별히 심각해서, 유명인들이 정치의 영역을 위협하고 정부를 엔터테인먼트의 무대로 만들고 있다. 앞으로 이런 현상은 더욱 심해질 것이다. 정치계와 연예계가 더 많이 섞이고 있고, 배우들이 정치인들을 밀어낼 것이다. 미국의 정치 1번지인 워싱턴은 '못생긴 자들의 할리우드'라고도 불린다. 이제 할리우드의 미남미녀들이 워싱턴의 못생긴 자들을 대체한다는 데 뭐 잘못된 것이라도 있는가?

영화배우들이 미국 전역에서 공무원 선거 출마를 준비하고 있다는 소문이 여기저기에서 무성하다. 그들에게 레이건과 슈워제네거는 좋은 본보기가 된다. 선거전에서 그들의 주요 전략은 자신이 맡았던 영화 배역으로 스스로를 포장해버리는 것이다. 정적들을 압도하기 위해 영화의 최면효과를 사용할 수도 있다. 극중에서 발음도 분명하게 하지 못하는 야수와 같은 남자 또는 로봇이었던 슈워제네거가 대중의 선택을 받았다면, 현명하고 매력적이고 인자한 역할을 전문으로 해온 유명인들은 어떨까? 공화당원들 사이에서는 토크쇼 진행자인 오프라 윈프리를 상원의원, 심지어는 대통령으로 내세우자는 이야기가 심각하게 진행되고 있다. 그녀는 현재 미국에서 가장 대중적인 연예인이며, 특히 여성들 사이에서 인기를 끌고 있다. 친절하고 온정적이며 백만장자 같은 그의 이미지는 선거전에서 강력한 자산이 된다. 어떤 사람들은 배우인 마틴 쉰이 텔레비전 드라마 '웨스트 윙'*에서 대통령 역할을 잘하고 있으니 그가 대통령 후보로 나서야 한다고 믿기도 한다. 그는 대통령 연기는 정말 멋들어졌다. 그걸로 충분한 것 아닌가? 우리는 미국에서 세 번째 정당이 태어나고 있음을 목격하고 있는지도 모른다. 그 정당은 스타 파워가 주된 무기인 '영화배우당' 이다. 이런 정당이 정말로 출범한다면 모르긴 몰라도 미국 전역을 휩쓸 태풍이 될 것이다.

해가 갈수록 미국 텔레비전들은 아카데미 영화상과 같은 수상식 장면을 점점 더 자주 보여준다. 사람들은 이런 상들이 어떤 이유로 주어지는지에는 관심이 없는 것 같다. 단지 유명인들이 상을 받는다는 데 대해 흥미진진해 한다. 그렇지만 그런 쇼들은 비싼 옷을 입은 유명인들의 번쩍번쩍한 자기과시에 불과하다. 매년 '사람들이 뽑는 상(The People's Choice Award)' 이라는 인기상이 있다. 이 상의 투표는 전화나 인터넷으로 이루어지는데 누구든 가장 많은 표를 얻은 사람이 수상자가 된다. 클린트 이스트우드, 톰 행크스, 빌 코스비, 줄리아 로버츠 등이 이 상을 탔고, 오프라 윈프리는 여러 번 수상했다. 이런 것이 미국 민주주의의 미래가 아닐까? 주제도 없고, 토론도 없고, 생각도 없다. 사람들은 아무 생각 없이 유명인들에게 표를 던지고, 그들이 우리의 정치 지도자가 된다. 공상의 나라에 온 당신을 환영한다.

---

* '웨스트 윙(West Wing)' 은 백악관 비서실 간부들이 근무하는 곳을 일컫는 말로, 2000년부터 텔레비전을 통해 방영된 워너 브라더스의 드라마 시리즈 제목이기도 하다. 드라마 '웨스트 윙' 은 미국 대통령을 보좌하는 참모진의 활약상을 흥미롭게 그려내고 있다. 이 드라마에서 마틴 쉰은 지성적이고 애국적인 대통령 역을 맡았다.

분노의 공동체

이 책에서 내가 미국의 대중에 대해 너무 가혹한 평가를 내리고 있다고 생각하는 독자도 있을 것이다. 그러나 나 역시 미국의 대중을 구성하는 한 사람이다. 나는 결코 미국의 대중을 무시하거나 냉소하자는 것이 아니다. 다만 미국을 지배하고 있는 정치적 무기력함에 대해 좀 더 깊게 설명하려는 것이다. 내 설명의 핵심은 '정당한 분노'에 있다. 그 분노는 우리 모두가 이해할 수 있으며, 우리 모두가 동참하고 있는 것이다.

대중문화를 살펴보자. 1970년대 초반부터 미국 영화계는 〈더티 해리(Dirty Harry)〉, 〈데스 위시(Death Wish)〉, 〈다이 하드(Die Hard)〉와 같이, 어떤 체제든 깡그리 불신하는 것을 바탕으로 한 일련의 영화들을 만들어냈다. 이런 영화에서 주인공으로 나오는 야만적이고 무뚝뚝한 영웅들은 공권력을 깡그리 무시한다. 영화에서 그들의 엄청난 파괴적 행동은 정당성을 인정받지는 못하나, 아무래도 상관없다. 사람들은 그들에게 박수를 보낸다. 보통사람들이 쏟아내는 분노의 목소리는 대담이나 시청자 전화방송의 소재가 된다. 방송에 나오는 사람들은 불독처럼 소리치고, 시청자들의 분노는 수위를 높인다. 진지해진다는 것은 미친 듯 화를 내고 과격하게 말하는 것을 뜻한다.

이런 분노는 어디에서 연유한 것일까? 어떤 것은 충분히 설명이 가능하다. 라디오 다이얼을 돌리면 쿵쿵 울리며 쏟아져 나오는 갱스터 랩(gangsta rap)은 과격한 가사로 경찰, 집주인, 고용주, 마약업자 등 흑인들의 분노가 겨냥하는 대상들을 욕한다. 인종적 정의는 쇠퇴하고 있고, 흑인들의 불만 표출에는 충분한 이유가 있다. 유감스럽게도 이런 유행가에서 흑인 여성들은 남성들의 분노 대상이 된다. 이는 극단적인 분노는 정치를 넘어섬을 의미한다. 분노는 랩 가수의 노래에만 들어있는 게 아니다. 분노하는 백인들도 있다. 그러나 그들의 분노가 어디에서 비롯되는지에 대해서는 이견이 존재한다. 일자리나 소득과 같은 경제적 문제와 관련된 것일까? 여론조사 결과를 보면 반드시 그렇지는 않다. 백인 남성의 분노의 원인은 경제적인 것이 아니다. 복음주의 교회나 전국소총협회 같은 보수주의 단체가 표출하는 분노의 원인은 경제적인 것이 아니다. 그들이 분노하는 대상은 동성애, 총기, 신과 같이 감정적으로 폭발적인 주제들과 더 깊이 관련돼 있다.

나는 대중적 불만의 경제적 원천을 그렇게 가볍게 보지 않는다. 그러나 그것과는 다른, 덜 합리적인 힘의 작용으로 인한 분노가 생겨나 우리 주위를 가득 채우고 있다고 나는 생각한다. 이러한 분노 중 많은 부분은 역사학자인 리처드 호프슈타터(Richard Hofstadter)가 미국 정치에 존재한다고 말한 '피해망상증 유형(paranoid style)'과 일맥상통한다. 여기서 '피해망상증 유형'이란 엘리트에 의해 희생양이 되고 있다는 피해의식을 가리키며, 그 유래는 19세기 포퓰리스트 운동까지 거슬러 올라간다. 희생자마다 다른 종류의 엘리트를 가해자로 지목하긴 하지만, 어떤 '악당'에 대해서는 공통의 피해의식이 형성되고 있다. 예를 들어 연방수사국과 국제통화기금은 좌우익을 불문하고 가장 큰 비난의 대상이 되고 있다.

사실 이 모든 것들을 '피해망상증'으로 치부해 버리고 만다면 문제의 핵심을 회피하는 것이다. 물론 엘리트들은 실제로 존재하며,

그들은 자신들의 이익을 늘리기 위해 노력하고 있다. 워터게이트와 이란-콘트라 스캔들과 같은 사건들은 워싱턴에 비밀정부를 만드는 세력이 존재한다는 증거다. 이런 점에서 룸펜 지식인 성향의 준군사 단체들은 모든 것들에 대해 무차별적으로 회의하며, 이런 점에서 그들의 공포감도 어느 정도 이해되기도 한다. 게다가 미국 월스트리트 금융가에서는 스캔들이 잇달아 일어났다. 모든 스캔들에서 비싼 옷을 입은 남자들이 비밀스레 만나 나쁜 짓을 꾸몄다. 이런 것들이 분노의 이유가 됐다.

그러나 대중의 마음 깊숙이에서 움직이고 있는, 쉽게 드러나지 않는 또 다른 힘이 있다. 그 힘은 바로 불안감이다. 불안감은 점점 더 커지는 분노의 공동체에 우리 모두를 집어넣고 서로 연결시켜준다. 그리고 그 힘은 비난할 누구를 찾는다고 해서 고쳐지는 수준을 넘어선다. '지적인 당황스러움'이 그런 불안감에 한 요소가 되고 있다고 나는 확신한다.

희극 팀인 '마르크스 형제들(The Marx Brothers)'의 한 코미디 작품에서 동생인 하포가 책을 집어 들고 들여다보다가 화가 나서 마침내 책을 갈기갈기 찢는 장면이 나온다. 그것을 보고 놀란 사람들이 그의 형인 치코에게 말한다. "네 동생이 책에서 몹시 화나는 걸 봤나 보다." 그러자 치코가 대답한다. "아니에요. 하포는 글을 읽지 못하기 때문에 책만 보면 화를 내는 거예요."

나는 미국의 대중이 하포와 비슷한 처지에 있는 게 아닌가 하는 생각을 한다. 우리 모두는 이해가 되지 않는 책을 노려보고 있고, 뭔가 알지 못하는 분노를 느끼고 있다. 그 책의 제목은 《우주선 지구호의 운영 매뉴얼(An Operating Manual for Spaceship Earth)》일 것이다.

사실 이것은 기술자였던 벅민스터 풀러가 1969년에 펴낸 얇은 책의 제목이며, 이 책으로 그는 들끓던 1960~1970년대의 예언자들 가운데 한 사람이 됐다. 풀러는 대단한 사기꾼이었고, 그의 이야기는 과장된 것이었다. 하지만 그는 사람들에게 순간적이라도 희망을 느끼게 하는 전염성 확신을 심어주었다. 그가 만들어낸 '우주선 지구(Spaceship Earth)'라는 말도 놀라울 만큼 재미있다. 이 말은 세계 산업시스템을 단순한 기계적 모델로서 설명하고 있다. "지구는 자동차와 같은 기계적 차량이다"라고 풀러는 선언했다. '하늘을 나는 자동차'인 지구가 우리에게 요구하는 것은 '꼼꼼한 풀 서비스'다. 그런 서비스를 하려면 어떻게 해야 하나? 그의 대답은 간단하다. "디자인과 발명의 혁명"이 필요하다는 것이다. 그렇다면 그런 것들은 어디에서 구할 수 있나? "강력한 사고의 도구들"에서 구해야 한다고 그는 말한다. 예를 들어 "풍토학, 측량학, 시너지학, 일반시스템 이론" 등이 그런 것들이라는 것이다. 이것이 바로 세계를 더욱 효율적인 기계로 만들기 위해 풀러가 제시한 해법이었다. 우리가 해야 할 일은 우리의 '사고의 도구들'을 은행과 금융 네트워크, 기술 시스템, 자연환경에 적용하는 것이다.

풀러는 이 모든 것들이 쉽게 보이도록 말했다. 그러나 지구호의 운영 매뉴얼을 공부하는 사람들은 정신이 버쩍 드는 진리를 발견하게 된다. 인간은 인간을 이해하지 못하고 인간이 필요로 하는 바에 봉사하지 못하는 시스템을 만들 수 있다는 것이다. 여기서 지적인 당황이 시작됐다. 지구호의 진짜 모습은 통제에서 벗어난 괴물이었던 것이다.

왜 지적 당황이 우리를 그렇게 화나게 할까? 그 이유는, 무지는 무엇보다도 속상한 일이기 때문이다. 무지는 무기력을 낳고 모멸감을 준다. 무지는 책임 있는 부모가 되려는 성인의 생물학적 기본충동을 저해한다. 과거에는 세상이 어떻게 돌아가는지를 묻는 아이들의 질문에 부모들이 합리적인 대답을 갖고 있었다. 어른들은 계절이 어떻게 변하는지, 가축은 어떻게 몰아야 하는지, 곡식은 어떻게 수확해야 하는지 등 기본적이고 실용적인 것들을 알고 있었다. 어른들은 불을 만들고, 짐승을 사냥하고, 강 건너 부락을 습격하는 방법 등 아이들에게 지속적으로 가르칠 기술을 갖고 있었다. 어른들은 그런 일들을 어떻게 처리하는지를 알았다. 사람들은 문화적 기술을 후손에게 물려주는 부모의 역할을 하는 데서 자부심을 느낀다. 물론 그때나 지금이나 인생은 불확실하고 위태롭다. 그러나 일이 잘못되면 사람들은 인간이 통제하지 못하는 어떤 힘 탓으로 돌리곤 했다. 그럴 때 사람들은 기도와 속죄에 의존하면서 모든 것이 다시 잘 되고 위기가 지나가기를 바란다. 그 결과는 끔찍할지도 모르지만, 아무도 인간이 세계를 만들 수 있다거나 세상이 잘못될 때 고치는 방법을 안다고 생각하지 않았다. 거대한 어려움 앞에서 겸손한 태도를 갖는 것은 좌절의 시련을 완화시켜 주었다.

오늘날 우리 아이들은 아주 다른 질문을 한다. 그들은 수수께끼 같은 기술에 대해 질문한다. 그들은 기술자가 아닌 사람은 이해하고 다루기가 쉽지 않은 기술을 들먹인다. 그들은 종종 전문가의 능력을 넘어서는 새로운 뉴스에 대해 질문한다. "유전적으로 조작된 음식을 먹어도 되나요?" "무역균형을 위해 우리는 무엇을 해야 해요?" "세계무역기구는 왜 좋은 것인가요?" "산성비라는 게 뭐예요? 오존층은 왜 없어지고 있나요?" "지구는 따뜻해지고 있나요, 아니면 추워지고 있나요?" "이스라엘에서는 왜 사람들이 죽고 있지요?" "세계무역센터에 비행기를 충돌시킨 사람들은 왜 그랬나요?" "아빠는 왜 일자리를 잃었어요?" 이런 질문들에 쉽게 대답할 수 있는 사람들은 많지 않다. 더욱 비참한 것은, 그런 질문을 한다는 것 자체가 아무런 의미가 없다고 종종 느껴진다는 점이다. 왜냐하면 질문에 대한 대답을 해봐야 우리 자신도, 우리의 아이들도 그것을 제대로 이해하지 못할 게 뻔하기 때문이다.

나는 요즘 많은 사람들이 인터넷을 익히려고 노력하는 모습을 본다. 사람들이 그렇게 하는 것은 이 거대하고 혼란스러운 세계에 대해 알고 싶은 모든 것을 말해줄 마법의 장치가 그 안에 있을 것으로 기대하기 때문이 아닐까 하고 나는 생각한다. 그러나 그들이 지식 초고속도로에서 찾아내는 것은 기술에 대한 더 많은 의존일 뿐이다. 컴퓨터의 프로토콜, 복잡한 네트워크, 연결 실패, 너무 자주 바뀌어서 비디오 조작보다 더 힘들어지는 작동법 등등. 그리고 만약 그들이 마침내 온라인 접속에 성공하더라도 그곳에서 발견되는 것은 진리도, 지혜도, 신뢰할만한 정보와 지식도 아니다. 단지 공허한 채팅과 허접한 취미나 수많은 화난 사람들의 이야기들만 가득 차있을 뿐이다.

하이테크는 비록 그 자체가 문제인 것은 아니라고 할지라도 사람들을 덮치고 있는 무력감을 상징하는 동시에 고착화시킨다. 증기기관이 산업혁명의 핵심이었듯이 컴퓨터는 우리 시대의 상징적인 기술이다. 우리는 매일 얼마나 컴퓨터가 중요한지 눈으로 확인한다. 컴퓨터는 우리 주위 어디든지 있다. 일터에서 사람들은 컴퓨터 사용에 익숙해야 하며 더욱 더 숙련돼야 한다. 그렇게 하지 않았다가는 윈도우 최신 버전을 익히지 않았다는 이유로 해고될 수도 있다. 그러나 우리가 직면한 지적 당황에 대해 하이테크는 해결책을 제시해 주는 대신 우리를 점점 더 복잡한 상황으로 몰아넣는다. 작심하고 컴퓨터를 구입한 사람은 몇 달 가지 않아 광고에서 본 대로 되는 일이 전혀 없음을 알게 된다. 부품들은 호환되지 않고, 스크린에는 에러메시지만 가득하다. 그것은 신탁의 계시처럼 수수께끼다.

오늘날 사람들은 《바보들을 위한 인터넷》,《멍텅구리의 윈도우 정복》과 같은 제목의 책들을 산다. 이런 책들을 사는 것은 우리가 마스터해야만 한다고 요구되는 기술 앞에서 자신의 무력함을 공개적으로 고백하는 것이나 다름없다. 이런 책들은 경감시켜 준다고 약속한 걱정을 오히려 더하게 할 뿐이다. 바보들을 위한 책조차도 너무나 어렵기 때문이다 그런 책들이 가르치는 내용들, 즉 "PIF(프로그램 정보 파일)을 수정하라", "모든 바이러스를 깨끗이 청소하라", "스팸 메일 필터를 업데이트하라", "컴퓨터가 먹통이 되거나 굼벵이처럼 늦어지지 않도록 메모리를 조정하라"는 등의 내용은 전문가들에게는 아무것도 아닐지 모르지만, 우리 대다수에게는 너무나 어렵다.

사람과 기술 사이에 이렇게 서로 소외되고 망연자실해진 관계는 산업기술 역사상 유례가 없는 것이다. 증기기관, 기차, 자동차, 비행기, 대공장 제조라인 등은 그 규모가 큰 것이든 작은 것이든 간에 우리가 이해하기가 그렇게 어렵지 않았다. 그 동작의 원리도 대개는 공개적으로 알려져 있었다. 가전기구의 경우와 같이 사용방법 역시 간단명료했다. 사람들은 전원 플러그를 꽂고 작동 버튼을 누르고는 그 기계를 잊어버렸다. 누구도 냉장고 문맹이 되지 않기 위해 노력할 필요가 없었다. 진공청소기를 작동하기 위해 백과사전 분량의 자료집을 공부해야 할 필요도 없었다. 기계를 사용하기 위해 필요한 것은 오직 작은 안내서를 펼쳐 들고 몇 가지 그림 설명을 읽고 이해하는 것뿐이었다. 기술자들은 라디오나 텔레비전의 신비한 장치들에 대해 더 많이 알고 있었지만, 아무도 그들을 떠오르는 천재라고 생각하지 않았고 그들의 전문성을 부러워하거나 두려워하지도 않았다.

온통 퍼져 있는 이런 무력감을 어떻게 해야 하나? 특히 사람들이 자신의 무지함을 다른 사람들이 악용할지 모른다고 걱정한다면 문제가 심각하다. 모멸감을 피할 수 있는 한 가지 방법은 잘못됐다고 생각되는 모든 것들에 대해 책임을 질 사람을 찾아내서 그를 비난하는 것이다. 불법 이민자, 동성애자, 허위보고에 의한 복지급여 수령자 등 비난의 대상이 될만한 편리한 희생양들은 많다. 이렇게 하는 데도 실패하면, 그 다음에는 모든 것을 다 아는 체하는 정치인들이 있다. 그들은 우리를 더 행복하고 안전하게 만들어주겠다고 늘 약속하지만 결과는 항상 그들의 약속에 못 미친다. 이런 정치인들을 공격할 때는 우리에게 항상 동지들이 있다. 시기심에 가득 차서 정파간 싸움에만 온힘을 다 쏟는 다른 정치인들이 바로 그들이다.

희생양은 차고 넘친다. 그러나 그 누구도 분노를 일으키는 무지함의 느낌을 없애주지는 못한다. 무지함은 고도산업 사회에 내장된 것이기 때문이다. 워싱턴에서 벌어지는 토론에서 상투적으로 사용되는 문구로 "민주당은 남에게 의존하는 자들의 정당" 이라는 말이 있다. 남에게 의존한다는 비난은 자기 인생에 대해 스스로 책임지고 싶어 하는 성인들에게는 굴욕적인 것으로 받아들여진다. 그러나 세계적인 산업질서 속에 왜소하게 보이는 우리의 삶은 투자, 통신, 생산, 분배의 거대한 시스템에 의존할 수밖에 없다. 정부를 좀더 작게 만드는 것은, 특히 그것이 공적 서비스와 보호적 규제의 무차별적 철폐를 뜻하는 것이라면, 결코 바람직하지 않다. 왜냐하면 도시 산업사회는 본래 거대하기 때문이다. 큰 정부를 없애면 없앨수록 사람들은 상대하기가 더 힘든 완고한 기업들의 권력에 직면하게 된다.

요즘 '스마트하다' 는 말의 쓰임새는 참으로 놀라울 정도다. 스마트한 기계, 스마트한 시스템, 스마트한 무기 등 정말로 그 쓰임새가 다양하다. 그러나 고도산업 사회에서 가장 필요한 것은 스마트한 사람이다. 기계가 더 스마트해질수록 그 기계를 통제하기 위해서는 더 스마트한 사람이 있어야 한다. 그러나 지식이 필요한 사회에서 너무 많은 사람들이 스마트하지 못한 게 분명한 사실이다.

나는 주위에서 흔히 볼 수 있는, 기술에 대한 의존과 지적 당황에 대해 이야기하고 있다. 미국은 다른 어느 나라보다 산업발전의 수준이 높으므로 미국인들의 고통은 그만큼 더 심할 것이다. 그러나 분노의 공동체는 세계적인 현상이다. 산업사회는 이제 한계상황에 이르렀다. 산업사회는 그것을 만든 인류의 지식과 그것을 받아들이는 인내의 한계를 넘어서고 있다. 그래서 무지와 분노가 증폭되기 시작한다. 산업사회 시스템이 관리와 통제가 불가능해지면서 상층에서 경쟁이 사라지고 하층에는 복종이 스며든다. 정보사회의 번쩍거리는 표면 밑에 과연 무엇이 있을까? 혼란, 바벨탑, 복마전이 있다.

테러리즘은 요즘 미국 국민들의 마음을 가장 크게 지배하는 걱정거리다. 미국인들은 힌두쿠시 산맥의 황량한 산악지대에 숨어 있는 오사마 빈 라덴과 그의 추종자들이 획책하는 것 때문에 공포와 분노 속에서 항상 경계하는 국가에 살고 있다. 그러나 우리가 가장 무서워해야 할 테러는 일상생활의 메커니즘 속에 숨어 있는지도 모른다.

7장

미 국 의

지 구 유 권 자

이제 유럽인과 미국인이 같은 세계관을 가졌다는 생각은 그만둘 때가 됐다. 심지어 같은 세계에 살고 있지도 않다. 주요한 전략적 국제문제에 대해 미국인은 화성인이고 유럽인은 금성인이다. 서로의 공감대는 줄어들고 있고, 서로에 대한 이해의 폭도 좁아지고 있다. 이런 현상은 미국의 특정 선거나 어느 하나의 파국적 사건에 기인한 일시적인 것이 아니다. 대서양 양안이 괴리되는 이유들은 오랫동안 성숙돼 왔고, 앞으로도 계속 그럴 것이다. 국가의 우선순위를 정할 때, 무엇이 위협인지를 판단하려고 할 때, 과제가 무엇인지를 정의할 때, 외교 및 국방 정책을 수립하고 집행할 때 미국과 유럽은 서로 다른 길을 밟아왔다.

_____**로버트 케이건**, '강함과 약함', 〈정책 리뷰(Policy Review)〉, 2003년 6~7월호.

대통령은 테러에 대한 전쟁의 조건을 정함에 있어서 다른 나라의 간섭을 원하지 않았다. 대통령은 다음과 같이 말했다. "우리는 혼자가 될 수도 있다. 그러나 나는 개의치 않는다. 우리는 미국인이다."

_____**밥 우드워드** 《전쟁터의 부시(Bush at War)》, 2003년.

끝없는 승리주의

이라크 점령이 게릴라 전쟁의 수렁으로 빠져들자 언론과 의회에서는 미국의 장기적 패권 유지 가능성에 대한 부정적 의견이 점차 증가했다. 사악하고 냉소적인 정책을 두껍게 감싸고 있는 계산된 애국주의의 가식을 감안하면 미국 안에 반대의 목소리가 아직도 많이 남아있다는 것이 놀라운 일이다.

패권주의에 대해 의문을 제기하는 비판의 내용을 살펴보면 나름대로 의미가 있지만, 매우 피상적이다. 그 요점은 초강대국을 포함해 모든 국가의 군사적 정책은 한계를 가진다는 것이다. 그러나 한계가 어디까지일까? 승리주의자들이 그들의 새로운 세계질서를 만들기 위해 어디까지 나아갈 준비를 했는지 우리는 전혀 알지 못한다.

만약 미국의 외교정책이 실용적이고 합리적이라면, 그리고 국가 안전에 필요한 수준이 어디까지인가에 대한 적절한 추정에 기초하고 있다면, 미국 군대의 활동은 아프가니스탄에서 이루어진 국제적 노력을 넘어서 행사되지 말았어야 했다. 알 카에다의 활동 근거지는 아프가니스탄의 황량하고, 거의 통제되지 않는 지역이었다. 탈레반은 그들의 활동을 열심히 숨겨주었다. 9.11 이후 아프가니스탄을 통합되고 번영하는 합리적인 민주국가로 바꾸는 것은 비록 여러 해가 걸리는 일일지는 몰라도 누구나 신뢰할 수 있는 정책목표였다.

그러나 미국은 그렇게 하지 않았다. 승리주의자들에게 아프가니스탄은 골칫거리지만 영양가는 별로 없는 목표였다. 아프가니스탄은 점령하기가 거의 불가능했고 경제적, 전략적 가치는 거의 없었다. 단지 있다면 아편 정도였는데, 이것은 위험한 비즈니스였다. 미국은 아프가니스탄을 재건하려는 유엔의 노력에서 재빨리 발을 빼고 이라크로 관심의 방향을 바꿨다. 비록 승리주의자들은 동의하지 않겠지만, 이라크 점령은 진흙 수렁에 빠져들었고, 과도한 개입이 낳는 부작용에 대한 우려가 현실화됐다. 하지만 승리주의자들은 정확히 그들이 원하는 것을 손에 넣었다. 승리주의자들은 이데올로기에 따라 움직이고, 이데올로기는 절대성을 추구한다. 승리주의자들은 한계를 인정하지 않는다. 이것이 그들의 강점이자 약점이다. 승리주의자들이 그들의 진로를 막는 장애물을 어떻게 처리하는지를 살펴보자.

1. 미국의 군사력은 지나치게 확장됐는가?

어떤 의미에서는 그렇다. 승리주의자들의 열망에도 불구하고 그들의 행보를 조심스럽게 조절해야 한다. 그들은 심지어 계획을 중단하고 수정해야 할지도 모른다. 어느 주어진 시점에 미국 군대가 지나치게 분산될 수 있기 때문이다. 미국은 수년 내에 다른 전선에서 새로운 테러와의 전쟁을 시작할 수 있을까? 아마도 불가능하다. 이런 관점에서 승리주의자들의 목적은 이미 저지됐다. 아프가니스탄과 이라크에서의 저항이 지금과 같이 심각해지기 전에는 시리아, 이란, 북한을 공격할 계획이 진행됐을 것이다. 국방부는 이런 위협의 진원지였다. 2002년 내내 미국 언론은 이란에서 학생 데모가 폭력사태에 이를 정도에 이르면, 결국 이라크에 주둔한 미국 군대가 이란으로 진격해 정권교체를 이룰 것이라는 전망기사를 연일 보도했다.

이런 야망은 분명히 유보됐다. 2004년 들어 워싱턴은 보다 우호적이고 평화적인 의사를 표시하고 있다. 외교와 유엔을 통해 영향력을 행사하겠다는 것이다. 승리주의자들의 이런 전략적 변화가 쉽게 감지된다. 군사적 개입이나 신제공격의 위협이 줄어들고 있고, 국제적 협조를 구하는 움직임이 분명하다. 선거를 앞두고 이런 경향은 더욱 강해질 것이다. 그러나 미국의 패권적 제국주의는 이제 초기 단계에 있을 뿐임을 명심하자. 제국주의는 아직 미국 대중에게는 생소한 것이기 때문에 승리주의자들은 대중의 동의를 얻는 가장 효과적인 방법을 모색하고 있는 것이다.

만약 미국 군대가 이라크와 아프가니스탄 이외의 지역에서 추가로 작전을 수행할 여력이 없음이 확실해지면, 해결방안으로 미국 군사력을 증가시키는 방안이 제기될 수 있다. 그러면 더 많은 병사, 더 개선된 기지, 더 많은 무기, 더 잘 훈련된 특수부대가 필요해진다. 이런 목표를 달성하는 데는 시간이 걸린다. 선제공격에 필요한 사전 선전 작업을 하는 데도 시간이 필요하다. 이런 승리주의자들의 희망이 실현되려면 대중에게 더 많은 공포를 주어서 그들을 충분히 순종적인 사람들로 만들어야 한다.

나는 향후 수년간 승리주의자들의 지정학적 전략에 일정한 주기가 생길 것이라고 생각한다. 즉 그들은 국제협력을 위한 대화를 하면서 침묵의 기간을 보내다가, 때가 되면 위험경보에 대응한다면서 호전적인 태도를 취할 것이다. 미국인들은 이미 이런 리듬에 익숙해지도록 훈련을 받아왔다. 호전적인 태도를 취해야 할 시기가 되면 그들은 알 카에다에 심어놓은 정보원으로부터 국가안전을 위협하는 정보가 수집됐다고 발표할 것이고, 국토안전부는 위협이 임박했다는 경고신호를 발령할 것이다. 이어 대통령은 전국에 황색, 오렌지색, 또는 적색의 경보를 발령한다. 경찰의 경계도 강화된다. 주와 시정부는 안전 강화를 위해 필요한 자금을 배정한다. 항공사들은 엄격해진 보안 조치를 실시한다. 이 모든 것들은 테러와의 전쟁이 바로 미국 안에서 계속되고 있음을 보여줄 것이다. 위험은 결코 감소하지 않을 것이다.

이렇게 해서 위험에 대한 공포의 심리가 대중에게 주입되면 승리주의자들은 자신들에게 명분을 줄 만한 사건을 기다리면 된다. 대사관이 폭탄공격을 받거나 비행기가 격추되거나 미국 국내에서 대규모 테러리스트 조직이 밝혀지면, 승리주의자들은 대규모 군대와 더 많은 무기를 동원한다. 어떤 국가든 적대적인 의도로 대량파괴 무기를 가졌다는 루머만 있으면 그 나라에 대해 공격을 시작할 충분한 이유가 된다. 이라크에서 그게 먹혔는데, 다른 곳에서 불가능할 리 없다. 북한은 이미 공개적으로 핵무기를 보유하고 있다고 광고했다. 이 때문에 북한은 승리주의자들의 공격대상 리스트 맨 위에 올랐다. 물론 미국이 행사할 수 있는 병력은 한정돼 있다. 그러나 일단 미국 대중이 승리주의 정책의 기본 가정을 받아들이기만 하면 어떠한 한계도 돌파될 수 있다. 미국에 대한 공격의 위험이 있으면 미국은 선제공격을 통해 스스로를 지킬 권리가 있다. 미국의 목표는 전 세계에 민주주의와 자유시장 질서를 가져다주는 것이다. 이제 필요한 것은 사건의 강도를 높이고 재빨리 행동하는 것뿐이다. 긴급한 뉴스속보, 고위관리가 단호한 표정으로 텔레비전에 나와 발표하는 것, 신뢰할 만한 정보원에 근거를 둔 극적인 폭로만 있으면 족하다. 그러면 언론들은 대통령이 단호한 행동을 즉각적으로 취하라고 부추길 것이다. 그 대상이 민주당 대통령일 수도 있다. 앞으로 어느 정당의 대통령이라도 조지 부시보다 더 재빠르게 대응해야 할 것이다.

2. 미국은 패권적 제국을 감당할 수 있는가?

미국이 선제적 외교정책을 취할 수는 없을 것이라는 생각은 맞기도 하고 틀리기도 하다. 미국 국민들이 테러와의 전쟁을 위해 국내의 우선 과제들을 모두 희생시키는 데 동의하지 않는 한, 군사적 모험을 위해 지금 부시 행정부가 지출하는 규모의 돈을 계속해서 감당할 수 없다는 지적은 옳다. 그러나 대중이 어떤 선을 넘으면 패권적 제국을 유지하기 위해 그보다 몇 배의 비용을 쓸 수 있게 될 가능성도 있다. 미국은 정말로 부자나라이기 때문이다. 우리는 이라크와 아프가니스탄에서의 전쟁비용이 2차대전에 비하면 훨씬 작은 규모였음을 명심해야 한다. 전장에서 사망자도 많지 않았다. 2차대전과 같은 전면전을 치렀던 점을 감안하면 미국은 훨씬 더 큰 전쟁도 치를 수 있다. 그렇게 할 가능성은 얼마든지 있다. 승리주의자들이 진정으로 바라는 것은 바로 이것이다.

승리주의는 미국 초보수주의자들의 국내 의제의 대외적 반영임을 상기하자. 승리주의자들은 복지국가의 유산을 모두 깨부수고 사회적 프로그램을 뿌리 뽑으려 한다. 그들은 진보적 자유주의에 대한 초토화 작전을 시작했다. 그들의 목표는 공공부문을 최소한으로 줄이는 것이다. 승리주의자들의 주된 무기는 재정적자다. 필요하다면 파산 지경까지 가는 것도 망설이지 않는다. 그들의 시각에서는 적자가 너무 커져서 국가재정이라는 기차가 탈선하더라도 무방하다. 그것은 진보적 자유주의 사회정책이 국가방위에 방해가 된다고 주장할 근거가 된다. 승리주의자들의 시각에서 보면 사회안전망과 의료보호는 비애국적인 것이므로 테러와의 전쟁터에서 희생돼야 한다.

미국에서 이런 정책노선이 매일 시험되고 있다. 2002년에 비평가들은 부시 대통령이 이라크 전쟁 비용의 진실을 숨기고 있다고 비난했다. 마침내 2003년 부시 대통령은 이런 비난에 행동으로 뻔뻔스럽게 대답했다. 의회에 870억 달러의 전쟁예산을 요청한 것이다. 더욱이 수백억 달러가 이미 사용된 뒤에 이런 요청이 이루어졌다. 그렇지만 아무도 이것이 부시 대통령의 마지막 자금요청이라고 생각하지 않는다. 부시의 요청은 의회에서 만장일치로 승인됐다. 의회에서나 여론조사에서나 이에 대한 별다른 반대는 나오지 않았다. 전쟁에 비판적이던 민주당도 미군에게 돈이 떨어지게 할 수는 없다는 이유로 동의했다. 이라크를 재건해야 하는데 미국이 어떻게 발을 뺄 수가 있겠는가?

870억 달러에 이르는 부시의 전쟁자금 요청은 심각한 불경기 속에서 엄청난 조세삭감과 더불어 실시됐다. 미국 국내에서 교육, 경찰, 사회기간시설 투자, 공중보건 등 모든 부문에서 돈이 필요했음에도 세금삭감과 전쟁비용은 둘 다 통과됐다. 이로써 국고는 바닥이 났지만 무슨 상관인가? 다음 해인 2004년에 부시 대통령은 재정적자 때문에 유감스럽지만 여러 사회적 프로그램이 삭감되거나 폐지된다고 발표했다. 의회는 이에 또 동의해주었다. 만약 미국이 불경기 때 감당할 수 있는 것이 이 정도라면 경기가 호황일 때는 어떨지 상상해 보라.

이런 예산정책은 향후 수년 동안 계속 반복될 것이다. 공공부채 증가로 사회적 프로그램은 하나둘 사라지고 재정적자는 계속될 것이다. 2004년에 들어서는 '미국 보수주의 연합(American Conservative Union)'이나 헤리티지 재단과 같은 극단적 보수 조직들조차도 부시 행정부의 재정지출 증가에 불만을 터트리고 있다. 의회의 공화당원들도 백악관에 재정적자 삭감을 요청하는 데 동참하고 있다. 그러나 공화당의 이런 행동은 내중적 이미지를 좋게 하기 위한 길지레다. 그들은 승리주의자들이 바라는 것이 압도적인 적자라는 사실을 분명히 잘 알고 있다. 그들은 미국 국민들이 파블로프의 개처럼 길들여지기를 바란다. 모든 것을 테러와의 전쟁에 투입하고, 국내 프로그램을 위해서는 아무 것도 쓰지 않는 정책을 대중에게 강요한다. 여기에 돈으로 살 수 있는, 가장 똑똑한 광고홍보 전문가들이 동원된다. 이들 전문가는 선거에서 이용되던 바로 그 집단이다. 이런 그들의 노력이 성공하면 점차 대중은 "정부가 최우선 과제에만 재원을 이용할 수 있도록 사회적 프로그램은 없어지든지 가능하다면 민영화돼야 한다"고 생각하게 될 것이다.

3. 미군의 사기는 동시다발 전쟁을 계속할 정도로 높은 수준에 유지될 수 있는가?

확인되지는 않지만 이라크 주둔 미군의 자살률이 상당히 높다는 내용이 포함된 고충처리 보고서가 있다고 한다. 언젠가 텔레비전에서 기자가 몇 명의 병사와 이야기를 나누는 장면이 방영됐다. 예비군에서 소집된 병사들은 복무기간이 너무 길다고 불평을 했다. 어떤 병사는 럼스펠드 국방장관에 대해 욕설을 퍼붓기도 했다. 나중에 육군은 이들 병사에게 복무기간을 늘리는 것으로 벌을 주었다. 20만 명에 이르는 미국의 예비군은 일종의 시민군이다. 미국의 예비군은 한 달에 일주일씩 기본훈련을 받고 적은 금액의 봉급을 받는다. 이들이 예비군에 지원할 때 실제로 자신이 전쟁터에 나가게 되리라고 생각한 사람은 거의 없을 것이다. 그러나 테러에 대한 전쟁의 일환으로 동원된 예비군들 가운데 일부인 6만 5천 명은 거의 1년간 계속해서 복무 중이다. 이런 정도의 장기간 복무는 그들의 취업을 위태롭게 한다. 그들이 일자리를 잃게 되면 그 가족들이 빈곤에 빠질 가능성도 높다. 예비군 가족들이 불평을 털어놓는 이야기가 뉴스에 자주 등장한다.

만약 이런 방송이 계속된다면 전쟁 의지가 분명히 약화되고, 대중의 반전 분위기는 높아질 것이다. 텔레비전 뉴스가 늘 그렇게 하듯이 사상자 가족들이 슬퍼하는 모습을 자주 비춰주는 것도 마찬가지 효과를 낸다. 그러나 승리주의자들은 벌써 해법을 가지고 있다. 그것은 바로 사기업화된 군대다. 훈련, 전투, 전쟁터에서의 죽음은 점점 더 기업에 고용된 계약군인의 몫이 되고 있다. 이들에 대해 의회의 감시와 대중의 관심은 최소한에 머물 수밖에 없다. 계약군인들이 미국인일 필요도 없다. 프랑스 외인부대가 수십 년 동안 그래왔듯이 미국의 계약군인들은 전 세계에서 돈을 벌기 위해 지원한 외국인들로 채워질 것이다. 미국의 전쟁이 계약군인으로 치러질 때 전쟁에 신경을 쓰는 미국인들이 얼마나 될까? 용병의 전사자가 얼마나 될지에 대해 사람들은 관심을 갖지 않을 것이다. 더욱이 용병의 사기에 관심을 가질 사람은 거의 없을 것이다.

　　미국 군대의 압도적인 다수가 미국 시민들로 채워지더라도, 사기를 높이려면 국방부가 더 많은 군인을 모집해 보다 더 자주 순환보직 되도록 해야 한다. 군대의 규모를 늘리려면 돈이 필요하다. 의회와 대중은 기꺼이 그 대가를 치를 것이다. 사실 군대의 추가적인 모집은 심각한 사회문제인 실업문제를 해결해준다. 미국에서는 공장의 해외 이전으로 일자리가 줄어들고 있다. 현대 기술의 발달로 인한 높은 생산성도 일자리를 줄이는 원인이다. 이런 이유로 기업의 생산성이 높아지고 수익이 증가하고 있지만 일자리는 점점 더 사라지고 있다. 이 문제는 아직 폭발 단계는 아니지만 현실에서 이미 나타나고 있으며, 뉴스에서도 자주 언급되고 있다. 군인 수의 증가는 특히 젊은 노동자들의 실업 문제에 분명한 해결책이 된다. 군대에 지원하는 것은 이미 수천 명의 미국 젊은이들에 의해 선택되고 있다. 승리주의자들은 패권적 제국주의가 다음 세대 미국인들에게 딱 맞는 대안을 제공해 준다고 생각할지도 모른다.

4. 미국 대중은 전쟁에 싫증을 낼까?

전쟁이 오래 끌면 미국 대중은 싫증을 낸다. 1950~1953년의 한국전쟁과 1950년대 말~1973년의 베트남 전쟁은 너무 질질 끌다가 미국 대중에 의해 마침내 거부당한 전쟁이었다. 베트남에서만 5만 명 이상의 미군이 사망하는 등 두 전쟁으로 미국은 아주 큰 희생을 치렀지만 이 두 전쟁에서 이기지 못했다. 미국인들은 전쟁이 나더라도 그 기간은 짧고, 인명 희생은 적은 수준에서 이기기를 바란다. 그러나 희생자도 없이 세계적인 패권을 추구한다는 것은 공상에 지나지 않는다. 하지만 승리주의자들은 한국과 베트남의 전쟁에서 경험했던 실수를 피하기 위한 방법을 찾는 노력을 계속하고 있다.

이런 측면에서 승리주의자들이 강구하는 첫 번째 방법은 희생자 수를 가급적 줄이고, 그 결과를 적극 홍보하는 것이다. 이런 그들의 노력은 최근 이라크에서 주도면밀하게 기울여졌다. 이라크의 미군은 역사상 가장 잘 보호되는 군대다. 그들의 숙영지는 항공기와 장거리 포 이외의 어떤 공격에도 난공불락이다. 미군 병사들이 입고 있는 재킷은 거의 방탄이 된다. 부상자는 야전병원에서 즉시 긴급치료를 받은 후 가까운 병원으로 공수된다. 이런 개인적 방어와 신속한 치료가 없었다면 이라크에서 희생자 수가 몇 배는 더 났을 것이다. 미군 병사에게 위해를 가한다는 것이 점점 더 어려워지고 있다. 전쟁사의 측면에서 이런 것을 작은 발전이라고 말할 수 있을까?

교묘한 홍보나 속임수도 빠지지 않고 동원된다. 인명손실 보고는 지연되고 모호하게 감춰진다. 한 예로 이라크의 전쟁터 현장에서 즉사하지 않고 부상만 입고 후송된 뒤에 사망한 병사는 전사자 통계에 들어가지 않는다. 한번 부상자로 계산되면 다시는 재분류되지 않는 것이다. 치료 중에 사망한 병사는 이라크 전쟁의 전사자가 아니다. 그런 병사의 사체가 미국에 도착한 뒤에도 카메라 촬영은 금지된다.

이 밖에도 전쟁을 낙관적이고 적극적으로 포장하는 방법은 많다. 1차 걸프전 기간 중 시니어 부시 행정부는 상처와 고통의 이미지를 철저히 통제했다. 전사자나 민간인 희생자의 사진은 언론에 공개되지 않았다. 죽은 이라크 군인들은 재빨리 대형 매장터에 묻혀져 잊어졌다. 2차 걸프전의 경우에 미국 대중은 미국 군대가 수행하는 친절하고 건설적인 일에 대해 항상 보고 듣는다. 민간인 피해는 카메라에 담기지 않는다. 텔레비전에 나오는 전쟁 지휘관들은 점령 작전의 진전에 대해 긍정적인 말만 한다. 사실 점령이라는 말은 사용되지도 않는다. 게릴라 전쟁 역시 게릴라 전쟁이라고 언급되지 않는다. 폭도들은 언제나 분노에 불타 죽음도 불사하는 극소수의 광신적 집단으로 묘사된다.

이러한 기만 전략이 무한정 계속될 수는 없다. 그러나 전쟁이 미국 대중의 관심에서 벗어난 가벼운 수준에 머물고, 그들이 주목할 다른 사항들이 있는 한 승리주의자들의 의도는 거의 방해받지 않고 추구될 것이다. 우리가 반드시 알아야 할 점은 승리주의자들의 전략은 스스로 억제될 가능성이 거의 없다는 점이다. 그리고 정책의 변경에 관한 한 미국 대중으로부터 기대할 것도 거의 없다. 많은 사람들이 선제적 전쟁과 식민주의적 점령에 대해 반대하지만, 그보다 더 많은 수의 사람들이 전쟁과 점령에 찬성하는 투표를 한다. 복음주의와 같은 근본주의 집단은 승리주의자들 못지않게 강력한 이데올로기적 열정에 의해 동기부여돼 있다. 그들은 자신들의 행동이 애국적 선택이라고 믿고 있다. 그리고 군산복합체가 다시 활기를 띠면서 테러와의 전쟁에서 단단히 한몫 잡을 좋은 기회를 놓치지 않으려고 할 것이다. 승리주의자, 근본주의자, 코포라도의 동맹은 너무나 강력하다. 우리가 승리주의자들을 패퇴시키려면 미국 이외 다른 나라 사람들의 도움이 필요하다. 미국 문제는 미국만의 문제가 아니다. 미국은 '지구유권자 (Global constituency)'를 가져야 한다.

친구들이 도와주면

미국의 거리를 오가는 자동차들의 범퍼에서 다음과 같은 스티커를 흔히 볼 수 있다. "친구에게는 음주운전을 하도록 내버려 두지 않는다." 이것은 도로에서 친구와 나의 생명을 지켜주는 문구다. 미국 문제에 대해서 세계가 해줘야 할 역할을 한 마디로 요약하면 이런 게 아닐까? "친구에게는 패권적 제국 건설을 하도록 내버려 두지 않는다." 9.11의 와중에서 미국의 동맹국들이 말하고자 한 것도 바로 이것이었을 것이다. 세계는 미국이 알 카에다의 위협에 대응해 새로운 세계적인 패권 제국을 만들려고 하는 것을 보았다. 그러나 이런 미국의 노력 뒤에 숨은 진정한 동기에 대해 동맹국들이 의구심을 품는 데는 충분히 합리적인 이유가 있다고 본다. 나는 세계 유일의 초강대국인 미국이 세계를 일방적으로 재편하려는 무모한 노력에 저항하고 그 방향을 돌리게 하려는 동맹국들의 다양한 외교적 노력에 공감한다. 미국의 패권주의에 대한 저항은 필요하다면 길거리에서도 일어나야 한다. 승리주의자들의 정책을 대변하는 미국 지도자들은 외국을 방문할 때마다 그곳 대중의 반대시위를 만나야 한다. 그러나 우리에게는 이런 것들보다 더 많은 것이 필요하다. 미국의 패권적 제국을 뒷받침하는 이데올로기적, 종교적 세력의 힘은 저지하기가 쉽지 않을 것이기 때문이다.

그렇다면 무엇을 해야 하나? 다음은 미국 정치에 건강한 영향력을 행사하는 방법으로 사려 깊은 사람들이 생각해낼 수 있는 것들 가운데 가장 좋은 세 가지다.

1. 기능장애에 빠진 국제기구의 치료

새로이 등장하는 미국의 패권적 제국주의를 비판하는 동시에 미국을 포함해 국가안전에 위협을 받는 나라들이 의존할 수 있는, 잘 기능하는 국제기구가 없는 게 현실이다. 부시 행정부에 대한 가장 큰 비판은 워싱턴이 유엔을 무시하고 독자적으로 행동했다는 것이었다. 그러나 사실 유엔은 건강하게 잘 기능하는 기구가 아니다. 강대국들이 만들어낸 연약한 기구인 유엔은 그동안 한 번도 강력하고 독립적인 역할을 하지 못했다. 유엔은 관료주의의 폐단에 짓눌려 있고, 하찮은 말다툼과 공허한 도덕론의 수렁에 빠지곤 했다. 유엔은 오랫동안 자금과 인력 부족에 허덕여왔다. 연간 1천억 달러 규모의 이라크 석유와 식량의 교환 프로그램과 같은 대규모 사업이 유엔에 위임됐을 때는 많은 부분이 비밀에 감추어졌다. 유엔과 관련해 낭비, 타락, 의심스런 결정 등에 대한 소문도 꼬리를 물었다. 이런 측면에서 승리주의자들이 유엔을 사정없이 깎아내리는 것도 놀랄 일은 아니다. 승리주의자인 리처드 펄과 데이비드 프럼은 유엔을 이렇게 조롱했다. "유엔은 완전히 쓸모없는 조직은 아니다. … 유엔은 일자리가 없는 회원국 대통령 친척들에게 평생의 일자리를 제공한다. 유엔은 약소국가들에게는 자신들의 의사가 국제사회에 반영되고 있다는 느낌을 준다. 그리고 회의장을 견학하러 온 학생들에게는 그 호사스런 빌딩이 마치 전쟁 없는 세상을 실현한다는 오래된 인류의 꿈이 살아있음을 보여주는 상징의 역할을 한다." *

    사람들이 유엔에 행동을 요구할 때 그 요구 속에는 기대 섞인 희

---

* 《악의 종식: 테러와의 전쟁에서 이기는 전략 (An End to Evil: Strategies for Victory in the War on Terror)》 리처드 펄, 데이비드 프럼, 2003.

망이 포함돼 있다. 유엔에 대한 요구는 흔히 어느 한 나라의 일방적 행동보다는 좀더 바람직한 무엇에 대한 희망을 표현하는 이상주의적 몸짓에 불과한 경우가 많다. 만약 우리가 유엔을 '세계인의 집'이라고 가정한다면, 그 집은 지금 심각한 기능장애에 빠져있다는 사실을 우리는 인정할 필요가 있다. 유엔은 수리돼야 한다. 유엔을 공개적으로 모욕하는 승리주의자들이 집단적인 안전을 추구하려는 유엔의 노력을 부정하는 것은 잘못이다. 그러나 유엔이 실제의 정치세계를 왜곡되게 반영하고 있는 점을 참지 못하겠다는 승리주의자들의 불평에는 그 나름의 근거가 있다.

그러나 우리는 유엔이 이라크 위기를 다루는 문제와 관련해 주목할 만한 제안을 내놓았다는 사실에 주목해야 한다. 유엔은 이라크에 대한 무기사찰과 제재 문제에 대해 칭찬받을 만할 정도로 일관적인 태도를 유지했다. 유엔의 입장은 평화유지 노력이었다. 부시 행정부가 유엔에 대해 그토록 화를 냈던 주된 이유는 이라크에 대한 유엔의 무기사찰이 너무나 훌륭하게 이루어졌다는 데 있었다. 유엔 무기사찰단은 이라크가 미국의 안전에 위협이 된다는 부시 행정부의 주장에 계속 의문을 제기했다. 또한 유엔은 이라크의 민간인들에게 너무나 큰 희생을 강요하는 이라크 제재 방법은 부당하다고 지적했다. 어쨌든 이라크 문제에 대한 유엔의 활동은 가치 있는 전례가 되고 있다. 이라크와 관련해 유엔은 회원국의 주권을 제한하는 문제에 대해 과거의 어떤 경우보다 더욱 적극적으로 행동했고, 이런 유엔의 태도는 국제관계의 새로운 시대에 대비하는 강력하고 유망한 전례가 됐다.

유엔의 노선에 따라 아무런 군사적 개입도 없이 불량국가들의 무장 해제를 실현하는 게 가능했을지도 모른다. 아프가니스탄 전쟁에서 본 것과 같은 강대국의 개입 위협이 없지는 않았겠지만 유엔을 통한 평화유지 구상은 전면적인 전쟁은 막을 수 있었을 것이다. 왜 유엔은 이라크 전역을 비행금지 구역으로 선포해 후세인의 공군력 자체를 통제하지 않았을까? 왜 이라크의 모든 공항과 미사일 발사대를 국제적인 감시 아래 두거나 그것들을 해체하도록 명령하지 않았을까? 공항과 미사일 발사대는 전쟁 개시 뒤에 보았듯이 공중에서 쉽게 감시할 수 있고, 최소한의 피해만 감수하고 쉽게 파괴할 수 있는 목표물이다. 대량파괴 무기가 우려할 만한 것이라고 해도 운반수단이 없다면 무용지물에 불과한 깃인데, 왜 사담 후세인이 운반수단을 깆지 못하도록 하지 않았을까?

물론 이런 조처들 가운데 어느 것도 부시 행정부를 만족시키지는 못했을 것이다. 중동에 위협적인 미국의 군사력을 주둔시기고, 바그다드에 고분고분한 꼭두각시 정부를 수립한다는 것이 부시 행정부의 결의였다. 부시 행정부가 추진한 모든 것은 중동 전역에서 미국의 지배력을 확보한다는, 더 큰 구상의 전주곡이었다. 승리주의자들은 유엔을 테러에 대한 효과적인 억제기구로 재편하는 노력에 나서는 대신 미국이 일방적인 세계적 군사력을 갖추도록 하는 방안을 선호했다.

승리주의자들을 저지하는 데서 미국의 '지구유권자'가 확실히 공헌할 수 있는 영역이 바로 여기에 있다. 승리주의자들의 일방주의에 대항해 유엔을 미국 대외정책의 중심에 위치하도록 만드는 것이 상징적 몸짓이나 단순한 희망 이상의 의미를 갖는다는 사실을 진보적 자유주의자들은 인식할 필요가 있다. 승리주의자들의 구상을 저지하는 데 가장 좋은 방법은 유엔의 구조를 재편하고 현대화함으로써 미국과 같은 강대국이 유엔, 특히 유엔의 안전보장이사회를 더 이상 무시하거나 거부할 수 없도록 하는 것이다. 이런 일이 추진된다면 승리주의자들이 격렬하게 저항할 수도 있다. 그러나 많은 미국인들이 세계 평화를 유지할 능력이 있는 효율적인 국제기구를 만들기를 원하고 있고, 미국 정부가 그런 국제적인 노력에 협조하도록 압력을 가하는 데 기꺼이 참여하고자 한다는 사실을 승리주의자들은 알게 될 것이다.

2. 금융의 사슬을 잡아당김

아직도 사람들이 잘 인식하지 못하고 있지만, 세계의 여러 나라 사람들이 이미 미국에 결정적인 영향력을 행사할 수단을 갖고 있다. 그것은 역사상 최대의 부채국가인 미국에 대해 그들이 채권자로서 갖고 있는 권한이며, 이 권한은 각국 정부가 언제든지 미국에 대해 행사할 수 있는 경제적 수단이기도 하다.

세계의 일반 대중에게 가장 큰 비밀 중 하나는 미국 경제가 계속 악화되고 있다는 사실이다. 미국의 경제적 곤경을 보이지 않게 가리는 엄폐물 중 가장 중요한 것은, 미국은 과거의 그 어떤 부자 나라보다 훨씬 더 부유한 국가라는 고정관념이다. 이런 고정관념은 특히 미국인들 스스로가 조국의 경제적 곤경으로부터 눈을 감게 하는 원인이 되고 있다. 미국인들은 미국이 강력한 부자 나라라고 주장하고 있고, 세계 각지의 다른 나라 사람들도 그렇다고 믿는다. 분명히 부는 미국에 집중돼 있다. 그러나 지난 20년 동안 미국은 부의 분배가 점점 더 불균등해지고 경제적인 불확실성이 증대하고 있다는 사실을 결사적으로 감추려고 노력해왔다. 미국이 1980년대 중반까지만 해도 채권국이었고 무역적자는 거의 없었다는 사실을 아는 미국인이 과연 얼마나 될까? 금이 가치 있는 자산임을 모든 사람들이 믿는 것처럼 미국이 세계경제 질서에 바위 같이 단단한 기초의 역할을 한다고 모든 사람들이 믿어야 했다. 지금도 미국 경제의 안정성에 대해 의심하는 것은 종교개혁이 시작될 때 교황의 권위와 신성함을 의심하는 것과 같다. 게다가 미국의 경제적 지위가 추락한다면 다른 어느 나라가 그동안의 미국처럼 최후의 소비자로서 세계경제 질서를 떠받치는 역할을 맡을 것인가가 문제가 된다. 이런 역할은 미국 외에는 그 어떤 나라 정부도 바라지 않고 있다.

그동안 미국의 경세정책은 점점 너 망상에 사로잡혔나. 민주당 정부든 공화당 정부든 미국 경제의 기반은 튼튼하며, 세계화를 통해 더욱 더 튼튼해질 것이라고 주장해왔다. 그러나 미국은 전 세계에서 상품을 사들이기 위해 해외에서 돈을 빌리고 있다. 미국 내 급여수준이 하락함에 따라 노동계급의 생활수준은 점점 더 떨어지면서 더욱 불안전해지고 있다. 어린이를 포함해 점점 더 많은 미국인들이 빈곤층에 편입되고 있다. 중산층의 저축은 줄어들고 있고, 그들의 빚은 늘어만 간다. 2004년 현재 미국의 가계부채는 주택담보 대출을 제외하고도 가구당 평균 1만 9천 달러다. 이는 미국 전체로 보면 2조 달러에 달하는 수치다. 미국의 사회기간시설은 낙후되고 있으며, 공공 서비스는 갈수록 축소되고 있다. 그런가 하면 미국 기업들은 본사를 다른 나라들로 옮기고 있다.

지난 20년 동안 미국의 무역적자도 점점 더 확대돼 왔다. 현재 미국 정부는 국내외 개인, 정부기관, 국제기구 등에 모두 3조 달러의 빚을 지고 있다. 이 빚 중 많은 부분은 미국이 지금과 같은 엄청난 무장을 하는 재원으로 쓰였다. 미국이 외국으로부터 꾸어온 빚으로 군사예산을 지출했다는 사실은, 미국의 초강대국 지위 자체가 외국에 저당 잡힌 것이라는 의미를 가진다. 해외부채와 더불어 국내 재정적자도 꾸준히 증가했다. 미국의 재정적자는 유권자들 앞에서 '재정적 보수주의자'를 자처한 레이건과 시니어 부시 등 두 공화당 대통령 시기에 크게 증가했다. 승리주의자들은 '재정적 보수주의' 운운하는 겉치레도 하지 않는다. 그들은 재정적자의 확대를 공개적으로 인정한다. 사실 이 문제는 더 이상 감출 수도 없다. 그러나 그들은 재정적자는 문제가 되지 않는다고 주장한다. 부시 대통령은 자신의 임기 중에 의회가 통과시킨 선심용 예산항목에 대해 전혀 거부권을 행사하지 않았다. 어떤 분석가의 말을 빌리면 그는 돈을 마치 '술 취한 선원'처럼 써댔다.

　　최근의 불경기에 따른 세수 감소와 지출 증가의 누적된 효과를 감안한 의회 예산국의 전망에 따르면, 앞으로 10년 안에 미국의 재정적자가 2조 4천억 달러에 이를 것이다. 미국이 주도하는 완강한 보수주의 집단인 국제통화기금조차도 미국의 재정적자에 대해 우려를 표시하고 있다. 2004년 1월 국제통화기금은 미국의 국가부채가 세계경제의 안정성을 위협하고 있다고 경고했다. 국제통화기금은 미국의 대외 국가부채의 순잔액이 조만간 미국 전체 경제규모의 40%에 이를 것이라면서, 이는 대형 산업국가로서는 전례 없이 높은 수준이라고 지적했다. 미국 외에 일본, 독일, 프랑스도 심각한 재정적자를 보이고 있다. 그러나 그들은 미국처럼 빚으로 무모한 군사적 모험에 돈을 들이붓지는 않는다. 그리고 어떤 경우에도 그들은 세계경제를 떠맡는 책임은 지지 않으려 한다.

국제통화기금의 경고에 대해 부시 행정부는 쓸데없는 걱정이라고 일축했다. 오히려 부시 대통령은 같은 달 미국 항공우주국(NASA)에서 한 연설에서 달과 화성을 개발하는 대규모 프로젝트를 새로 발표했다. 이 프로젝트에 드는 비용은 시작 단계에서만 120억 달러이며, 향후 10년간 5천억 달러가 소요된다. 그런데 이런 막대한 자금이 어디서 나오는지에 대해서는 언급이 없었다.

어떤 나라의 채권을 갖고 있는 이들은 그 나라에 대해 언제든 잡아당길 수 있는 금융 사슬을 손에 쥐고 있는 것이다. 이런 금융 사슬을 잡아당기는 행위가 꼭 좋은 일만은 아니며, 세계경제의 주요 플레이어들은 그렇게 하기를 꺼린다. 그러나 과거에 미국은 채무국들에 대한 불만의 표시로 바로 이런 금융 사슬을 잡아당긴 적이 있다. 20세기 초반 내내 미국은 무너져가는 대영제국에게 버팀목이 되어 주면서, 국제문제에서 영국이 미국의 대리인 역할을 해주기를 바랐다. 그러나 2차대전 뒤에는 이런 구도가 현실성을 잃게 됐다. 그런데 마침 1956년에 영국이 프랑스, 이스라엘과 함께 이집트를 침공했을 때 미국은 자국이 주도하는 국제통화기금의 금융력을 이용하기를 주저하지 않았다.

물론 미국과 같은 강대국을 상대로 금융 사슬을 잡아당기기란 쉽지 않다. 공화당이든 민주당이든 워싱턴의 어느 누구도 미국을 상대로 해서 그런 일이 생기리라고 걱정하지는 않는다. 그러나 2002년에 사우디아라비아의 투자자들은 미국 금융시장에서 2천억 달러를 빼내감으로써 미국을 자극한 일이 있었다. 부시 행정부가 테러리스트들에 대해 사우디 왕실이 지원하고 있다는 의혹을 계속 제기하며 비난하는 데 대한 불만과 미국의 경제정책에 대한 불만의 표시로 사우디아라비아가 미국에 대해 금융적 권리를 행사했던 것이다.

그런데 미국이 초강대국 지위를 유지하기 위해 필요한 돈을 빌린 나라는 사우디만이 아니다. 미국 국가채무의 또 다른 채권자인 유럽과 아시아의 정부들은 사우디아라비아 정부보다 훨씬 더 강력하다. 유럽연합은 상승하는 유로의 힘을 업고 있기에 미국을 괴롭히는 데 특히 유리한 위치에 있다. 돈은 말을 한다. 그리고 미국 악센트로만 말하는 것이 아니다. 윌리엄 그레이더(William Greider)가 지적했듯이 "유로가 지속성을 확립해 보다 광범위하게 이용되면 달러는 더 이상 유일한 선택이 아닐 것이다. 그때 유럽이나 기타 나라들은 세계 전체의 자금순환 시스템에 피해를 입히지 않고도 미국에 대한 그들의 금융적 지렛대를 보다 수월하게 행사할 수 있게 될 것이다. 물론 유럽은 아직 그런 위치에 와있지 않다. 그러나 유로는 갈수록 더욱 강해지고 있고, 미국에 대한 유럽인들의 분노 역시 강해지고 있다."

세계무역에서 미국이 점차 불확실한 지위로 떨어지고 있는 것은 미국의 정책결정자들이 얼마나 무모했는지를 웅변으로 보여준다. 어떤 이들은 해외 채권자들에 대해 워싱턴이 존경과 감사를 표시해야 하는 것 아니냐고 말하기까지 한다. 그러나 부시 대통령과 그의 보좌진은 주요 정책 결정에서 무례할 정도로 일방적으로 행동하기 시작했다. 그들이 백악관에 입성한 첫날부터 보인 거만함을 뒷받침한 근거는 무엇일까? 그것은 미국의 급증하는 쌍둥이 적자로 인한 해외 투자자들의 손실에는 개의치 않고, 더 나아가 세계가 달러를 포기하는 것도 무릅쓰겠다는 그들의 정책의지다. 미국의 이런 태도는 얼마나 더 계속될 수 있을까? 아마도 해외 투자자들의 따가운 가르침이 현실화될 때까지 뿐일 것이다.

2차대전 이후 달러는 국제거래에서 가장 선호되는 통화로 자리 잡았다. 특히 세계 석유시장을 떠받친 중동의 석유달러라는 형태로 달러의 위세가 두드러졌다. 그러나 이제는 유로를 비롯한 다른 통화들이 달러보다 더 안정적이라고 간주되기 시작했다.

미국은 그동안 압도적인 군사력을 이용해 달러 강세를 유지해 왔다. 일부 미국인들은 지난 수십 년 동안 자위능력이 없는 다른 나라들을 위해 미국이 짊어졌던 군사적 부담을 감안하면 미국은 그럴 권리가 있다고 말한다. 어쨌든 냉전의 종식과 함께 미국이 세계 유일의 초강대국이 되면서 미국의 군사력이 다른 나라들에게 위협이 되는 또 하나의 측면을 갖게 됐다. 미국은 이제 자국의 군사적 우위를 이용해 무역과 금융의 모든 부문, 특히 세계 석유시장의 미래를 좌지우지하려고 하며, 이런 자국의 의도에 그동안의 동맹국들까지 순종하도록 협박하고 있다. 이런 것이 바로 그들이 말하는 '자비로운 패권'의 진면목일 것이다. 이미 미국은 이라크의 유전을 점령했다. 미국은 이제 이라크의 막대한 석유자원을 이용해, 석유수출국들이 달러 대신 유로를 사용하려는 움직임을 저지하려고 할 것이다.

무력은 전지전능의 환상을 만들어낸다. 그래서 경제를 군사력에 복속시키려는 사악한 제국주의 세력이 항상 있어 왔다. 그러나 장기적으로 보면 제국주의의 무력은 스스로를 몰락시킨다. 제국의 국고는 군사비를 조달하고, 군사적 점령의 비용을 지불하고, 국경을 지키고, 넓어진 영토를 다스리느라 금세 바닥이 나고, 그 결과 제국의 경제는 비틀거렸다. 기본적으로 미국은 실질적인 부와 위대한 기술을 가진 부강한 산업국가다. 그러나 그 경제는 지금 심각하게 균형을 잃고 있다. 닷컴 붐의 공허함에서 우리가 볼 수 있었던 것은, 완고한 정신을 가진 주요 기업의 이사회에도 공상적인 사고가 스며들 수 있다는 점이었다. 그리고 부정회계 사건을 비롯해 최근 월스트리트를 휩쓴 금융 스캔들의 파도는 마치 '우주의 지배자'인 것처럼 간주되던 월스트리트가 사실은 경제의 현실상황을 제대로 파악하지 못했음을 폭로해준다. 만약 해외 채권자들이 금융 사슬을 잡아당긴다면 오히려 미국에게 큰 은혜를 베푸는 것이 될지도 모른다. 왜냐하면 그들이 그렇게 하는 것이 미국의 코포라도들이나 정치인들, 특히 우익 정치인들에게 정신을 차리게 하는 유일한 방법일 수 있기 때문이다.

3. 미국인들을 재교육시키기

미국 국가채무의 채권자들이 워싱턴의 제국주의적 정책에 맞서 금융적 지렛대를 사용하는 것은 불가능하다고 생각될지 모른다. 그러나 만약 승리주의자들이 군사력을 이용해 세계를 계속 협박한다면 채권자들에게 다른 선택의 여지가 남지 않게 될 수도 있다. 승리주의자들은 뼛속까지 이데올로기적이다. 그리고 그 이데올로기는 절대적이고 비타협적이며 공격적이다. 이데올로그들은 반대를 용납하지 않는다. 그들은 의견과 가치의 다양성도 허용하지 않는다. 승리주의자들은 세계 전체에 시장경제를 주입하고자 혈안이 돼있다. 시장경제만이 집산주의로부터 인류를 구원한다고 그들은 생각한다. 게다가 일사불란한 종교적 근본주의자들이 승리주의자들과 동맹을 맺고 있다. 이런 결합으로 인해 어떠한 대안도 인정하지 않는 광신적 국수주의가 미국을 지배하고 있다. 미국 국민들이 이런 승리주의자들의 시각으로 세계를 바라보는 동안 유권자 대중은 선거에서의 투표행위를 통해 그들을 뒷받침해왔다. 바로 여기에 미국의 국민 대중을 재교육시키기 위해 미국의 진보진영과 전 세계가 힘을 합해야 하는 이유가 있다.

우리는 미국의 승리주의자들에 대해 전면적인 지적 공격을 가해야 한다. 즉 미국의 우익이 주장하는 가정과 가치에 대해 의문을 제기하는 대중토론을 지속적으로 열어야 한다. 미국 내 비판세력만으로는 충분하지 않다. 세계 각지의 지성인들이 참여하는 국제적인 노력이 펼쳐져야 한다. 우리는 미국 대중의 눈앞에서 유럽, 아시아, 라틴아메리카의 지성인들이 참여하는 강연과 토론회를 지속적으로 열어 나가야 한다. 다른 나라들도 미국의 정치에 이해관계와 관심을 갖고 있다는 사실을 미국 대중에게 깨우쳐 주어야 한다. 이런 토론을 열기에 가장 적절한 장소는 미국의 대학들이다. 대학을 이 거대한 토론의 굉장으로 끌어들이면 더 높은 교육 열기를 불러일으킬 수 있을 것이다. 베트남전쟁 때 미국 대학가에 나타났던 진지한 분위기와 사회적 관심이 얼마나 활기쳤는지를 회상해 보면 그 효과를 알 수 있을 것이다. 대학에서 교수들과 학생들 사이에 사회적 쟁점에 대해 토론하는 문화는 그동안 사라졌다. 이제 그것을 되살릴 때가 됐다. 그리고 그런 토론이 재개될 때 주제로 삼을 쟁점들이 이미 우리 앞에 있다.

세계 각지로부터 '지적 공격'이 가해올 때 미국인들의 반응은 어떻게 나타날까? 마치 불똥이 튄 것 같은 상황이 전개될 것이 분명하다. 보수진영은 외국인들에 대한 혐오의 반응부터 보일 것이다. 그러나 그들이 그런 반응을 보이는 것은 문제가 뭔지를 보다 명확하게 해줄 것이다. 그런 태도는 승리주의자들의 편협함과 이데올로기적 경직성이 스스로 폭로되는 결과를 초래할 것이다. 토론에 미국 바깥에서 대거 참여해 준다면 지금 우리가 처한 위기가 얼마나 광범위하고 큰 것인지가 명확해질 것이다. 미국의 패권적 제국주의는 세계적인 문제다.

　미국의 패권적 제국주의에 대한 토론을 국제화해야 하는 또 하나의 중요한 이유가 있다. 나는 앞에서 1930~1940년대에 미국에 온 유럽인 이민자들로부터 승리주의자들이 받은 영향에 대해 이야기했다. 미국 외부로부터 들어온 이런 영향과 그에 따른 사고방식의 본질에 대해서는 미국 바깥으로부터의 재검토가 필요하다. 또한 그런 사고방식의 바탕에 깔린 경험, 그리고 망명자들이 미국으로 이민하면서 갖고 들어온 그들의 결론적 판단들에 대한 재평가가 이뤄져야 한다. 승리주의는 퇴행적인 세계관이다. 승리주의는 이제는 더 이상 존재하는 않는 과거 시대의 유물이다. 유럽에서는 강렬한 이데올로기적 투쟁과 전체주의 운동은 이미 사라졌고, 그 대신 온건하고 다원적인 사회 시스템이 등장해 자리를 잡았다. 승리주의자들의 예봉격인 사회적 다위니즘도 마찬가지로 과거의 녹슨 철학이다. 미국의 기업 공동체를 제외하고는 이 세상이 초기 산업시대처럼 생존의 정글이 돼야 한다고 믿는 사람은 거의 없다. 그런 역겹고 야만적인 난센스는 미국 이외의 다른 나라들에서는 이미 불태워져 없어졌다. 보수적 싱크탱크들이 지배하는 미국의 정치적 논쟁에서만 이런 역사적 맥락이 무시되고 있다.

　세계적인 토론에는 대학 외에 일부 언론기관들이 도움을 줄 수도 있을 것이다. 그리고 인터넷도 대안의 방송매체로서 도움이 될 것이다. 2004년 민주당 예비선거에서 하워드 딘이 보여준 것처럼 이제 인터넷은 정치적 목적을 위해 유용하게 활용될 수 있다. 딘은 인터넷을 통해 미국 전역에서 상당한 규모의 돈과 지지를 모았다. 아직 인터넷은 모든 사람들에게 도달되지는 않는다. 그러나 새로운 생각을 절실히 필요로 하는, 교육 받고 정치적으로 적극적인 청중을 모을 수는 있다. 모든 사회적 문제는 시장에 기반을 둔 해결책에만 맡겨야 한다는 승리주의자들의 주장을 뒤집을 미국 바깥의 경험이 미국인들에게 전달돼야 한다. 우리가 보았듯이 승리주의자들의 국내 의제는 그들의 제국주의적 해외정책과 긴밀하게 연결돼 있다. 잘 교육 받고 여행 경험이 많은 미국인들조차도 그들만으로는 언론을 독차지하고 있는 시장경제 이념을 반박하기가 쉽지 않다.

언론이 더욱 더 상업화됨에 따라 신문과 방송에서 공적 쟁점을 다루는 기사나 프로그램은 점점 더 설 자리를 잃고 있다. 세계의 다른 나라들에 대한 정보는 미국의 뉴스매체에서 거의 다루어지지 않으며, 의미 있는 논평은 더 더욱 그렇다. 신문, 텔레비전, 라디오를 통해 생생한 해외 여론을 잘 편집해 내보내는 것은 어떨까? 이런 해외여론 전달 프로그램은 5분 징도의 분량이면 충분할 것이다. 이 정도만이리도 미국이 무엇을 하고 있는지에 관심을 갖고 있고, 미국의 앞날에 대해 의견을 들려주고자 하는 미국 바깥의 세계가 있음을 미국인들에게 환기시켜 줄 수 있을 것이다.

미국이 전 세계에 걸쳐 패권적 제국을 건설하고 있지만, 정작 미국인들은 해외여행을 그다지 많이 하지 않는다. 미국인들 가운데 여권을 갖고 있는 사람의 비중은 18%에 지나지 않는다. 설령 그들이 여행을 떠나더라도 주로 가는 곳은 주요 관광지 정도다. 그만큼 미국인들이 접하는, 세계에 대한 정보가 한정돼 있다. 그러니 다른 나라들에서 미국인들에게 여러 가지 세계적인 사회문제들을 보고 경험하게 해주는 '사회여행 프로그램'을 만들면 운영하면 어떨까? 이런 프로그램은 미국인들로 하여금 다양한 외국에서 범죄, 건강, 아동과 노인

보호, 교육, 은퇴, 문화 등을 어떻게 다루는지를 보고 느끼는 기회를 갖게 해줄 것이다. 다른 나라의 이런 제도들이 비록 불완전하더라도 미국인들에게 선택의 폭이 넓다는 인식을 심어주는 효과는 있을 것이다. 또한 그것은 미국의 사회적 서비스를 민영화하기 위해 승리주의자들이 추진 중인 여러 계획들에 대해 미국인들로 하여금 다시 한 번 생각하게 하는 계기도 될 것이다. 미국인들이 다른 사회들에 대해 더 많이 알게 될수록 승리주의자들의 주장에 대한 미국 국민의 지지는 축소될 것이 틀림없다.

　　미국의 진보진영에 도움이 필요한 또 하나의 영역이 있다. 그것은 미국 사회에서 근본주의 교회의 가르침에 확고하게 대응하는 것이다. 이렇게 하는 책임은 주로 진보 성향의 교회들에게 있다. 그러나 이 점에서도 국제적인 관점을 들여와야 할 필요가 있다. 복음주의 기독교도들은 공격적으로 개종운동을 펼치고 있는 반면, 그들의 종교적 믿음에 대해서 비판을 가하는 것은 미국에서 그동안 금기시돼 왔다. 만약 그들의 믿음이 국가의 정책에 침투되지만 않는다면 아무 문제가 없을 것이다. 그러나 우리는 격렬하게 배타적인 복음주의 교회들의 예언적 행동이 미국의 외교정책에 얼마나 중요한 영향을 미치고 있는지를 앞에서 살펴보았다.

　　나는 무신론의 고전인 토머스 페인의 《이성의 시대(Age of Reason)》가 다시 인쇄될 필요성이 제기될 날이 오리라고 예상하지 못했다. 그런데 미국인들은 지금 성경이 점점 더 많은 사람들에게 문자 그대로 진리인 것처럼 읽혀지는 나라에 살고 있다. 나는 내가 제안하는 지적인 도전을 받고 그들의 신조를 바꿀 근본주의 열광자는 그다지 많지 않을 것이라고 생각한다. 그들 성경 지상론자는 자신들에 대

272

한 비판자들을 악마의 앞잡이라고 일축할 것이다. 그러나 그들의 견해가 정치적 결정에 영향을 줄 때는 완강한 저항에 부닥칠 것임을 그들에게 깨우쳐 주어야 한다. 그들은 그들 스스로도 사용하는 현대의 기술 앞에서 믿음의 합리성에 대해 점검을 받아야 한다. 그들이 주창하는 신학적 권위주의가 민주주의의 가치와 어떻게 공존할 수 있을지를 설명할 책임은 물론 그들에게 있다.

권력은 부패한다

요즘 거리를 걷거나 상점 또는 공원에서 사람들을 보면서 나는 미국인들 가운데 몇 사람이나 우리에게 임박한 위험에 대해 인식하고 있는지 궁금해 한다. 우리에게 임박한 위험이란 정부와 언론이 한껏 떠들어대는 테러리스트들의 공격이 아니다. 내가 말하는 위험은 앞서 설명한 세 개의 세력이 미국 사회의 숨통을 조임에 따라 미국을 표류하게 하면서 점점 더 다가오고 있는 도덕적, 정치적 위험이다. 코포라도, 승리주의자, 근본주의자 등은 각자 나름의 이유에 근거해 미국을 패권적 제국주의로 몰아가고 있다. 그러나 미국은 이 세계에서 그런 역할을 맡을 권리도, 그것을 실행할 능력도 없다. 제국주의로 가는 길에는 끊임없는 전쟁과 안보국가의 억압만 있을 뿐이다.

내가 주위에서 보는 미국인들은 민주주의 제도에 대한 그들 자신의 통제권을 점점 잃어가고 있다는 사실을 과연 깨닫고 있을까? 그들은 도대체 이런 문제에 관심이나 갖고 있는 걸까? 그들은 그런 강력한 힘을 막는다는 것은 너무나 어렵고, 그렇게 하는 데 수반될 책임도 너무 크다고 생각할지 모른다. 그래서 의도적으로 눈을 감으려 하고 있을 것이다. 모든 일을 무시하고 부정하고 회피한 채 언론이 만들어 주는 환상에 빠져드는 것이 훨씬 쉬운 일일 게다. 나는 미국인들이 현실을 부정하고 도피주의에 빠지는 데 너무나 익숙해져 있음을 발견하고 소름이 끼친다. 더욱 나쁜 것은 애국주의적 자화자찬의 뒤에 숨어서 명백한 범죄와 거짓을 스스럼없이 용인하는 그들의 태도다.

베트남전쟁의 시련과 이어 터진 워터게이트 스캔들을 겪으며 살아온 수많은 미국인들과 마찬가지로 나는 애국주의에 싫증이 났다. 나는 대중을 속이기 위해 사용된 고상한 말을 많이 들어왔고, 잔학행위를 감추기 위해 성조기가 사용되는 것도 보았다. 나는 내가 애국주의의 거친 바람에 면역돼 있다고 확신한다. 하지만 그런 확신에도 불구하고 이 책을 쓰는 게 쉬운 일은 아니었다. 그 이유는 아마도 나 역시 미국이 세계에 줄 수 있다고 기대해온 것들을 소중하게 생각했기 때문일 것이다. 미국은 언제나 평등주의, 혁신에 대한 열정, 이질적인 것에 대한 관용을 갖고 있었다. 나는 이런 미국의 미덕이 기술적 힘과 물질적 부보다 인간적인 탈산업의 세계를 만드는 힘이 될 것이라고 희망했다. 그러나 이제 나는 미국이 스스로 생존해 나갈 수 있을지에 대해서도 확신하지 못한다. 미국은 승리주의자들의 이데올로기에 포로로 잡혀 있으며, 그들 뒤에는 세계적인 기업 패권의 확립을 꾀하는 자들과 예수의 재림을 맞을 준비를 하는 것이 미국의 역할이라고 믿는 권위주의적 성경 지상주의자들이 있다.

나는 미국적 가치에 대해 경건한 존경심을 갖고 있지만, 거들먹거리는 국수주의적 허장성세는 싫다. 국수주의적 환호에 가담하기에는 나는 역사를 너무 많이 알고 있다. 미국 역사에서 내가 본 것은 완벽성에서 너무나 동떨어진 선과 악의 혼합이었다. 나는 긴 유혈전쟁 끝에야 비로소 사라진 노예제를 본다. 전쟁이 끝난 뒤 100년 이상 지속된 사적 형벌과 법적, 사실적 인종 차별주의도 본다. 나는 미국 원주민의 소멸과 한때 훌륭했던 자연환경의 파괴를 본다. 나는 초기 산업도시에서 벌어졌던 광포한 계급전쟁을 본다. 나는 금주법 시대의 폭력과 그것에서 유래해 우리의 삶에 침투한 조직범죄를 본다. 미국은 결코 천사들의 사회가 아니다.

이런 도덕적 오점 앞에서 미국인들은 놀랄 정도로 재빨리 자기 자신을 용서한다. 유쾌하지 못한 진실에 맞닥뜨리면 미국인들은 기를 쓰고 그것을 뒤로 숨기거나 자신들의 잘못을 미덕으로 호도한다. 미국인들은 원주민 학살을 '서부개척'으로 기억한다. 미국인들은 사악한 조직범죄자들을 민족적 영웅으로 왜곡한다. 백인들은 흑인들이 수세기에 걸친 노예상태에 있었던 사실을 잊고, 그들이 그저 노래나 좋아하는 아이 같은 자들이라는 생각에 한때 찬동하기도 했다. 미국인들은 스스로를 친절하고 관대한 사람들로 비춰지는 것을 좋아한다.

미국인들에 대한 이런 좋은 이미지들 가운데 일부는 진실이다. 미국은 많은 실패를 맛보았지만 결국 난관을 극복해내는 성과를 거두었다. 한 사람씩 살펴보면 미국인들은 다른 나라 사람들만큼 선량하고 경건하다. 미국인들 중에는 범죄조직 두목, 강도귀족, 총잡이, 인디언 전사, 고집불통의 백인, 기업 사기꾼들만 있는 게 아니라 선구적인 개혁정신과 인도주의의 실천자들도 있다. 그러나 미국인들의 그 모든 미덕에도 불구하고 미국은 다른 사회에 비해 결코 도덕적으로 우월하지 않다. 사회의 도덕적 수준은 그 사회가 부를 어떻게 나누는가를 보면 금세 알 수 있다. 부의 분배에 신경을 쓰는 다른 나라들의 모습은 우리의 공정함과 관대함의 가식행위를 부끄럽게 한다. 만약 미국인들이 솔직하고 비판적인 시각으로 자신들의 역사를 돌이켜본다면 스스로 취해 있는 도덕적 장엄함의 환상에서 금방 깨어날 수 있을 것이다. 우리가 역사의 진실을 진작 깨달았다면 지금 우리는 더 나은 삶을 살고 있을 것이다. 우리가 우리 자신을 잘 알고 있다는 생각이 바로 우리를 더욱 위험하게 만든다. 미국인들은 자신들이 가진 의도의 순수함을 의심하지 못하는 사람들이다. 미국에서는 국민에게 아첨하는 지도자들이 선거에서 이긴다. 그래서 미국인들에게는 지구를 몽땅 차지할 자격이 있다고 부추기는 승리주의자들이 정치적으로 성공하는 것이다.

가장 부유한 나라들과 기업들의 지배 아래 급격히 새로운 모습을 갖춰 가고 있는 세계경제에서 과거의 유물인 국가 간 경계는 이미 중요성을 잃어가고 있다. 환경주의자들은 지구환경에 대해 고통스런 교훈을 전해주었다. 국경이 인간의 삶을 감싸고 있는 거대한 지리생물학적 시스템에 대한 우리의 이해를 제한하도록 놔둘 수는 없다. 그러나 우리는 아직 환경과학과 경제적 야망을 문화적 통합과 균형되게 조화시키지 못했다.

2차 걸프전 시기의 미국은 강력한 국가가 다른 나라와 대화를 거절할 때 어떤 결과가 초래되는지를 보여준, 두려운 사례다. 미국은 전 세계를 어슬렁거리며 독선적이고 고압적으로 행동하는 제국주의 국가가 됐다. 미국은 그 과정에서 대량 파괴와 증오를 초래했고, 친구가 될 수도 있었던 나라들과 적이 됐다. 승리주의자들은 뒤틀리고 계급에 지배되는 '자유'를 방어하기 위해 필요하다면 군사적 민주주의도 기꺼이 믿는다. 힘에 도취된 그들은 선제적이고 일방적인 행동을 신봉한다. 우리가 기업의 통제 아래 있는 세계적 시장경제만이 자유라고 생각한다면 인류의 역사는 다시 식민주의로 돌아갈 수밖에 없다. 역사가 니얼 퍼거슨(Niall Ferguson)이 지적했듯이 2차대전과 함께 추락한 팍스 브리태니카를 팍스 아메리카나로 다시 일으켜 세우려 한 순간 미국은 이미 '스스로 부정된 제국'이다. 승리주의자들의 장점을 한 가지 인정하자면, 그들은 자신들의 생각을 있는 그대로 노골적으로 드러내는 데 열심이다. 그들은 자신의 진정한 목표는 숨길지라도, 국가이익을 위해 힘을 사용하겠다는 결의를 숨기려고 애쓰지는 않는다. 그들은 단호하고 공격적인 태도를 취하는 데 대해 스스로 자부심을 갖고 있으며, 신보적 자유주의자들은 그런 자신들처럼 행동할 용기를 갖고 있지 않다고 생각한다.

21세기 국가들 가운데 미국만 유일하게 제국주의의 몰락을 경험하지 못했다는 것은 놀라운 사실이다. 우리는 베트남 전쟁에서 패배했을 때 그것을 배웠어야 했으나, 그러지 못했다. 시니어 부시는 1991년의 1차 걸프전에서 그가 승리라고 부를 수 있을 만한 성과를 얻었을 때 "베트남 증후군은 이제 과거의 이야기가 됐다"고 자신 있게 선언했다. 이 말은 이제 미국에게는 모든 전쟁이 진퇴양난의 수렁에 빠질 것이라는 두려움은 더 이상 없다는 뜻이었다. 승리주의자들에게 그 선언은 헤게모니 추구를 재개할 길이 뚫렸음을 알리는 신호였다. 그때부터 미국은 제국주의적 팽창이 과거의 일이라는 국제적 공감대에서 이탈하기 시작했다. 영국, 프랑스, 독일, 러시아, 이탈리아, 스페인, 포르투갈, 일본, 네덜란드, 벨기에 등 모든 주요 국가들과 그들보다는 한 단계 아래인 많은 나라들이 식민주의의 실패로 인해 고통을 받았다. 그들은 정복했으나 패배했다. 사람들은 기업 엘리트, 군대 지휘관, 식민지 관리 등 오직 소수의 특권층만이 제국주의 게임의 과실을 나눠 먹었다는 사실을 깨달았다.

식민주의 국가가 얻은 교훈은 피와 도덕적 혼돈이었다. 제국의 대중은 군대의 승리에 환호한다. 그들은 먼 나라에서 휘날리는 자국 국기를 보고 흥분한다. 그러나 결국 그들을 증오하는 피정복민의 분노에 찬 저항을 억누르기 위해 커다란 대가를 지불해야만 한다. 이런 시련을 겪은 나라들은 쓰리지만 값진 역사의 지혜를 얻었다. 그러나 미국은 아직 역사에서 배우지 못하고 있다. 미국의 힘과 부가 아무리 강하고 크더라도 미국 생각대로 세상을 만들지는 못한다는 점을 아직 배우지 못했다. 뭐든지 다 할 수 있다고 생각하고 일방적으로 힘을 무모하게 사용한다면, 미국이 얻을 것은 오직 혼돈의 확산뿐이다.

"권력은 부패한다"는 액턴 경의 유명한 경구가 있다. 그러나 그 경구에 두 번째 구절이 있음을 아는 사람은 많지 않다. "권력은 부패한다. 그리고 절대 권력은 절대 부패한다"고 그는 말했다. 이 경구의 두 번째 구절이 덜 알려진 이유는 역사상 이 구절이 적용될 수 있었던 나라가 많지 않기 때문일 것이다. 과거에도 물론 강대국은 있었다. 그러나 강대국의 야망을 견제할 경쟁국 없이 홀로 서 있었던 강대국은 없었다. 21세기가 시작되는 지금 시점에 미국은 견제해올 힘이 없는 절대적인 강대국에 가까운, 아주 위험한 위치에 서있다.

요즘 미국인들의 종교적 태도로 미루어, 미국이 직면하고 있는 위험을 성경의 문구(마태복음 16장 26절)에 빗대보는 것도 도움이 될 것 같다. "온 세상을 얻고도 제 영혼을 잃는다면 무엇이 유익하리요?"

:: 옮긴이 후기

이 책의 원고를 처음 접했을 때 나는 전율을 느꼈다. 미국인 저자가 영어로 쓴 그 원고가 정작 미국에서는 당분간 책으로 발간조차 되지 않을 것이라는 이야기를 지자 본인으로부터 듣게 된 데서도 묘한 느낌을 받았거니와, 그 내용이 이 땅에서 군사독재의 총칼이 난무하던 시절에 책장 깊숙이 숨겨두어야 했던 금서의 첫 구절로 시작됨을 보았기 때문이다.

"하나의 유령이 유럽을 배회하고 있다."

오랜만에 《공산당 선언》을 다시 꺼내들고 빛바랜 첫 페이지를 펼치고 보니, 그 책에서 '공산주의'가 씌어 있었던 바로 그 자리에 이 제는 '미국의 제국주의'가 들어앉아 있었다.

하나의 유령이 세계를 배회하고 있다. 제국주의라는 유령이. 이 유령의 그늘 아래 신보수주의자들은 약탈적 기업가들과 종교적 근본주의자들과 신성한 동맹을 맺었다.

세계 어디인들 미국의 제국주의를 비난하지 않는 곳이 있는가? 미국의 침략에 신음하는 피점령지의 대중을 비롯하여 평화를 사랑하는 모든 세력들은 미국의 제국주의에 대해 불도장과 같은 비판을 가하고 있다.

이 사실로부터 다음과 같은 두 가지 결론을 이끌어낼 수 있다.

1. 미국의 제국주의자들은 이미 세계의 모든 정치세력에 의하여 이미 존재하는 하나의 정치세력으로 인정되고 있다.

2. 이제 미국의 제국주의자들은 전 세계를 향해 자신들의 견해, 목표, 성향을 공공연하게 밝히고, 자기 당파 전체의 '선언'을 통하여 제국주의의 유령이라는 환상을 실현하려고 노력하고 있다.

그러나 150여 년 전의 공산주의자들과는 달리 21세기에 '제국주의 선언'을 하고 있는 미국의 신보수주의자들은 세계 유일의 슈퍼파워인 미국의 행정부를 지배하고 있다. 그들의 뒤에는 세계적인 기업 패권의 확립을 꾀하는 약탈적 다국적기업들과, 예수의 재림을 맞을 준비를 하는 것이 미국의 역할이라고 믿는 권위주의적 성경 지상주의자들이 있다. 이 책에서 저자가 말하는 승리주의자, 코포라도, 근본주의자들은 걸프전쟁을 통해 그 모습과 힘을 적나라하게 드러냈다. 그리고 그들의 소위 '자비로운 패권'이 내포한 엄청난 야만성은 전 세계에 분노와 절망을 안겨주고 있다.

지금 고삐 풀린 미국의 힘은 수평선 위로 엄습해오는 폭풍구름처럼 위협적인 모습을 띠고 있다. 백악관과 미국 의회를 지배하는 정당이 바뀌더라도, 지구적 패권을 향한 미국 제국주의의 움직임은 자기 스스로는 바뀌지 않을 것이다. 마치 절대 권력이 절대 부패하기 마련인 것처럼. 미국 역사상 가장 지적 능력이 낮은 대통령이 가장 존경

받고, 영화 속의 터미네이터가 미국에서 가장 크고 부유한 주의 주지사가 되고, 종교적 맹신자들이 지구의 미래를 걱정해서가 아니라 내일 당장 닥칠지 모르는 '최후의 심판'에서 구원을 받기 위해 투표장으로 가는 오늘날 미국의 정치현실은 절망감을 안겨줄 뿐이다. 이에 저자는 미국은 더 이상 민주주의 국가가 아니라고 말하고 있다.

그러나 저자는 "사회비평가로서 내 조국인 미국의 운명과 다른 나라들의 운명에 대해 두려움을 느끼게 되어 이 책을 쓴다"고 하면서 희망의 씨앗을 포기하지 않는다. 저자는 세계적 헤게모니를 장악하기 위한 돌진이 미국 국민이 바라는 바는 아니라고 지적한다. 또한 미국의 제국주의는 미국민의 문제기 이니라 세계의 모든 사람들에게 직섭적인 영향을 주고 있는 문제임을 강조한다.

저자는 1960년대의 미국 젊은 세대를 휩쓴 새로운 문화운동을 분석히면서 '대항문화(Counter Culture)'라는 신조어를 만들어낸 문화사학자로 유명하다. 그 저자가 이 책에서는 미국의 승리주의자들이 주도하는 제국주의의 망령을 극복하는 방법으로 전 세계의 모든 사람들이 미국에 대해 '지구유권자(Global Constituency)'가 되어줄 것을 호소한다. 그가 '지구유권자'라는 새로운 개념으로 강조하고자 하는 것은, 지구인 모두가 미국과 미국의 정책에 대해 의견을 밝히고 영향력을 행사할 권리가 있다는 것이다.

지구유권자들이 해줘야 할 역할로 이 책에서 제시된 세 가지 방안, 즉 '기능장애에 빠진 국제기구의 치료', '금융의 사슬을 잡아당김', '미국인들을 재교육시키기'는 우리와는 다소 거리가 있는 것처럼 보일지 모른다. 그러나 미국의 패권적 지배력을 무의식적으로 인정하는 고정관념을 떨쳐내고 다시 생각해보면, 저자의 세 가지 제안은 참으로 의미심장하다. 특히 미국의 패권적 승리주의자들에 의해 '악의 축'으로 지목된 북한과 한 민족이자 바로 옆에 있는 우리는 이 책의 저자가 말하는 '미국의 지구유권자' 중에서도 가장 앞자리를 차지할 수밖에 없지 않을까?

저자는 이 책을 당분간 미국에서는 발간하지 않고 아시아와 유럽의 4~5개국에서 우선 발간하겠다면서 각국의 관심 있는 출판사들과 출판계약을 했다. 그 가운데 가장 먼저 이번에 한국어판이 출판된 것이다. 지자는 한국 독자들에게 보낸 글에서 "과거 50년 동안 망각 속에 묻혀 있던 한국이 돌연 세계의 미래를 보여주는 '창'이 되어 '우리' 앞에 나타났다"고 했다. 여기서 저자가 말한 '우리'란 주로 미국인들을 가리키는 것이지만, 그가 말한 '창'은 한국인들에게도 보인다. 그 창을 통해 미국은 우리를 어떻게 보고, 우리는 미국을 어떻게 보고 있는가? 또 그 창을 통해 우리는 세계를 어떻게 보고, 세계인들은 우리를 어떻게 볼까?

2004년 8월, 옮긴이 구홍표.

ㅋ, ㅌ

ㅍ, ㅎ